厦门大学哲学社会科学繁荣计划资助项目

厦门大学科技哲学与科技思想史文库

主编 曹志平 陈喜乐

教育部专项课题《构建促进协同创新的人文社科科研评价体系研究》
（13JDXF007）研究成果

构建促进协同创新的人文社科科研评价体系研究

陈喜乐 李腾达 等 著

厦门大学出版社
XIAMEN UNIVERSITY PRESS
国家一级出版社
全国百佳图书出版单位

目　　录

第一章 促进人文社科协同创新的背景和意义

"大科学"背景下,协同创新成为科技创新的主导模式,其演变过程是对科技创新模式从封闭式向开放式转变的一种体现。传统的创新往往封闭于单一的范围之内,局限于体制、区域等条件,无法集成各领域的资源和成果,造成创新效率低下。人文社科协同创新是为了提高知识创新效率,适应知识生产的新趋势、满足知识社会全面发展需求,以促进人文社会科学的繁荣发展。

第一节 促进人文社科协同创新的背景

在大科学时代,任何个人、团体、学科、科研单位乃至国家在科学研究的过程中都不可避免地与他人、别的团体、其他学科、别的科研单位和相关国家有着千丝万缕的联系。它们在科学研究的各种资源上互通有无,相互协同,一起进步,最终实现双赢或多赢。这也是当今科技发展迅猛的原因之一。可以说,单兵作战的科学研究方式已经一去不复返了,大集团、多学科、跨国之间进行协同创新正成为当前世界科学研究的主导模式。科技发展已进入了全社会参与协同创新的"大科学"时代。

一、"协同创新"与"大科学"概念的提出

"协同"的概念最早由德国斯图加特大学教授赫尔曼·哈肯(Hermann Haken)提出,并在其 1976 年发表的著作《协同学导论》中系统论述了协同理论。该理论认为,"在一个系统内,若各种子系统不能很好协同,甚至互相拆台,这样的系统必然呈现无序状态,发挥不了整体性功能而终至瓦解,相反,若系统中各子系统能很好配合、协同,多种力量就能集聚成一个总力量,形成大大超越原各自功能总和的新功能"。① 简单来说,就是"1+1>2"的协同效应。美国学者 Von Krogh 指出,协同往往涉及不可预知的结果,并严重依赖信任以及对诚实与公平价值观的共同承诺,与合作不同,协同方要尽可能顾及对方的利益,就像对自己利益的考虑一样。因此,协同更加注重多个不同系统或者资源在诚实、公平、互相考虑的基础上共同一致地完成同一个目标,其产生的效率和结果要远远超越单个系统或资源的简单叠加。

创新概念的起源可追溯到奥地利著名经济学家熊彼特(Schumpeter)。1912 年,熊彼特首次提出"创新理论",他认为:"创新是指把一种新的生产要素和生产条件的'新结合'引入生产体系",随后,其著作《经济发展概论》问世,标志着创新理论的正式确立。熊彼特关于创新的基本观点和理论现已成为该领域学者研究创新理论的基石。

关于"协同创新"概念,学界中部分学者将彼得·葛洛(Peter Gloor)对协同创新网络的定义,即"一个协同创新网络是由借助网络进行协作的自我激励的人员所组成的网络小组,他们具有通过分享思想观点、信息和工

① H. 哈肯. 协同学导论[M]. 张纪岳,郭治安,译. 西安:西北大学科研处,1981:87－88.

作状况实现共同目标的集体愿景。"①视为协同创新的定义确有不妥,但是该定义对协同创新概念的理解具有重要意义。一是它揭示了创新的最终主体——人,实现协同的前提条件是共同的愿景,并且他们是自我激励的;二是通过网络进行协作、直接交流的而不是通过层级制度,内部分享和协作是透明的;三是以自组织的形式工作和创新而不是被命令去做。②

"大科学"概念最初是由普赖斯在其著作《小科学与大科学》中提出的。普赖斯认为大科学研究以解决人类社会发展面临的重大问题为目的,其特征是多学科的立体性交叉,其研究方式是科学技术共同体(由相关的科学家和技术人员所构成)进行协作攻关。在当代世界的科学研究中,毫无疑问,在局部区域和局部领域还存在着传统的小科学研究,但必须承认的是,大科学研究的设施、跨学科、跨区域甚至跨国度的协作研究项目,更是普遍存在的事实。可以说大科学研究的模式已经占据了科学研究舞台的核心,发挥着关键的不可替代的基础作用。事实证明,一个国家大科学的发展程度和水平直接影响着其综合国力、国际地位和外交实力。

二战以来,大科学研究在尖端科技领域和一些超大规模的工程建设中大显身手,美国的"曼哈顿工程"、"阿波罗计划"和我国的"两弹一星"工程以及由全球科学界共同完成的"人类基因组计划"都是大科学时代政产学研协同创新的典范。如果不是在大科学时代,这些研究项目的完成是不可想象的。

二、"协同创新"是大科学时代的主导模式

追溯协同创新的理论源泉和发展脉络,可以看出协同创新贯穿科技创

---

① 原文为"A coin is a cyberteam of self-motivated people with a collective vision, enabled by the Web to collaborate in achieving a common goal by sharing ideas, information, and work."国内一些学者将其译为"由自我激励的人员所组成的网络小组形成集体愿景,借助网络交流思路、信息及工作状况,合作实现共同的目标"加以引用来解释"协同创新",笔者认为不妥。在此句的理解上,非常感谢 Peter A. Gloor 先生的帮助。

② P. A. Gloor. Swarm Creativity: Competitive Advantage through Collaborative Innovation Networks [M]. New York: Oxford University Press, 2006:4.

新发展的历程。协同创新演变的过程是对科技创新模式从封闭式向开放式转变的一种体现,其大致经历了协同创新的前范式、延伸范式、扩展范式3个阶段。前范式阶段兴起于20世纪70年代,其理论基础是协同学,倡导协调制造,注重组织内部要素之间的协调与平衡,其自身的协同本质是同质性组织之间的合作,代表人物是哈肯。延伸范式阶段兴起于20世纪80年代,主要的理论基础是亨利·埃兹科维茨提出的三重螺旋理论,具体表现为倡导产学研合作,是一种异质性组织之间的合作,代表人物有亨利·埃兹科维茨和罗伊特·劳德斯多夫。扩展范式兴起于20世纪90年代,倡导开放创新,注重国家创新体系建设,并且以国家创新体系建设来推动协同创新的发展,其理论的协同本质是技术流动、知识传播和行为主体间的合作,代表人物是亨利·伽斯柏。

表 1-1　协同创新的范式变迁

	前范式: 协同制造	延伸范式: 产学研合作	拓展范式: 国家创新系统
兴起时间	20世纪70年代	20世纪80年代	20世纪90年代
理论基础	协同学	三重螺旋	开放创新
实践形式	协同制造	产学研合作	国家创新体系
协同本质	同质性组织之间合作	异质性组织之间合作	技术流动、知识传播、行为主体合作

(一)协同创新前范式:企业间协同制造

1971年,著名物理学家赫尔曼·哈肯在系统论基础上创立的"协同学",主要研究产生宏观空间时间或功能结构的系统中,各单元间的合作关系,即系统中各子系统的相互协调、合作或同步的联合作用及集体行为,结果是产生了 1+1>2 的协同效应。协同学理论被纳入系统管理学派之中,并为弗里蒙特·卡斯特(Fremont E. Kast)、詹姆斯·罗森茨韦克(James E. Rosenzweig)所发展,二人倡导组织之间的系统协作,注重组织的管理平衡,倡导系统管理,并且注重权变思想在企业管理中的应用。随后,管理者开始将这理念运用到新产品开发领域,从而形成了协同创新的先期理论基础——协同制造。协同制造是充分利用网络技术、信息技术等手段,实现供应链内部及供应链之间的企业在产品设计、制造、管理和商务等精细合作,最终通过改变业务经营模式达到企业资源最充分利用的目的。协同制造是整合了敏捷制造、虚拟制造、网络制造、全球制造等生产模式的优点,打破了时空的约束,通过互联网络,使整个供应链上的企业和合作伙伴共享客户、设计、生产经营信息。协同制造从传统的串行工作方式,转变成并行工作方式,从而得以最大限度地缩短新产品上市时间,缩短生产周期,进而快速响应客户需求,提高设计、生产的柔性。大型工程协同制造的典范是波音777飞机的诞生,整个项目参与人员总数超过8000人,所用的小型机和个人电脑总数超过10000台,通过对10万余个零部件的协同制造和整合,整机的设计制造周期约4.5年,远低于波音757、767所花的9~10年时间,创造了巨大的经济效益。概括地说,协同制造是充分利用网络技术、信息技术,通过改变组织运营模式,实现组织各职能之间的协同合作,达到组织资源最有效配置。其本质仍是对同质性组织之间进行的系统性整合,并且奠定了初步协同概念的理论基础。

同样在20世纪70年代之前,美国许多学者包括Nelson和Winter开始从交叉学科的视角,通过"隐喻"生物进化理论,创立了创新的演化经济理论,从系统总体的角度剖析同质性组织内部如何通过推动技术创新和制度创新的融合来揭示创新过程的机理。其中,肯尼斯·阿罗(Kenneth Arrow,1962)开创性地提出了技术知识的公共供给问题。按照他的观点,技术知识被看作公共产品,具有高度的不可分性、非排他性、非专有性以及非交易性。由于缺乏私人激励和无法实施劳动分工以及缺乏获得充分专业化的机会,所以市场不能提供经济增长所需的最优水平的知识。[①] 为

---

① 王立宏.经济增长及其推动力的演化分析[M].大连:大连海事大学出版社,2009: 166.

此,阿罗认为有必要对大学等公共研究机构进行资助,这种关于公共科学知识生产的思想,实际上是承认了在企业和大学以及政府之间存在着劳动分工:大学承担公共产品生产和分配的任务,而企业必须能够集中由新科学知识所产生的潜在获利激励因素,而政府承担不可或缺的中间人角色,通过公共政策资助大学研究,创造良好的学术环境。另一方面,这种观点认为科学是公共的,而技术是私有的,这就产生了技术创新的激励问题,运用专利等知识产权方式,通过制度创新建立起了有效的组织协同合作关系,从而推动有效的技术创新。

(二)协同创新的延伸范式:产学研间合作创新

20世纪80年代后,基于科学创新的新兴产业大量兴起,学术研究对产业创新和经济发展的影响逐渐呈现,并引发众多学者开始在政策上关注如何促进科研成果的商业化、加强基础研究与产业发展之间的联系,许多国家通过建立相关法律并完善支持机制,鼓励产业、高校和各类研究机构之间形成各种各样的合作关系,并通过资源共享和优势互补,共同实现技术创新。为此,作为协同创新理念的延伸范式,合作创新模式日益流行。而最初合作创新的典型组织模式表现为研发合作企业之间的战略联盟,通过获取互补资源,提高协同创新效率,增强战略联盟者的竞争优势。[①] 此时,异质性组织之间的纯粹竞争关系开始转移到共性技术的合作创新。但此时,这种合作创新模式只是在合作双方之间范围内实现了资源共享,通过组建清晰的组织边界与外界联盟者保持有效的封闭状态。这一个阶段的研发管理和创新管理的主要目标仍是对协同合作内部的资源整合,并通过进一步完善知识产权和专利管理方面的制度设计来保护异质性组织在协同合作过程中的利益,并为联盟者之间有关互补知识的转移和利用提供了一条有效的途径。

而到了后期,合作创新进一步演化为异质性组织之间,特别指企业间

---

① 陈劲.新形势下产学研战略联盟创新与发展研究[M].北京:中国人民大学出版社,2009:64.

或企业、研究机构、高等院校之间的联合创新行为,俗称产学研结合。其中,作为当时最前沿的代表性理论之一,阿根廷人乔治·萨巴托提出的"萨巴托三角"理论,将知识的生产和应用的本质理解成学术界、政府和企业之间的协同互动作用。而最早由哥伦比亚大学计算机科学家亨利·埃兹科维茨(Herry Etzkowitz)提出的"三重螺旋"(Triple Helix),更是将异质性组织的协同合作理念提升到了一个系统化分析的高度,主要强调大学、企业和政府三种实体在知识生产、传递与应用过程中以联动键和螺旋模式开展合作创新,通过资源会聚以消除异质性组织之间的边界,进行知识的生产、扩散和转移,其产学研协同创新的具体表现为政府制定关于知识产权的法案来保护大学与产业界的知识生产,大学通过"孵化器"而成为企业,企业由于"企业大学"而履行了教育的职能,政府则为了提升国家竞争力而鼓励企业、大学和国家实验室开展合作[①]。

(三)协同创新的扩展范式:国家创新系统

1987 年,英国经济学家克里斯夫·弗里曼提出国家创新体系概念:"国家创新系统是由公共部门和私营部门中各种机构组成的网络,这些机构的活动和相互影响促进了新技术的开发、引进、改进和扩散。"[②]20 世纪90 年代以来随着信息化、全球化的发展,作为创新链条上的不同组织,包括以技术创新为核心的产业部门以及以知识创造和人才培养为核心的高校和科研院所,逐渐意识到了封闭式创新已经不能适应知识经济下推动技术竞争战略和社会经济的全球化发展,并开始了积极寻求系统化协同合作的各种路径。当然,美国学者 Chesbrough 提出的"开放式创新"模式,即强调组织边界之间的可渗透性来整合内外部创新要素为这个时期的协同创

---

① Etzkowitz Henry. The dynamics of innovation:from national systems and "Mode 2" to a triple helix of University－industry－government relations[J]. Research Policy,2000,29:109－123.

② 孙兆刚.基于自主创新主体地位的国家创新系统[J].科学管理研究,2006(9):232－241.

新理念提供了理论基础①。首先,从高校和科研院所角度来分析:学术研究能力和研究质量的迅速提高使之逐渐成为各类研究项目的主力军,并为开放式创新提供了足够的创新源。同时,在承担人才培养过程中,通过与产业的交互式合作,使得大量学术人才开始涌入产业部门开展创新活动,这同样使产业部门意识到了从外部特别是高校和科研机构寻求创新人才的重要性。而从产业部门角度来分析:外部激烈的市场竞争,特别是产品生命周期的缩短对于创新的质量和速度都提出了更高的要求,而单一组织的创新能力无法满足这种竞争需求,需要与外部建立广泛的合作,特别是通过将外部创新思想和内部的科研思想相结合的开放式创新来提升组织竞争力成为一种必然要求。对于我国来说,协同创新是实现关键技术领域主体协同,推动科研攻关的关键因素,也是完善和推动产学研合作的重要环节。为此,要加强原始创新,努力获得更多的科学技术发现以及发明,提升我国知识产权数量和质量,尤其是联合研发的关键性技术成果。同时,要注重加强集成创新,使各种相关技术有机融合,形成具有市场竞争力的产品和产业。

同时,在开放式创新理念的基础上,从宏观层面,以国家创新系统为代表的技术创新理论,开创了协同创新最集成化的研究。当然,随着经济增长理论和创新理论研究的新进展,相继出现三个阶段的研究,即国家技术创新体系、国家创新体系和国家知识创新体系三个阶段。第一阶段,国家技术创新体系阶段。国家代表性的经济形态是工业经济,推动和促进工业经济的发展是这一阶段创新主体的主要任务,尤其是注重加强对工业企业需要的技术创新以及技术转化方面的应用。该阶段的特点是以技术创新理论和技术进步理论为基础,强调技术创新、技术流动、行为主体之间的协同作用及其政策创新等。第二阶段,国家创新体系阶段。该阶段主要的社会经济形态由工业经济逐步转变为知识经济阶段,同时多极化和全球化已

① H. W. Chesbrough. Open innovation: the new imperative for creating and profiting from technology [M]. Boston: Harvard Business School Press, 2003:183.

经开始出现并成为这一阶段主要的发展趋势。在国家创新体系阶段,更加注重知识创造,强调知识的原始创新以及转化利用,注重知识经济在社会经济和企业发展中的比重,强化企业创新投入,推动知识创新的发展。在内生人力资本理论、新增长理论的影响下,该阶段除了继续重视技术创新外,开始系统性强调知识的生产、扩散和应用及其在经济中的作用。重视新知识、新技能和新技术,重点研究知识传播、人员流动等创新体系问题。第三阶段,国家知识创新系统阶段。[①] 这一阶段主要的时代特征就是全球化的深入发展对经济社会产生的深入影响,知识作为最重要的生产方式在社会经济中的地位越发突出,强化知识创新,促进知识制造与技术创新之间的密切联系,尤其是注重提高知识的利用效率。并且注重密切大学、研究机构以及企业之间的联系,尤其是大型企业内生研究机构知识创新和应用能力更是成为企业发展的推进器,强化知识型高科技企业的发展成为这一时期国家知识创新系统的重要政策。因为知识经济的出现使传统创新概念的内涵发生了扩展,人们开始把知识纳入创新的范畴,并且把新知识作为一切突破性创新的根本,并且强调知识创新和新知识高效应用作为推动协同创新发展的主要动力,进一步揭示以知识流动为核心的协同本质[②]。

第二节　促进人文社科协同创新的意义

同自然科学一样,人文社科也步入了大科学时代,同样需要以协同创新来应对知识生产范式的大变革。如今知识社会的发展对人文社科的使命提出了新要求,即必须面对社会现实需求,汇聚政产学研多方创新力量,通过开展全面而深度的合作。此外,当代科学的发展在高度分化的基础上

---

①　李津.世界主要创新型国家的基本特征[J].科技中国,2005(9):34—39.

②　张明雯.科学发现的创新意蕴[J].自然辩证法研究,2003,19(9):34—38.

又呈现高度综合的趋势,人文社会科学各学科之间相互渗透、彼此交叉,急需协同创新来达到自身的发展。在国家新的战略安排下,人文社科共同进行文化知识的创造是"2011计划"至为重要的任务和使命。

一、协同创新是人文社科知识生产的新范式

随着知识经济的迅猛发展,创新驱动已逐渐成为推动社会进步的中坚力量。我国为了促进高校和科研院所、企业以及其他社会组织之间的深度合作与交流,实现创新驱动发展,出台了一系列的文件和政策法规。推进协同创新工作已成为国家当前面临的首要任务,协同创新工作开展的程度也成为衡量一个国家创新能力和综合国力的重要指标。

英国学者迈克尔·吉本斯(Michael Gibbons)认为:"在传统的、我们所熟知的知识生产模式之外,正在浮现出一种新的知识生产模式。"[①]他将这种新的知识生产模式称为模式2,模式2摆脱了预先设定的框架、跨越了学科的界限。协同创新的主要目标就是要突破传统创新主体之间的壁垒,跨越地域、文化的界限,对比模式2与协同创新,不难发现,协同创新其本质就是一种知识生产方式,与模式2异曲同工。之所以两者称谓不同,不外乎中西方文化方面的差异所造成。纵观人类文明历史的发展历程,知识生产的方式大体经过了三个范式:古代社会的"个人经验型",近现代社会的"纯科学知识型",当代社会的"协同创新型"。见表1-2。

表1-2　知识生产的范式变迁

	个人经验范式	纯科学知识范式	协同创新范式
社会历史阶段	古代社会	近现代社会	当代社会
知识生产动力	个人兴趣	获取纯粹知识	满足社会需求
知识生产背景	学派传承或自学	单一学科背景	跨学科背景

① 迈克尔·吉本斯,等.知识生产的新模式:当代社会科学与研究的动力学[M].陈洪捷,沈文钦,等译.北京:北京大学出版社,2011:10.

	个人经验范式	纯科学知识范式	协同创新范式
知识交流方式	口头、文字交流	印刷、电讯交流	信息网络交流
知识生产主体	个人	高校	政府、高校、企业及其他社会组织

(一)古代社会知识生产:个人经验范式

"知识的寻求与人类的历史一样古老。随着合群而居和使用工具以期更丰富地满足日常需要的开始,求知的愿望就产生了。因为控制我们周围的事物,使之成为我们的仆役,知识是不可或缺的。"①从赖欣巴哈的这句话中可以看出,知识是随着人类文明的出现而产生的,知识的产生为人们掌控他们周围世界的事物提供了工具和手段,在这一点上,古今中外都是相似的。众所周知,先秦时期是中国历史上自原始社会进入文明社会重要的历史过渡阶段。在长达几千年的悠久历史中,我们的祖先用他们的智慧创造了举世闻名的华夏文明,特别是进入春秋战国时期,官学衰落,私学兴起,各种学说、思想纷纷出现,出现了历史上著名的"百家争鸣,百花齐放"的现象。其中,最突出的思想学说有儒家"仁爱"思想、道家"顺应自然,无为而治"的境界、墨家"兼爱、尚贤"的主张、法家"以法治国"理论等。这些学说、思想、理论的出现虽非个人的贡献,但不能否认其代表人物的引领作用。如儒家的孔孟,道家的老庄,墨家的墨翟,法家的韩非子等都是各个学派最著名的代表人物,现在所说的儒家思想、道家思想、墨家思想、法家思想都是后来者在这些代表人物提出的核心观点的基础上继承发展而来。

古希腊文明时期也出现了许多优秀的人物和思想,其中最著名的是苏格拉底(Socrates)、柏拉图(Platon)和亚里士多德(Aristoteles)。直至今日,苏格拉底的"助产婆术",柏拉图的《理想国》,亚里士多德的"吕克昂"依然为人们所津津乐道。从梳理中外知识生产范式的历史轨迹中可以发现,早期的知识生产范式都是以个人经验为主,大部分高深学问的探索和知识

---

① 赖欣巴哈.科学哲学的兴起[M].伯尼,译.北京:商务印书馆,2011:8.

的生产都是个人努力的结果,个人经验在早期的知识生产中起着非常重要的作用。所以,我们将这一时期称之为"个人经验型"知识生产阶段。

(二)近现代社会知识生产:纯科学知识范式

历史进入到近现代社会,知识的生产范式也发生了巨大的转变,这种巨大转变的动力源于德国的洪堡思想。因为洪堡本身是一个"新人文主义者",他的主张就是回到古希腊哲学中去探索纯粹的、科学的知识,只有通过这种纯粹的、科学的知识,才能培养出心智完美的人。同时,洪堡又提出了教学与科研相统一的思想,将科学研究纳入大学的基本职能当中,强调大学是自由地进行科学研究的场所。在这种背景下,研究者进行科学研究的目的仅仅凭自己的兴趣与喜好,而没有考虑国家和社会的需要。我国著名教育家蔡元培也曾说过:"大学者,研究高深学问者也",主张教育应该交由教育家来办,完全独立于政党和宗教之外,大学仅仅是探索、研究高深学问的场所,这一时期的知识生产都是以探索学问、科学研究为主。所以,我们将这一时期称之为"纯科学知识型"知识生产阶段。

随着社会的发展与进步,传统的知识生产范式(个人经验与纯知识科学范式)已逐渐不能适应当代社会发展的需要。其局限性突出表现在以下几个方面:首先,传统的知识生产者进行科学研究仅仅凭自己的兴趣和喜好,没有考虑社会和市场的需要,同产业是完全脱节的,对国家和社会的贡献较小。其次,传统知识生产范式的人才及其学科背景单一。不能够有效整合不同学科专业的优质资源,已不能适应跨学科、跨专业研究的时代要求。再次,传统知识生产范式的平台有限。由于受到网络和其他资源的限制,传统的知识生产方式往往局限于一定的空间范围内,没有相同或相近的知识生产的交流平台,限制了其发展。最后,传统的知识生产主体一般局限于实验室或一个小的团体,基本属于单兵作战,没有与政府、企业等进行合作,已不能满足知识经济时代多元化发展的需求。

(三)当代社会知识生产:协同创新范式

协同创新的出现为传统知识生产范式的转变提供了动力,可以说,协同创新本质上是对传统的知识生产范式的一种变革。这些变革体现在以下四个方面：

第一，"协同创新型"知识生产范式充分考虑国家和社会的需求，研究者进行科学研究不仅仅考虑自己的爱好和兴趣，同时还要兼顾国家的需求和利益。以"国家急需，世界一流"为主要目标，创造一种新的知识生产范式。

第二，"协同创新型"知识生产范式"通过整合跨学科背景下的各种可用资源，吸引具有不同知识背景的人来加入其中"①。因为当今许多重大科学研究几乎都在跨学科领域展开，跨学科研究已经成为一种发展理念，渗透到新型知识生产的全部活动当中，特别是在建设大规模科学工程当中，跨学科研究显得更为重要。通过这种跨学科之间的交叉融合，从而打破了传统知识生产范式的人才及其学科背景单一的局限。

第三，随着信息网络时代的到来，"协同创新型"知识生产范式借助网络交流平台，使知识生产不再局限于一定的空间范围内，方便更多不同背景、不同层次的研究人员参与进来，通过网络这个平台来交流彼此之间的信息与经验。

第四，"协同创新型"知识生产的主体发生了根本变化。传统的知识生产主体比较单一，一般局限于象牙塔内，而"协同创新型"知识生产的主体则突破了大学围墙的限制，通过政府、高校、企业及其他社会组织之间的协同，共同创新来进行知识的生产。综上所述，知识生产的方式已经实现了两次大的飞跃，这种飞跃是符合人类社会和科学发展规律的。存在的即是合理的，协同创新作为当代知识生产的新范式，它的出现是经济社会发展到一定阶段的必然产物，其本质则是对传统知识生产范式的变革。

二、人文社科协同创新是知识社会全面发展的必然要求

由于技术及其组织管理是工业社会的主要支柱，这就使得学术活动和

---

① 陈劲，周杨.后学院时代高校知识生产模式研究[J].西安电子科技大学学报（社会科学版），2012（5）.

科学研究日益窄化为应用型的技术发明和社会政策设计活动,成为大学科研活动的主题词,致使人文社会科学的学术活动日益弱化和边缘化。科学也是文化类型之一,但并不拥有绝对的价值,优越于其他一切学科及其文化之上。如今知识社会的发展要求已经把社会推入到这样一个关口,必须加强人文社科的学术研究活动。一方面使得它们与自然科学研究活动相互平衡和制约;另一方面也从根本上探讨近现代以来科学技术繁荣的社会政治和道德后果,并对其加以有效反思,以解决现代科学误用所产生的种种危机,推动人类社会更加科学地向前发展。为此,当代高校在积极回应市场、社会和政府的需求,主动加强科学技术方面的应用型研究时,更应该特别加强人文社科等方面的学术研究,着眼于自然、宇宙和社会的各种联系,探讨人之存在本身的真理,赋予人之活动有效的价值和意义,使得以高校为核心的协同创新组织在发出科技的理性光芒时,也闪烁着人文的诗性光辉。

近代以来,我国自然科学远远落后于西方国家,为了在自然科学领域赶超发达国家,我国长期存在重理轻文的现象。随着经济和科技的巨大发展,人们逐渐认识到人文社会科学在人类社会发展过程中的巨大指引作用,尤其是 21 世纪以来,人类进入知识经济时代,文化全球化渗透的进程加快,文化软实力已经成为一个国家综合国力的重要体现。为此,我国从国家战略高度提出要繁荣发展人文社会科学。然而,人文社会科学具有投入高、研究周期长、不可重复性、实践性强等特点,而高校作为人文社会科学研究的主要阵地存在经费不足、各自为政的现象。这是我国人文社会科学研究一直落后于自然科学的重要原因。随着教育部"2011 计划"的实施,协同创新为解决人文社会科学发展创新的困境提供了新的思路,尽管高校协同创新理论研究已经取得了较多的成果,但是人文社会科学与应用性较强的自然科学相比,有自己的特点。虽然协同创新研究取得了一定成果,但是现有关于协同创新的研究仍脱离不了产学研理论模式,协同创新理论的内容适用性偏向于商业应用性强的自然科学。而对人类社会发展具有精神指导作用的人文社会科学,在协同创新研究中依然被严重忽视。

自然科学和人文社会科学都是人类对客观世界本质和规律的反映,是科学的两个基本学科分类。但二者存在一定的区别:自然科学主要以自然界中各种物质的形态、结构、性质及其运动规律为研究对象,一般用实证、逻辑的方法探索自然变化的原因、揭示客观事物的运动规律,以便人类拥有适应和改造自然的知识。自然科学具有高度的可重复性、客观性、规律性、精确性、系统性。而人文社会科学研究的对象是人类社会各种现象。其包括两个主要领域,一个是人文科学,另一个是社会科学。人文科学具有客观性、抽象性、不可重复性和高度的不可逆性,社会科学主要的学科是经济学、社会学、政治学、人类学、法学、新闻与传播等,具有客观性、实践性、价值性。

人文社会科学本身的特性决定了人文社会科学的研究具有投入高、研究周期长、不可重复性、实践性强、商业应用性弱等特点,这直接导致了人文社会科学创新发展的两大矛盾:一是人文社会科学研究周期长与"国家急需"的矛盾;二是人文社会科学研究资金消耗大与非应用类研究资金支持不足的矛盾。正因如此,高校单独进行人文社会科学研究已经远远不能满足社会的需要,联合高校、科研机构、企业、政府等各主体力量进行协同创新是繁荣人文社会科学的必由之路。高校人文社会科学协同创新,是以需求为导向,汇聚政产学研多方创新力量,通过开展全面而深度的合作,重点解决国家重大战略性前瞻性问题、行业产业发展中的共性问题、区域经济社会发展的关键问题和文化传承创新的突出问题。

三、协同创新是人文社科自身发展的必然要求

现代人文社会科学呈现综合的特点。随着"信息社会"初露端倪,经济全球化的趋势与日俱增,当代科学的发展在高度分化的基础上又呈现高度综合的趋势,人文社会科学各学科之间相互渗透、彼此交叉,又产生了大量的边缘学科、交叉学科、横向学科和新兴学科。如经济学与人口学结合形成人口经济学,与法学结合形成经济法律学,与管理学结合形成管理经济

学等等。另外还有大量综合学科,如管理科学、领导科学、行为科学等不断产生。① 当代人文社会科学研究的对象——社会系统是一个开放的复杂巨系统,社会科学研究面临以下几个挑战:(1)研究目标是探索未知领域;(2)研究对象不再是单纯的自然环境或者是人类社会,而是由人类、社会与自然构成的复合系统;(3)研究组织越来越复杂,随着大科学的分工越来越细化,专业化程度越来越高,研究组织已由单一科研机构或科学家组成科学研究群体;(4)研究问题所涉及的领域越来越广。例如,重大工程管理问题中不仅涉及工程技术,而且涉及社会、经济、环境与人文领域,关系人不仅有政府、企业,而且关系到数量巨大的公众,因此,当代社会科学研究常因所研究的问题变量多、随机性强以及要素关联复杂而无法建立数学模型或无法求解。至于单纯的定性方法更缺乏分析问题的深刻性与精细化,这在很大程度上反映了传统的社会科学研究方法在复杂问题面前的“窘迫性”。在这种时代背景下,单纯利用某一门学科知识不能很好地、甚至不能够解决日益复杂的社会科学问题,需要多学科之间进行协同创新。

在人类知识迅猛发展、科研成果成倍增加的今天,要做到成为多门学科的通才是极为困难的。在许多人看来,人文社会科学与自然科学之间一直存在着难以逾越的鸿沟,科研主体对自身潜能的束缚也造成了通才培养的困难。因此,必须考虑若干科研主体协调组合,实现知识的叠加。例如,心理学是研究认识、情感、意志等心理过程,以及能力、性格、心理特征等心理现象客观规律的科学,基本属于自然科学;但是在现实生活中,社会的复杂性又要求心理学必须与其他学科相互交叉,形成新的学科,以适应现代社会的需要。如社会学、教育学、犯罪学等与心理学相交叉,形成了社会心理学、教育心理学、犯罪心理学等等。正是这种博采众长的协同合作研究,把各个方面的最新成就融合起来,通过自我组织形成团体协作攻关的态势,才使现代科学不断取得新的突破。

当前市场经济体制在全球的广泛生成,同样要求人文社会科学领域也

① 弓克.论社会科学发展的新趋势[J].社会科学战线,2001(4):8—17.

要适应这一大环境,这种适应即表现为人文社会科学的多元化发展。人文社会科学多元化发展的动力来自于科研重心的转移,科研主体与投资主体的互动互变以及市场需求逐步增强等诸多方面。[①] 超学科理论认为知识乃至科学知识的生产绝非是单由从事纯粹理智活动的学者、科研人员就能完成的事业,本质上,它是一项由"转译"的网络系统中的学者和"利益相关者"一起合作才能有效完成的事业。利益转译是知识经济时代,科学知识生产系统得以组建的一个不可或缺的要素和黏合剂。因此,对于任何科学知识的生产而言,学科发展的内在要求总是与外部各种资源支持或竞争性制约因素不可分割地交织在一起,需要协同创新来实现创新系统的各要素之间的相互配合。

四、人文社科协同创新是国家"2011 计划"的重要任务

"协同创新"作为一个国家战略被明确地提出来是在 2011 年,胡锦涛同志在庆祝清华大学建校 100 周年大会上提出高校在"积极提升原始创新、集成创新和引进消化吸收再创新能力"的同时,要"积极推动协同创新"。由此可见,国家已经将协同创新与原始创新、集成创新和引进消化吸收再创新置于同等重要地位,充分体现了协同创新在经济社会发展中的地位与作用。其后,教育界、企业界关于协同创新的形式、内容、方案等问题的研究和讨论逐渐兴起。为扎实有效地推进协同创新活动,教育部启动了"高等学校创新能力提升计划"(2011 计划),自 2012 年启动实施,以四年为一个周期,旨在建立一批面向科学前沿、面向文化传承创新、面向行业产业和面向区域发展的"协同创新中心",以大力推进高校与科研院所、行业企业、地方政府以及国外科研机构的深度合作,探索适应于不同需求的协同创新模式,营造有利于协同创新的环境和氛围。[②] "协同创新"旨在突破

① 弓克.论社会科学发展的新趋势[J].社会科学战线,2001(4):8—17.
② 史万兵,李广海.协同创新与博士后培养模式的重构[J].国家教育行政学院学报,2013(6):24—27.

创新主体间的壁垒,通过创新资源和创新要素的有效汇聚、整合,充分释放彼此间人才、资本、信息、技术等创新资源和创新要素的活力,实现多种社会主体之间的深度合作,通过物理组合实现化学反应。

协同创新是"2011计划"的核心概念。"协同创新"通过"2011计划"的相关文件被赋予了深刻的教育内涵。根据国家相关政策和文件,"该计划以人才、学科、科研三位一体创新能力提升为核心任务,通过构建面向科学前沿、文化传承创新、行业产业以及区域发展重大需求的四类协同创新模式,深化高校机制体制改革,转变高校创新方式,旨在突破高校内外部机制体制壁垒"。[①] 国家旨在通过构建包含大学在内的各类型协同创新模式,突破制约现代中国大学发展的体制性瓶颈。就学术和科学研究活动而言,所谓协同创新,指的是大学根据知识发展和创新的需要,主动联合其他大学、独立科研院所、行业企业等协同进行知识的生产与创新活动,而从作为新的国家创新组织或机制的协同创新中心的角度,协同不同层次和不同类型,包含大学、行业、企事业单位等各类协同主体,共同进行文化知识的创造和科学技术的发明创新是协同创新组织至为重要的任务和使命。

表1-3　教育部文化传承类"2011协同创新中心"认定名单

认定年份	中心名称	核心协同单位
2012年	中国南海研究协同创新中心	南京大学、中国南海研究院、海军指挥学院、中国人民大学、四川大学、中国社科院边疆史地中心、中科院地理资源所等
	司法文明协同创新中心	中国政法大学、吉林大学、武汉大学等

① 杜占元.准确把握总体要求,精心做好"2011计划"启动工作:在全面提高高等教育质量工作会议上的讲话[M]//教育部高等教育司.提高质量,内涵发展:全面提高高等教育质量工作会议文件汇编.北京:高等教育出版社,2012:35-40.

续表

认定年份	中心名称	核心协同单位
2014 年	国家领土主权与海洋权益协同创新中心	武汉大学、复旦大学、中国政法大学、外交学院、郑州大学、中国社科院中国边疆史地研究中心、水利部国际经济技术合作交流中心等
	中国基础教育质量监测协同创新中心	北京师范大学、华东师范大学、东北师范大学、华中师范大学、陕西师范大学、西南大学、中国教育科学研究院、教育部考试中心、安徽科大讯飞信息科技股份有限公司等
	中国特色社会主义经济建设协同创新中心	南开大学、南京大学、中国人民大学、中国社会科学院经济学部、国家统计局统计科学研究所等
	出土文献与中国古代文明研究协同创新中心	清华大学、复旦大学、安徽大学、北京大学、湖南大学、吉林大学、首都师范大学、中国人民大学、中国社会科学院历史研究所、中国文化遗产研究院、中山大学等
	两岸关系和平发展协同创新中心	厦门大学、复旦大学、福建师范大学、中国社会科学院台湾研究所等

资料来源：《教育部、财政部关于公布 2012 年度协同创新中心认定结果的通知》（教技函〔2013〕26 号）、《教育部、财政部关于公布 2014 年度"2011 协同创新中心"认定结果的通知》（教技函〔2014〕5 号）。

第三节　人文社科评价相关研究现状

人文社会科学是科学的重要组成部分，"人文社会科学繁荣与否、进步与否，事关一个国家'软实力'及综合国力的强弱"①。人文社会科学评价体系是高校教师和科研人员考核的重要依据，建立协同创新的人文社会科学评价体系，完善人文社会科学评价指标和评价方法，解决当前评价中遇到的困难和阻力，对于规范研究工作，确立公平的科研竞争机制，合理引导科研资源流向，促进我国文化发展和科技进步，具有重大现实意义和战略意义。关于科学评价的研究，已是众多学科研究的一个重要共同领域，发表了大量的论文，取得了一定的成绩。自20世纪80年代至今，学者们发表了大量的与科学评价相关的论文，研究内容涉及科学理论的评价标准、科学理论的评价方法、科学理论评价的影响因素、哲学家的科学评价思想、科学奖励评价制度及人文社会科学评价理论、方法和实践等诸多方面。除论文外，与科学评价相关的专著亦有多部，比较有代表性的有1994年社会科学文献出版社出版的由张彦著的《科学价值系统论》，该书第六章讨论了评价系统对科学的良好运行所起的关键性作用。1999年，由卜卫、周海宏和刘晓红著的《社会科学成果价值评估》一书由社会科学文献出版社出版，该书设计了较为完整的评价指标体系。其他研究科学评价的相关著作，如1999年华中师范大学出版社出版、娄策群著的《社会科学评价的文献计量理论与方法》；2009年天津大学出版社出版，朱红、张克军和齐正欣著的《社会科学评价方法的实践与应用》；2009年经济科学出版社出版、刘大椿等著的《人文社会科学研究成果评价体系研究》；2010年科学出版社出版、邱均平和文庭孝等著的《评价学理论方法实践》；2012年武汉大学出版社

①　邱均平,谭春辉,任全娥.人文社会科学评价理论与实践:上册[M].武汉:武汉大学出版社,2012:5.

出版,邱均平、谭春辉和任全娥等著的《人文社会科学评价理论与实践》等都对科学评价的研究内容有所涉及并进行了一定程度的研究探讨。

一、人文社科评价理论的研究

评价理论是评价活动的基础,在不同时期,学者们对评价的理解也有所不同,但总体趋势是更加深入、具体和全面。刘作义和陈晓田(2002)认为科研评价是制定科研计划、开展科研管理以及阐明被评价者如何履行责任的一种重要支撑工具,它根植于社会科学,具有管理咨询的性质,一般偏好于对绩效的测度。[①] 此后,学者们多从评价作用的角度来理解评价。刘劲杨和刘永谋(2004)认为评价实质上会起到规范研究及其成果的作用。[②] 邱均平和任全娥(2006)则提出,人文社会科学成果评价在社会科学的发展中发挥着三个特有作用,即评估作用、导向作用和激励作用。[③] 刘大椿(2007)从评价活动的全局出发,对人文社科评价做了定义,他认为人文社会科学评价(简称文科评价)"是一种学术评价,是以学术共同体主持,以推动学术的继承和创新为目标、与资源配置相联系、与物质精神激励相结合的学术体制。"[④]

沈壮海(2009)通过对我国当前人文社科评价问题的分析,认为"呼唤到位的学术评价"应是自主评价,即要克服评价的洋化之弊;人本评价,即评价以人为本,服务学术发展,服务学者的成长,尊重专家,尊重同行,发挥他们在评价中的作用;阳光评价,即通过科学有效的制度设计确保人文社会科学研究评价过程公开透明,在阳光下运行,确保一切评价对象在相应

---

① 刘作义,陈晓田.科学研究评价的性质、作用、方法及程序[J].科研管理,2002(2):33—40.

② 刘劲杨,刘永谋."人文社科科学评价问题"学术研讨会综述[J].中国人民大学学报,2004(2):155.

③ 邱均平,任全娥.我国人文社会科学研究成果评价研究进展[J].情报资料工作,2006(4):10—15.

④ 刘大椿.人文社会科学评价的限制与超越[J].中国人民大学学报,2007(2):149—156.

的评价标准面前平等地接受评价,不受作者身份、发表形式、利益关系等所左右,确保评价结果客观公正;科学评价,即要科学地处置评价中的一系列关系,使评价活动循人文社会科学的研究规律而行、循人文社会科学的评价规律而行。[①]

对于人文社会科学评价体系相关理论的研究,国内学者主要做的是理论的思辨研究,对于科学计量学有关的研究较少。朱少强(2007)指出,国内的科研评价经历行政评价、同行评议、指标量化评价、科研计量综合评价四个阶段。在人文社会科学研究评价的理论进展上,国内的研究实证性普遍较弱,以思辨性的研究为主;即使有很多实证研究,研究的科学规范性也普遍不足,往往没有严格遵循"问题—假设—数据—求解"的研究范式;对定量评价方法的研究侧重于指标打分的计算处理模型方面,对科学计量学及定量评价的本质等研究不够。[②]

刘大椿(2009)对人文社会科学评价的研究具有明显的思辨性,他认为,人文社会科学评价是一种价值判断,是对"评价的评价",也是学科发展的知识自觉,是服从管理目标的科研管理手段。同时,他指出人文社会科学评价规范之间存在冲突:学术标准与非学术标准的冲突;基础理论研究标准与应用研究标准的冲突;本土化标准与国际化标准的冲突;创新性标准与规范性标准的冲突;不同评价对象标准的冲突;定性与定量标准的冲突。[③]

对于我国高校人文社会科学科研评价体系的发展阶段、构成要素以及作用,我国学者做了较为丰富的研究。代表性的观点有:蔡毅(2003)认为学术评价体系是鉴定学术成果、深化学术质量、引导学术方向的一种特殊制度。但是现行的学术评价体系是个复杂系统,它存在着忽视质量的量化,向行政级别靠拢、急功近利、鼓励学术泡沫和快餐学问等多种弊病,应

① 沈壮海.人文社会科学评价的困境与曙光[J].社会科学论坛,2009(5):98—106.
② 朱少强.国内外人文社会科学研究评价综述[J].评价与管理,2007(4):39—63.
③ 刘大椿.中国人文社会科学评价问题之审视[J].重庆大学学报(社会科学版),2009(1):54—59.

继续改革和建设予以修改和完善。[①] 徐冠华(2003)指出,对科学技术活动开展评价是社会民主化的要求,是政府实现预算和管理透明的必然趋势,客观上促进了对科学技术在社会和经济发展中的重要作用的认同。[②]

刘劲杨和刘永谋(2004)提出了针对对象进行分类评价的设想,认为必须首先厘清评价对象,区分人文学科、社会科学与技术科学、自然科学的不同;区别成果评价、机构评价、刊物评价、科研评价、论文评价、论著评价等的不同;区分基础研究、应用研究、理论研究与实证研究的不同;还应注意文史哲经管法等各门学科的不同;在此基础之上,提出了全方位的评价:宏观层面的学科评价、中观层面的机构评价与科研评价、微观层面的成果评价与科研人员评价。[③] 该观点具有一定的代表性,理论上较理想,但在科学性、适用性和可操作性方面还有许多难点需要破解。

关于当前我国社会科学的发展情况,仲明(2004)认为,一个全方位、多层面、跨学科、跨部门的理论创新、方法创新和制度创新的社会科学发展新阶段正在形成,如何科学、客观、公正地评价社会科学成果,建立与完善我国社会科学的评价机制、评价标准与评价体系,已成为刻不容缓、必须要解决的重大理论与现实问题。[④] 邱均平和任全娥(2006)从超越观点、创新观点、计量观点、管理操作观点与综合观点的角度对国内人文社会科学成果评价问题的认识与研究现状进行了归纳并做了系统分析,以反映国内相关研究的新进展。[⑤]

科研评价具有重要的意义,对此,叶继元(2010)指出,构建合理的评价体系对澄清评价领域的模糊认识,明确评价理论与实践的方向和路径,提

---

① 蔡毅.建立一套良好的学术评价体系[J].学术界,2003(6):58－72.

② 于小晗,刘恕.激发创新潜力,营造创新环境:科技部部长徐冠华谈新出台的科技评价办法[N].科技日报,2003-11-07(1).

③ 刘劲杨,刘永谋."人文社科科学评价问题"学术研讨会综述[J].中国人民大学学报,2004(2):155.

④ 仲明.从情报学角度看社会科学学术评价[J].情报资料工作,2004(6):5－7.

⑤ 邱均平,任全娥.我国人文社会科学研究成果评价研究进展[J].情报资料工作,2006(4):10－15.

供评价研究的思想和方法论基础均具有重要意义。①

关于评价的发展阶段及评价活动的研究,代表性观点主要有:朱少强(2007)提出,国内的科研评价经历行政评价、同行评议、指标量化评价、科研计量综合评价四个阶段。② 马海群(2011)指出,科学评价大致经历三个发展阶段:原始评价或者本能评价阶段,社会评价或者大众评价阶段,综合评价或者系统评价阶段。随着评价活动的科学化程度不断提高,评价形式也逐渐从定性评价向定量评价以及定性与定量相结合的综合评价转变。科学评价活动一般在三个层面上展开:一是从哲学层面上展开的评价活动,主要是包括价值评价、社会评价、道德评价等;二是从各学科层面展开的评价活动,主要包括环境与状态评价、过程评价、结果及影响评价、绩效评价等;三是从社会生活层面展开的评价活动,主要包括政策评价、制度评价等。③

人文社科科研评价理论的发展经历了一个不断深化的过程,学界对人文社科评价的认识越来越全面,研究对象更加具体,逐渐从宏观层面进入中观和微观层面,符合事物认识的一般规律。但不难看出,人文社科评价理论缺乏占主导地位的指导性理论,学者们更多的是从各自的视角分析问题,阐述观点,导致此种情况出现的一个重要原因是评价活动本身涉及的内容众多,需要考虑的因素众多,要形成一般性的理论还需凭借对评价问题更加全面和深入的认识。

二、人文社科评价方法的研究

人文社会科学的评价方法是科研评价的基础和落脚点,国内学者对此的研究主要集中在定性和定量两类方法上,并注重两种方法的综合运用。

① 叶继元.人文社会科学评价体系探讨[J].南京大学学报(哲学·人文科学·社会科学),2010(1):97-110.

② 朱少强.国内外人文社会科学研究评价综述[J].评价与管理,2007(4):39-63.

③ 马海群.评价学的开创与奠基之作:评《评价学:理论、方法、实践》[J].图书情报知识,2011(4):122-126.

对于具体的评价方法,学者们的研究主要侧重于方法的分类,适用性和优缺点等方面。刘作义和陈晓田(2002)指出,按照美国科学、工程与公共政策委员会的观点用于评价研究的定量和定性方法可细分为文献计量分析、经济回报率测算、同行评议、案例研究、回溯分析和定标比超 6 种方法,但是,由于回溯分析是对历史研究事件的描述,可以把它归入案例研究范畴,此外,评价还要用到一种最基本的方法,即调查方法。[①] 朱少强(2007)提出,当前科研评价体系主要有同行评议的研究方法、定量评价指标、文献计量与引文分析法、命名分析、内容分析等其他评价方法,并指出同行评议有四个方面的缺点:偏爱传统项目或历时已久的老课题;新兴学科,特别是交叉学科常被忽视;容易出现人情关系现象;同行评议机构层次不同,在各个层次上难以都做到统一和合理。[②] 为弥补同行评议的不足,学者们也提出了一些改进建议,"例如:谨慎对待专家的评价结果;采用多级同行评议;对于学科交叉、全新研究领域以及争议较大的研究项目,在可能的情况下采用面对面公开答辩的方式听取意见;建立健全回避受理申诉仲裁和违纪处理的机制;同行评议不应泛化等"。[③] 周晓雁(2009)对科学评价的各种方法:同行评议方法、指标体系评价方法、文献计量分析方法、SCI 作为评价工具,在科学评价中的应用和相关问题进行了研究,并得出结论:在具体实践中只有将包含引文分析法在内的文献计量学方法与同行评议方法有机地结合起来,才能提高评价工作的有效性,也才能更大限度发挥它的评价功能。[④] 周建中,徐芳(2013)研究了世界上四个主要科研机构在评价中所使用的同行评议方法,提炼出不同的模式,并对其优化提出

[①]　刘作义,陈晓田.科学研究评价的性质、作用、方法及程序[J].科研管理,2002(2):33—40.

[②]　朱少强.国内外人文社会科学研究评价综述[J].评价与管理,2007(4):39—63.

[③]　张磊,郑筠.科研人员绩效评估综述[J].中国科技成果,2005(4):58—60.

[④]　周晓雁.科学评价的方法与工具研究[J].情报科学,2009,27(1):103—107.

了建议①。王前、李丽、高成锴(2013)研究了跨学科间同行评议的合理性问题②。

此外,孟溦、刘文斌和李晓轩(2005)对数据包络分析方法(DEA)在定量科研评价中的应用进行研究③,夏蓓丽(2007)研究了 APF 组合分析法在哲学社会科学评价中的运用④,刘辉锋(2008)探讨了 h 指数的内涵、计算方法并将其与传统评价指标进行了比较,进而详细分析了其有效性和缺陷⑤。沈意文和刘娟娟(2010)认为,聚类分析法是科研绩效评价的方法之一,用灰关连度分析的方法对一个连续时间段内的科技统计指标进行分析,研究其在一个时间段内的科技发展趋势,具有相对的合理性和可行性⑥。周志峰和韩静娴(2012)以中国大陆 31 个省级区域为例将 h 指数应用于区域科研评价中,并得出 h 指数在一定程度上能够反映出区域的科研状态的结论⑦。姜春林,张立伟,孙军卫(2013)运用可视化技术对 SSCI 中收录的 1275 篇关于同行评议的论文进行分析,找出同行评议研究的热点并进行解读⑧。张改珍(2013)通过对中国知网数据库有关科学基金同行评议论文的统计分析,认为随着时间的推移,论文数量广度呈增长趋势,但

① 周建中,徐芳.国立科研机构同行评议方法的模式比较研究[J].科学学研究,2013,31(11):1642—1648.

② 王前,李丽,高成锴.跨学科同行评议的合理性研究[J].科学学研究,2013,31(12):1792—1795.

③ 孟溦,刘文斌,李晓轩.DEA 在定量科研评价中的应用[J].科学学与科学技术管理,2005(9):11—16.

④ 夏蓓丽.APF 组合分析法在哲学社会科学评价中的运用[J].情报科学,2007,25(9):1337—1342.

⑤ 刘辉锋.h 指数与科研评价的新视野[J].中国科技论坛,2008(5):24—28.

⑥ 沈意文,刘娟娟.灰关联度分析法在高校人文社科科研绩效评价中的应用[J].科技管理研究,2010(22):237—240.

⑦ 周志峰,韩静娴.h 指数应用于区域科研评价的实证研究[J].情报杂志,2012,31(11):62—65.

⑧ 姜春林,张立伟,孙军卫.基于可视化技术的国外同行评议研究进展[J].科学学与科学技术管理,2013,34(12):29—36.

研究深度不够①。

在定性方法和定量方法的关系问题上,学者们也做了探讨。程晗(1986)认为,定性分析法和定量分析法贯穿于评价研究的始终,定性分析法必须以定量分析为基础②。仲明(2004)认为,社会科学的评价方法主要有定性和定量两种(或者是两者相结合)。定性方法强调的是基于理解的"直接认识",评价者依据个体的经验与学识水平对评价对象的学术价值、水平给出直接的判断;而定量方法首先要做的是,找到衡量差别的可操作性定量指标,然后再以该指标的量值来客观表征原来难于量化的"量的差别",如以引用率的大小来表征学术成果的优劣,体现为"间接测量"③。刘少雪(2006)指出,人文社科科研评价应坚持定性评估与定量评估相结合。定量指标主要集中在人员的构成、科研经费的投入、后备研究人员的培养等方面。对研究成果的质量评估和研究环境的评估方面,则较多地选择定性指标,特别是在对世界前沿科研成果的评价方面,除了使用成果发表形式,得到的学术奖励等客观性的标准外,国际同行的主观性评价也成为对研究成果进行定性评估的主要依据④。

国内现行的人文社科评价方法的重要性及其运行过程中出现的问题,也引起了学者的关注。刘明(2003)指出,现行学术评价方法中的定量化评价方法有九大弊端,分别是激励短期行为、鼓励单打独斗、助长本位主义、强化长官意志、滋生学术掮客、扼杀学者个性、推动全民学术、诱发资源外流、误识良莠人才⑤。邓毅(2006)认为,对高校科研管理工作进行量化评价,从定性管理到量化管理,不仅是对科研人员工作的认可,也为管理工作

① 张改珍.我国科学基金同行评议研究:相关文献分析[J].中国科学基金,2013(4):214-217,221.

② 程晗.关于建立"教育评价学"的刍议[J].教育评论,1986(2):14-18.

③ 仲明.从情报学角度看社会科学学术评价[J].情报资料工作,2004(6):5-7.

④ 刘少雪.欧洲三国科研评估体系的启示与借鉴[J].中国高校科技与产业化,2006(12):24-27.

⑤ 刘明.现行学术评价定量化取向的九大弊端[J].自然辩证法通讯,2003(1):90-94.

提供科学依据,是高校不断自我提升和达到战略目标的重要保证。高校科研量化评价的方法:要对高校科研进行量化评价,就必须建立高校科研业绩量化计算公式及评价方法,通过对高校科研业绩的表现形式和特点进行分析,根据高校科研和教学工作实际,提出高校科研业绩量化评价指标选取原则,对各类科研工作的业绩进行合理的评价与认定。[①]

国外对科学评价方法的研究主要分为同行评议研究和其他评价方法研究两个方面。Harriet Zuckerman,Robert K. Merton(1971)[②]、Kronick,David(1990)[③]和 Spier,Raymond(2002)[④]分别研究了同行评议的起源,并认为同行评议发端于 17 世纪时英国皇家学会杂志《哲学学报》(Philosophical Transactions)审稿所采用的评议方法,尽管这个问题仍然极富争议。

Ronald Kostoff(1997)探讨了同行评议的原则与实践。他认为尽管原则基本上是通用的,并被广泛应用于演出机构的同行评议以及稿件、申报书与项目的同行评议之中,然而,其主要关注联邦机构的申报项目和持续项目的同行评议。其详述了成功的同行评议中令人满意的方面以及重要的无形因素,并介绍了一种用于成功同行评议的研究评估与影响评估的启发式方法,概括了同行评议的一些问题,并以联邦机构的申报项目和持续项目的同行评议为例加以说明,介绍了同行评议的一些"变体"(如科学法庭等),并探讨了改善同行评议的一些研究需要。[⑤]

---

① 邓毅.高校科研量化评价探析[J].高等教育研究,2006(4):22—24.

② Harriet Zuckerman, Robert K. Merton. Patterns of Evaluation in Science:Institutionalization,Structure and Functions of the Referee System[J]. Minerva,1971,9(1):66—100.

③ Kronick,David A. Peer Review in 18th Century Scientific Journalism[J]. Journal of the American Medical Association,1990,263(10):1321—1322.

④ Spier,Raymond. The History of the Peer — Review Process [J]. Trends in Biotechnology,2002,20(8):357—358.

⑤ Ronald Kostoff. The Principles and Practices of Peer Review[J]. Science and Engineering Ethics,1997,3(1):19—34.

对同行评议的作用进行研究的有：David H. Guston(2003)认为，在美国乃至整个国际社会，同行评议在分配稀缺科学资源（如研究基金与期刊版面）、促进知识生产以服务研究人员等方面起着关键性作用[①]。Peter Weingart(2005)认为同行评议在科学活动中的核心作用主要体现在以下几个方面：它致力于通过传播当前最先进的知识而有效地促进知识生产，并且致力于关注那些被认为是最"好"的且最为重要的研究活动。由于同行评议能够使科学家们获得声誉，因此一直以来它也是决定科学"社会结构"的最主要机制。声誉是科学的"外部世界"评价科学质量的唯一指标。由于同行评议在科学与其社会政治环境之间具有非常重要的调节功能，因此很明显，科学活动中的造假行为是非常有害的。[②] A. Geuna 和 B. R. Martin(2003)对欧洲及亚太地区 12 个国家评价大学科研绩效的方法进行比较，其中尤其关注英国的做法，考察按科研绩效来给大学拨款的利弊。认为实践中一般采用四种典型的科研产出测度：数量、质量、效果和应用。同行评议和文献计量是两种主要的评价方法。同行评议的主要适用对象是研究人员和研究项目，但因为文献计量法不能很好地为所有评委会成员掌握，所以同行评议也成为评价大学科研绩效的主要方法。用出版物、引文数据及其他信息作为同行评议的补充，这种方法称作"信息辅助的同行评议"（informed peer review）。[③] David B. Resnik(2010)指出，同行评议在科学出版中扮演着重要的角色，它有助于保证论文满足相应的方法论与学术标准。同行评议同时也能够为作者提供批判性的反馈意见，从而帮助他们提高其研究工作的质量。为了使同行评议更加有效，作者、编辑以及评

① Shapira,P. and S. Kuhlman(eds.). Learning from Science and Technology Policy Evaluation: Experiences from the United States and Europe[M]. Northampton,MA: Edward Elgar,2003:81—97.

② Peter Weingart. Impact of Bibliometrics upon the Science System: Inadvertent Consequences[J]. Scientometrics,2005,62(1):117—131.

③ Aldo Geuna,Ben R. Martin. University Research Evaluation and Funding: An International Comparison[J]. Minerva1,2003(41):277—304.

阅人需要相互信赖,以便能够诚实、透明以及专业地履行其职责。①

此外,国外学者还对同行评议进行了对比研究。Mario Biagioli(2002)对书籍审查和同行学术评议进行了研究,认为这两大体系的不同之处在于:从主题上来看,科学同行评议所关注的文本几乎并不对政治与宗教权威构成挑战。直到大多数期刊开始被专业学会或私人出版社而不是国家或皇家学会所拥有,政府审查与同行评议之间的政治关联才开始断裂并近乎消失。② Claire Donovan(2009)认为政治科学计量的政治学遮蔽了有关社会科学知识基础的不同兴趣点。因此,有关计量方法与同行评议的争论,也只是英国政治学家之间相互冲突的认识论偏好的体系。同时,基于计量体系的评估方法使得政治学倾向于"计算化",这主要体现在以下两个方面:政治学实际取得研究成果小于计量方法计算出的总的定量结果,基于"计量"体系的审核文化也使得政治学失去了其人文主义的学科特性。③ Sheila Jasanoff(2011)认为,在传统意义上,科学政策中的同行评议与质量控制是以"线性—自治"模型为基础的。这一模型假定与政策相关的科学应当远离政治,而决策应当依照线性模型从事实走向价值。其认为,科学既不可能也不应当完成同政策目标和对象事物相隔离。作为同行评议的另一基础,其提出一种"道德理性"模型。这一模型认为,科学实践在某些方面应当与更为广泛的社会价值相关(尤其是对待不确定性与不可知问题上),而不是致力于将科学与政治因素完全分开。④ Giovanni Abramo and Ciriaco Andrea D'Angelo(2011)比较了国家研究评估活动中存在的同行评议进路与文献计量学进路。通过围绕所有度量系统中普遍存在的一些

---

① David B. Resnik. A Troubled Tradition[J]. American Scientist,2010,99(1):24.

② Mario Biagioli. From Book Censorship to Academic Peer Review[J]. Emergences,2002,12(1):11—45.

③ Claire Donovan. Gradgrinding the Social Sciences: The Politics of Metrics of Political Science[J]. Political Studies Review,2009,7(1):73—83.

④ Justus Lentsch, Peter Weingart (eds.). The Politics of Scientific Advice: Institutional Design for Quality Assurance[M]. Cambridge, UK: Cambridge University Press,2011:19—35.

构建促进协同创新的人文社科科研评价体系研究

基本因素：准确性、稳健性、合法性、功能性、时间以及成本，经验证据表明，就自然科学与形式科学而言，文献计量学方法论明显优于同行评议。建立由单个作者所构成的国家出版物数据库（源于科学网或斯科普斯等数据库），能够促成品质更高、价格更加低廉、次数更多的国家研究评估活动[①]。Robert Frodeman and Adam Briggle(2012)通过对美国两大公共科学机构（国家卫生研究院与国家科学基金会）基金申请评审过程的分析，考察了同行评议内发生的变化。通过比较分析，他们得出两个主要结论：一是有关广泛社会影响的评价与学术价值评价没有什么实质区别；二是通过在同行评议过程中考虑更加广泛的因素，科学共同体实际上也能够规范其职业自治[②]。Anton Oleinik(2014)认为虽然同行评议的利益冲突并不完全覆盖同行评议的三个主要形式：期刊评审、奖励评审和职称评审，但是它确实存在一些缺陷。这些缺陷的弥补很大程度上依赖于学者们的个人诚信[③]。Frederik T. Verleysen, Tim C. E. Engels(2014)研究发现经过同行评议与未经同行评议的人文社会科学类的书的出版差距在逐渐拉大：经过同行评议的书更可能在国外以英文版的形式出版，而未经过同行评议的则在国内出版，并且社会科学在这一方面的变化要比人文学科更明显[④]。

　　除同行评议外还有许多科学评价方法，国外学者对此做了较全面和深入的研究。美国匹兹堡大学著名运筹学家 T. L. Saaty 教授于 20 世纪 70 年代提出了用于多目标决策的层次分析法(Analytic Hierarchy Process,

　　① Giovanni Abramo, Ciriaco Andrea D'Angelo. Evaluating Research: From Informed Peer Review to Bibliometrics[J]. Scientometrics, 2011, 87(3): 499—514.

　　② Robert Frodeman, Adam Briggle. The Dedisciplining of Peer Review[J]. Minerva, 2012, 50(4): 3—19.

　　③ Anton Oleinik. Conflict(s) of Interest in Peer Review: Its Origins and Possible Solutions[J]. Sci Eng Ethics, 2014, 20(1): 55—75.

　　④ Frederik T. Verleysen, Tim C. E. Engels. Internationalization of peer reviewed and non—peer reviewed book publications in the Social Sciences and Humanities[J]. Scientometrics, 2014, 101(2): 1431—1444.

AHP），并在实践中迅速得到了推广和应用。[①] 对层次分析法的研究主要有：Patrick T. Harker 和 Luis G. Vargas(1987)[②]、G. C. Roper－Lowe 和 J. A. Sharp(1990)[③]、R. D. Holder(1990)[④]、James S. Dyer(1990)[⑤]等。

1978 年，美国 Texas 大学运筹学家 A. Charnes、W. W. Cooper 和 E. Rhodes 提出了数据包络分析(Data Envelopment Analysis，DEA)方法，用于评价有限多个单位的相对有效性。[⑥] 到 20 世纪 90 年代，人工神经网络方法(artificial neural networks，ANN)等方法纷纷被引入了评价方法的研究领域，评价理论和方法得到迅速发展，其中，文献计量法与引文分析法影响最为广泛。

W. Glanzel 和 U. Schoepin(2000)以 1993 年 SCI 和 SSCI 年度累计索引作为数据来源，选取"连续出版物占参考文献比例"、"平均引文年限"、"平均引文数"3 个指标，比较了文科与理科的引文差别。得出结论认为，在将标准的文献计量方法移植应用到文科领域时，需要对原有的信息流模型做重大改进。[⑦] A. Vincent 和 D. Ross(2000)认为，引文数据并不能取代同行评议，同时，必须注意到许多因素会影响引文率的高低，如语言、期刊

① Murray Eisenberg. Topology[M]. NewYork：University of Massachusetts，1974：315－316.

② Patrick T. Harker，Luis G. Vargas. The Theory of Ratio Scale Estimation：Saaty's Analytic Hierarchy Process[J]. Management Science，1987，33(1)：1383－1403.

③ G. C. Roper－Lowe and J. A. Sharp. The Analytic Hierarchy Process and Its Application to an Information Technology Decision[J]. The Journal of the Operational Research Society，1990，41(1)：49－59.

④ R. D. Holder. Some Comments on the Analytic Hierarchy Process[J]. The Journal of the Operational Research Society，1990，41(11)：1073－1076.

⑤ James S. Dyer. Remarks on the Analytic Hierarchy Process[J]. Management Science，1990，36(3)：249－258.

⑥ A. Charnes，W. W. Cooper，E. Rhodes. Measuring the efficiency of decision making units[J]. European Journal of Operational Research，1978，2(6)：429－444.

⑦ Wolfgang Glanzel，Urs Schoepin. A Bibliometric Study of Reference Literature in the Sciences and Social Sciences[J]. Information Processing and Management，1999(35)：31-44.

的历史长短与格式、期刊以及主题领域等。① J. S. Kotiaho(2002)从研究行为出发,探讨引文分析方法可能带来的误差。其认为偏差可能会影响到对研究人员个人的评价,并涉及竞争性的基金申请、职位聘任等利益问题,所以运用引文分析作为评价工具时应该持谨慎和批判的态度,考虑各种可能的偏差因素。② Anthony F. J. van Raan(2003)主张文献计量分析可以客观、透明地评价科研业绩,是继同行评议之后不可缺少的评价元素,在研究团队、大学院系、研究所等对象层次上尤其如此,并认为所谓"国籍标准化影响指标",即"篇均被引次数"除以"世界范围内某学科篇均被引率"的比值,是反映科研绩效的最佳指标(Crown Indicator)。③ J. A. Wallin(2005)指出了文献计量法,主要是引文分析方法应用于科研评价的可能缺陷、注意事项、应对措施等。④ Franceschini Fiorenzo, Maisano Domenico, Mastrogiacomo Luca(2013)注意到计量学数据同所有数据库一样不可避免地存在一些错误,比如遗漏或者出错的记录等,这些错误显然会影响到出版物的引用统计,进而影响到文献计量指标。因此,他们提出了一个排除这些错误影响的计算模型⑤。Yuh-Shan Ho(2014)研究了 1957 年至 2008 年间 SSCI 收集的覆盖 17 个国家的 32 本社工领域期刊里面的 721 篇

① Annette Vincent, Dianne Ross. On Evaluation of Faculty Research Impact of Citation Analysis[J]. The Journal of Applied Bussiness Research,2000,16(2):1-13.

② Janne S. Kotiaho. Ethical Considerations in Citing Scientific Literature and Using Citation Analysis in Evaluation of Research Performance[J]. Journal of Information Ethics, 2002,11(2):10-16.

③ Anthony F. J. van Raan. The Use of Bibliometric Analysis in Research Performance Assessment and Monitoring of Interdisciplinary Scientific Developments[J]. Technikfolgenabschatzung—Theorie und Praxis/Technology Assessment—Theory and Practice,2003,1(12):20-29.

④ Joha A. Wallin. Bibliometric Methods: Pitfalls and Possibilities[J]. Basic & Clinical Pharmacology & Toxicology,2005(97):261-275.

⑤ Franceschini Fiorenzo, Maisano Domenico, Mastrogiacomo Luca. The effect of database dirty data on h-index calculation[J]. Scientometrics ,2013,95(3):1179-1188.

经典文章,并得出了相应的统计结论①。Chiara Faggiolani(2014)分析了当前用于评价科学研究的两个主要方法:同行评议和文献计量方法,并将之分别称为模式1和模式2,后者使用更为广泛的标准来判断研究的质量②。

三、人文社科评价标准和指标的研究

对人文社会科学评价标准的研究主要侧重在评价标准的理论依据、原则以及遵循的基本规范方面。蔡毅(2003)认为,学术评价要坚持如下原则:坚持客观评价与主观评价相结合的原则,坚持专家评价与指标评价相结合的原则,坚持科学性与可操作性相结合的原则,坚持重点评价与一般评价相结合的原则,坚持成果质量与社会效益相结合的原则。③ 对此,邱均平和任全娥(2006)指出,人文社会科学成果评价的原则在成果评价的实践中已经被社会科学管理界普遍认同,它们是:坚持直接指标与间接指标相结合,坚持主观评价与客观评价相结合,坚持学术价值和社会效益相结合,坚持科学性与易操作性相结合,坚持重点评价与一般评价相结合,坚持专家评价与科研管理部门评价相结合。④

关于评价标准,叶良均(2006)指出,科学的评价标准必须符合课题的性质特点,要满足科学性、公正性和可执行性等方面的要求,并且要根据科研机构、科研人员的不同性质特征制定多元化的评价标准。⑤ 叶继元(2010)认为,所谓评价标准是指在评价活动中应用于对象的价值尺度和界限。评价的客观性因素是评价标准具有科学性的重要依据。评价标准是评价活动的关键、核心部分,是人们价值认识的反映,它表明人们重视什

① Yuh-Shan Ho. Classic articles on social work field in Social Science Citation Index: a bibliometric analysis[J]. Scientometrics ,2014,98(1):137-155.

② Chiara Faggiolani. Research evaluation and Mode 2 science[J]. Lett Mat Int ,2014,1(4):191-197.

③ 蔡毅.建立一套良好的学术评价体系[J].学术界,2003(6):58-72.

④ 邱均平,任全娥.我国人文社会科学研究成果评价研究进展[J].情报资料工作,2006(4):10-15.

⑤ 叶良均.完善我国科研评价机制的对策研究[J].科技管理研究,2006(6):10-12.

么、忽视什么,具有引导被评价者的作用。同时,评价的标准依赖于评价目的,即评价目的决定评价标准。由于社会科学自身的特性,决定了其是以社会效用作为其最高标准的。而评价指标则是评价标准的一种细化,每一评价指标都是对评价对象某个或某些属性的概括,作为评价指标,必须在质和量方面都可以确定。[①] 黄向阳(2011)认为人文社会科学的共同关注点是人,因此人文社会科学评价应坚持人本标准,并提出了科学评价标准的四个维度:发现人、解读人、引导人和解放人[②]。

人文社科科研评价指标是评价体系的细化,是衡量科研成果某个特质的尺度,多个指标"被用于描述或反映一个共同的对象时,就形成了指标体系"[③]。王明和(2000)根据高校社科科研工作的特点,以科技工作业绩指标评价为主线,以获得科研经费数、通过鉴定或结题的科技成果项目数、发表的学术论文著作数、科研成果奖励数为主要内容,设计出高校社科相对实用的科研工作业绩综合评价指标体系。[④] 贺天伟和张景林(2001)认为,科研绩效定量评价体系的设计应遵循目的性、系统性、科学性和公正性的原则;科研绩效定量评价指标的选择应从以下方面考虑:承担项目、发表论文、科技著作、获奖成果、获得专利、成果鉴定、创造价值、培养人才等。[⑤] 朱少强(2007)指出,定量评价是借助各种指标体系和打分来说明研究质量和研究绩效的方法,"指标"的建立是定量化的主要标志。这些指标可以分为直接指标、间接指标、综合指标三类,综合指标是前两类指标的混合。直接指标主要关注研究成果的内容特征及研究本身的水平;间接指标则只关

① 叶继元.人文社会科学评价体系探讨[J].南京大学学报(哲学·人文科学·社会科学),2010(1):97−110.

② 黄向阳.人文社会科学评价的人本标准[J].前沿,2011(15):4−6.

③ 卜卫,周海宏,刘晓红.社会科学成果价值评估[M].北京:社会科学文献出版社,1999:85.

④ 王明和,刘强,张晓耘,等.高校社科科研业绩综合评价指标体系的研究[J].科技管理研究,2000(3):49−51.

⑤ 贺天伟,张景林.科研绩效定量评价指标体系的初步设计[J].科技管理研究,2001(6):58−61.

注研究成果的外部特征,如成果形式(专著、论文、报告、教材、资料汇编等)、字数、课题来源、发表刊物级别或出版社级别、被引用次数、领导采纳、获奖级别等;综合指标关注的则是上述两者的综合。①

刘劲杨和刘永谋(2004)对评价指标体系的重要性做了论述,认为,评价指标体系在评价中占据重要地位,没有完善的评价指标体系就没有定量与定性的结合,并且任何评价指标体系都受制于一定的评价程序,如果没有一个科学、公正的评价程序,也就不存在公正的评价。②

学者们在人文社科评价体系的构建方面也做了探索。郑德俊和高凤华(2009)在比较分析和专家调查的基础上,从科研投入、科研产出数量、科研产出效益三个方面,提出一套高校人文社会科学科研绩效评价指标体系。考虑到人文社会科学的特点,同时也为了增强各高校之间的可比性,促进高校之间的竞争和创新,选取相对值指标进行评价,减少绝对值的使用。在科研产出数量指标上,主要考虑代表性成果和成果被引用的比例,对科研产出效益的评价,主要采用设立定性指标的方式,这种指标的等级或评分主要通过同行专家来实现。科学合理的高校人文社会科学学科科研绩效评价体系有助于人文社会科学的研究创新。③ 李妮(2010)则认为,人文社科评价指标体系构建应该以评价方法为基础,重点引用引文分析法得来的数据,吸收各评价方法的优点。指标的选取应坚持公平性、全面性、易于定量性、数据易得性,兼顾定量与定性评价。并将评价体系分成四个部分:社科积累、社科科研成果、科研质量、人文社科影响。④

国外对评价指标的研究主要集中在具体的评价指标和评价方法的构

① 朱少强.国内外人文社会科学研究评价综述[J].评价与管理,2007(4):39—63.

② 刘劲杨,刘永谋."人文社科科学评价问题"学术研讨会综述[J].中国人民大学学报,2004(2):155.

③ 郑德俊,高凤华.高校人文社会科学科研绩效评价指标体系构建[J].科技进步与对策,2009(7):150—153.

④ 李妮,王建伟,董淑霞,等.理工类高校人文社科竞争力评价体系的构建[J].理论研究,2010(4):96—98.

构建促进协同创新的人文社科科研评价体系研究

建方面。美国学者 Y. Okubo(1997)总结评价科学技术活动的主要科学计量学指标,其中包括论文数量、被引用次数、影响因子、合作者数量、h 指数。[①] Katz(2000)研究了指标得分与科研团体规模之间的相关性问题,认为传统的评价指标在处理科研绩效和科研团体规模之间的非线性关系方面存在可能导致评价结果因科研机构规模大小而出现低估或高估的缺陷,因此其提出了不受科研团体规模大小影响的评价指标。[②] 美国学者 J. E. Hirsch(2005)将发表论文的数量和被引用次数有机结合起来,并提出 h 指数的概念,认为 h 指数越高,科学家的科学贡献和成就越大。[③] Donovan 和 Butler(2005)认为定量指标可分为影响力指标和质量指标两大类,他们研究了指标值是否会因学术机构特性的不同,比如:偏重教学或者科研,侧重于基础研究或者应用研究,抑或者是政策研究,而出现明显的差异。同时,他们还对社会影响力、科学研究质量和学术荣誉这三类不同级别的指标予以较为明确的界定。[④] Giovanni Anania,Annarosa Caruso(2013)针对 h 指数存在的缺点提出了 k 和 w 指数[⑤]。L. Egghe(2013)研究了 h 指数与学术生涯长短的关系,提出了一个不受学术生涯长短影响的 h 指数[⑥]。

① Y. Okubo. Bibliometric Indicators and Analysis of Research System:Methods and Examples,STI Working Papers. [J]. OCED Publishing,1997.

② J. S. Katz. Scale—Independent Indicators and Research Evaluation[J]. Science and Public Policy,2000,27(1):23—26.

③ P. Ball. Index Aims for Fair Ranking of Scientists[J]. Nature,2005,436(7053):900.

④ C. Donovan,L. Butler. Testing Quantitative Indicators of the Quality and Impact of Research in the Social Sciences:A Pilot Study in Economics. REPP Discussion Paper[C]. Canberra:Research School of Social Science,Australian National University,2005.

⑤ Giovanni Anania,Annarosa Caruso. Two simple new bibliometric indexes to better evaluate research in disciplines where publications typically receive less citations [J]. Scientometrics,2013, 96(2):617—631.

⑥ L. Egghe. On the correction of the h—index for career length[J]. Scientometrics, 2013,96(3):563—571.

四、人文社科评价实践的研究

关于人文社会科学评价体系存在的问题,王若颖、张卓(2010)指出,现行高校人文社科类教师科研绩效评价体系存在着评价理念并未体现出以人为本、量化评价指标过度和定性与定量结合度不理想等问题。① 冯海燕(2006)指出,目前高校科研评价体系主要存在重数量、轻质量;科研评价指标体系简单化绝对化;对知识产权和成果转化重视不足等问题。② 朱少强(2007)指出,国内科研评价研究普遍存在实证性较弱的情况,主要是进行思辨性的研究,即使是仅存的少量实证研究,也大量存在规范性不足的问题,未能严格遵循"问题—假设—数据—求解"的研究范式;定量评价方法侧重于对指标值数量计算的研究,未重视对科学计量学和定量评价本质的研究。③ 林春丽(2011)考察高校人文社科科研绩效评价状况后指出,科研任务量化,考核异化为"找钱"考核;论文水平考核以是否在核心期刊发表为标准;论文版面费越来越高,普通教师难以承受;由上向下的简单化管理,阻碍了广大教师的全面发展等问题业已成为高校人文社会科学科研绩效评价的弊病。④ 张喜爱(2012)指出,当前科研评价制度建设中存在评价科学性、公正性不足;评价过度依赖数量指标;过多重视形式忽略本质;科研评价过程不规范和评价相关制度不完善等问题。⑤ 陈俊生(2013)研究了我国高校科研失范问题并提出了相应对策建议⑥。 何华、夏华向(2014)

---

① 王若颖,张卓.高校人文社科类教师科研绩效评价刍议[J].高校管理,2010(10):135—137.

② 冯海燕.高校科研评价制度改革途径探析[J].中国高校科技与产业化,2006(12):56—57.

③ 朱少强.国内外人文社会科学研究评价综述[J].评价与管理,2007(4):54—59.

④ 林春丽.高校人文社科科研绩效评价方式的科学性探讨[J].高校教育管理,2011(2):42—45.

⑤ 张喜爱.当前高校科研评价制度建设的问题和建议[J].技术与创新管理,2012(1):88—91.

⑥ 陈俊生.高校科研评价失范及其对策研究[J].学术探索,2013(8):126—128.

研究了 SCI 引入我国后对科研评价的影响及带来的问题并提出了对策[①]。

关于国内高校人文社会科学评价实践中出现问题的原因及解决办法，林春丽(2011)指出，造成高校人文社会科学科研绩效评价出现问题的原因主要有：管理方法的简单化和科研信息不对称；急功近利是促成目前的科研绩效考核标准的近因；以刊物登记评价论文等级是造成学术期刊乱收费的根源；以行政管理替代学术评价，教师意见未能得到重视等。[②] 刘莉(2005)指出，当前高校人文社会科学评价应由行政性评价转变为社会性评价，由重视投入的评价转变到重视产出的评价，由重视量的评价转变到重视成果的评价。[③] 汪利兵和徐洁(2005)认为，我国可以考虑建立权威的半官方性质的中介评估机构，加强对科研拨款制度的研究，寻找评估与拨款结合的生长点。[④] 冯海燕(2006)指出，今后要坚持正确的评价导向，建立以人为本的科技评价制度；坚持科学发展观，正确处理短期效益与长远目标的关系；遵守科学研究内在规律，处理好"质"与"量"二者的关系；建立适应于科学研究特性的评价机制；加强科学道德建设，反对任何形式的学术不端行为；建立科研评价的监督机制。[⑤] 张喜爱(2012)围绕着我国当前高校人文社会科学评价实践中出现的问题，提出加强科研评价制度建设的建议：加强管理创新，改进科研评价制度；实行分类评价，完善科研评价制度；改变评价考核体系，实现多元化评价；完善评审评价方式，建立健全科研评审制度；建立激励和监督机制，形成良好科研环境。[⑥] 朱军文、刘念才

① 何华,夏华向.SCI 论文与科研评价:兼谈论文编辑公司[J].医学与哲学,2014,35(10A):4—7.

② 林春丽.高校人文社科科研绩效评价方式的科学性探讨[J].高校教育管理,2011(2):42—45.

③ 刘莉.欧洲各国大学科研评价及其启示[J].高教管理,2005(9):86—90.

④ 汪利兵,徐洁.英国 RAE 大学科研评估制度及其对大学科研拨款的影响[J].高等教育研究,2005(12):93—97.

⑤ 冯海燕.高校科研评价制度改革途径探析[J].中国高校科技与产业化,2006(12):56—57.

⑥ 张喜爱.当前高校科研评价制度建设的问题和建议[J].技术与创新管理,2012(1):88—91.

(2014)研究了高校科研评价中定量方法与质量导向存在的问题并针对性地提出了建议①。田欣、马瀚青、郑军卫(2014)对国内外5种主要网络同行评议系统平台进行了对比研究,并提出了优化国内网络同行评议平台的建议②。林培锦(2014)从布尔迪厄科学场域理论出发对学术同行评议中的利益冲突问题进行了研究,并提出了规避利益冲突的建议③。

---

① 朱军文,刘念才.高校科研评价定量方法与质量导向的偏离及治理[J].教育研究,2014(8):52—59.

② 田欣,马瀚青,郑军卫,等.国内外5种主要网络同行评议系统平台对比研究[J].中国科技期刊研究,2014,25(11):1363—1368.

③ 林培锦.学术同行评议及其利益冲突:布尔迪厄科学场域理论的视角[J].自然辩证法研究,2014,30(7):59—63.

第二章 人文社会科学协同创新的内涵与特点

目前学术界普遍存在对协同创新的误读,主要表现为将协同创新视为产学研协同创新,侧重技术开发与应用。这种看法,一是大大缩小了协同创新的主体范围,将学科间的协同、科研组织之间的协同等全部排除在外;二是大大缩小了协同创新的内容范围,事实上排除了重大基础科学研究的协同创新,只突出了重大应用技术研究的协同创新;三是忽略了人才培养功能。此外,人文社会科学具有自身的复杂性和模糊性、真理性检验的直观性、价值实现的潜在性和间接性、民族性和本土性等特点。这些特点使之区别于自然科学,因此人文社会科学的协同创新虽然可以借鉴但不能照搬自然科学的产学研创新模式,而应该根据其特点进行调整。[①]

第一节 协同创新的理论基础及内涵

协同创新是新时期对创新理念的一种新解读,它来自于对实践的新认知,并且通过高度集成形成了新的理论概念。要全面把握协同创新的内涵,还需要从其理论基础出发。

---

① 邱均平,谭春辉,任全娥.人文社会科学评价理论与实践:上册[M].武汉:武汉大学出版社,2012:116.

一、协同创新的理论基础

协同创新蕴含着丰富的系统科学思想,而在系统科学中与协同创新最相契合的是系统论和协同学。

(一)范式理论

范式(Paradigm),最早由著名社会学家默顿(R. K. Merton)于 20 世纪 40 年代提出,1962 年因库恩在其代表作《科学革命的结构》一书中应用这个概念分析科学理论研究的演进方式而广为传播,并提出"范式是普遍承认的科学成就,其在一段时期内为科学实践共同体提供典型的问题和解答。"[①]1982 年技术创新经济学家多西(G. Dosi)将这个概念引入技术创新研究中,提出了技术范式的概念,并将其定义为"选择技术问题的一种模型或模式"。[②]

范式,指的是一个学派或者学科据以此建构理论、规律、概念的哲学和理论框架。库恩认为,广义范畴上任何一种哲学的或者理论的框架都可以成为范式。范式是一种世界观,具有定向的基本功能,在总体倾向上是选择与预示的统一,同时具有"不可通约性",范式的转换是一种革命,其指向范围是"共同体",从构成要素上看是层次性和整体性的统一。[③] 库恩认为范式表现在两个方面,一方面,它代表着一个特定共同体的成员所共有的信念、价值、技术等构成的整体。另一方面,它指谓着那个整体的一种元素,即具体的谜题解答;把它们当作模型和范例,可以取代明确的规则以作为常规科学中其他谜题解答的基础。[④] 范式指导着共同体成员研究、思考

---

① T. S. Kuhn. The Structure of Scientific Revolutions [M]. 2nd ed. Chicago: University of Chicago Press, 1970: Preface, p. Ⅷ.

② G. Dosi. Technological Paradigms and Technological Trajectories [J]. Research Policy, 11(2), 1982: 147—162.

③ 朱爱军. 论库恩的范式概念及其借用[J]. 学习与探索, 2007(5): 51.

④ 库恩. 科学革命的结构[M]. 金吾伦, 胡新和, 译. 北京: 北京大学出版社, 2003: 157.

构建促进协同创新的人文社科科研评价体系研究

42

和解决难题,在原有范式指导下开展的科学研究活动叫作常规科学,常规科学时期范式是不可辩驳、不必接受检验的,但是从一个范式到另一个范式的转变则是科学革命的开始。

(二)系统论

系统论的核心观点是:"系统"是由要素组成的一个有机整体。也就是说,系统作为一个整体是由部分构成的,但整体绝不是部分的机械性相加,部分属于整体而不能脱离于它。系统作为一个有机整体具有系统中任何要素在孤立状态(或封闭状态)下以及所有要素的总和所不具备的功能和性质。这就是系统论所谓的整体性原则和协同性原则。这两个原则体现了系统作为一个整体,它的各要素之间的动态协同发展的特征。

科学技术与经济发展的协同创新系统有自己的结构。它由各个子系统本身的内部运行系统和子系统之间及系统与环境之间的外部协调系统两部分所组成。按照功能来分,这些子系统包括政府管理系统、社会协同系统、物质生产系统、知识生产系统(高等院校、科研机构)、中介组织系统和金融服务系统等。这些子系统具有相关性、整体性、协同性、自我生存与发展性、环境适应性、目的性等特征。多个子系统之间相互联系、相互作用而形成任何单独的子系统所不具有的合力。无论是知识生产系统、物质生产系统,还是与此相关的外围环境系统,从系统论的角度来说,都是一个完整的有机的整体,都有自己存在、发展的规律。但同时它们又都是开放的,各大系统之间只有不断地进行物质、能量和信息的交流,才可能实现各自结构和功能的优化而成为一个生机勃勃的整体,实现双赢乃至多赢。

(三)协同学

协同学是协同创新的直接理论来源。协同学是系统科学理论的一个分支,是德国学者哈肯于 20 世纪 70 年代所创立的。通俗地说,协同学就是一门"协调合作之学"。它研究系统之中各子系统实现动态协调与合作的途径。在当代,协同学广泛应用于物理、化学和生物等自然系统和社会经济文化系统。有学者认为,"自组织理论是协同学的核心理论。"①自组织现象在自然界和人类社会普遍存在,它是指一个开放系统在其子系统或元素间竞争与合作机制的作用下,自发产生新的宏观有序结构的现象。

协同学的核心概念有两个,即竞争和协同或合作。在一个开放系统中,任何自组织现象的产生和演变均由竞争和协同这两种因素共同实现。要使一个系统实现从无序向有序的转化,这个系统的子系统之间必须通过非线性的相互作用产生协同现象和相干效应。这是在耗散结构理论基础上的一个重要飞跃。

在一个系统中,子系统或要素之间的竞争是协同或合作的基本前提和条件。辩证唯物主义指出,在事物的发展运动变化过程中,同一性只是相对的,而斗争性则是绝对的。因为事物处于永恒的运动变化之中,在此过程中,矛盾无处不在、无时不有。因此,相互竞争是事物发展过程中普遍存在的一种事实。竞争性是一个系统内部或系统之间存在更大的差异和不平衡性的主要因素。但是,从开放系统的演化角度看,这种竞争一方面造就了系统远离平衡态的自组织演化条件(至少对这种演化条件起到了推波助澜的作用),另一方面推动了系统向有序结构的演化。② 一个处于非平衡状态的系统,内部各子系统或要素之间经常处于相互作用、相互竞争的状态之中,在这个看似无序的过程中,各子系统或要素完全可能因为某种原因在某一时刻形成协调一致的行动,这种协调一致的行动,在宏观上就对应表现为一种新的有序结构,或者说实现的系统进化。因此,系统内部的各子系统或要素之间的竞争是实现其协同或合作的基础。

对哈肯来说,协同概念比竞争概念更为重要和关键。他认为协同学就是关于各个学科领域合作或协同的学说。协同就是系统中的诸多子系统之间的相互协调的联合作用。因此,协同现象是一个系统整体性、相干性等性

---

① 蒋国瑞,杨晓燕,赵书良.基于协同学的 Muli-Agent 合作系统研究[J].计算机应用研究,2007,24(5):63—65.

② 吴彤.论协同学理论方法:自组织动力学方法及其应用[J].内蒙古社会科学(汉文版),2000(6):19—27.

质的表现。协同使系统产生新的有序性,有序性是各子系统之间协同的产物。通过协同,系统具有新的整体性和稳定性,各种相矛盾和竞争的因素在新的系统中实现了整体统一,系统形成了新的结构,从而使得其整体功能得以放大,各个子系统之间产生了互补效应。最后的结果就是系统整体的功能大于各子系统的功能之和,即实现了我们通常所说的"1+1>2"。

二、相关概念的界定

概念是学术研究的基础,是研究者首先必须明确的。对于同一事物,不仅不同认识主体会有不同的理解,即使是同一主体在不同时期、不同场合的认识也不尽相同。因此,对有关概念做一个暂时性的界定是十分必要的。

(一)科学、自然科学和人文社会科学

"科学"一词在英文里为"Science",由拉丁文"Scientia"(意为"知识")演变而来。对科学概念的研究有很多,这个概念应用也很广泛,虽然目前还没有公认的、统一的定义,但是大多数学者认为科学是回答"是什么"和"为什么"的理性认识。波普尔、拉卡托斯、费耶阿本德和库恩等都对这一问题做了回答。A.F.查尔默斯在批判上述科学哲学家观点的同时对"科学"做了工具主义的理解。他说,"科学是一种假说,一种十分有力的假说,最终要靠它的有效性和成效来对它作出判断。"[1]W.C.丹皮尔将科学理解为"系统的学问",即"科学可以说是关于自然现象的有条理的知识,可以说是对于表达自然现象的各种概念之间关系的理性研究"。[2] J.D.贝尔纳通过对科学发展的历史考察,总结出科学概念包含五个方面的内容:作为一种建制;作为一种方法;作为客观标准和知识传统;作为观念来源;作为生产要素。[3] 因此,我们认为科学概念由科学知识、科学方法、科学精神及科

---

① A.F.查尔默斯.科学究竟是什么:对科学的性质和地位及其方法的评价[M].3版.鲁旭东,译.北京:商务印书馆,2007:129.

② W.C.丹皮尔.科学史[M].李珩,译.张令,校.北京:中国人民大学出版社,2010:9.

③ J.D.贝尔纳.历史上的科学[M].伍况甫,译.北京:科学出版社,1981:6.

学建制等方面内容组成,科学是对自然界客观规律的探索,科学的任务是要有所发现,从而增加人类的知识和精神财富。科学活动的最典型的形式是基础科学研究,进行科学活动的主要是科学家。绝大多数基础科学研究是没有现实的经济效益的。科学研究领域是市场失灵的,需要政府的强力支持。

在林林总总的人类科学知识中,人们出于交流、讨论、学习、教学、研究、传播等应用目的,总是想把它们分门别类,而在不同时期,由于认识的不同,所采用的分类标准也不相同,从而产生了不同的分类方法。狄尔泰把科学分为自然科学和精神科学。[①] 我国的综合性分类法如《中国图书馆分类法》、《中国人民大学图书分类法》、《中国科学院图书馆分类法》等的基本部类中都包括有哲学、社会科学和自然科学这三个基本部类,从 20 世纪 50 年代中期开始,将哲学社会科学连在一起作为通称概念,沿用至今,尤其在政府文件和官方研究机构中多采用该通称术语。随着"人文科学"概念的确立,为了表达与自然科学相对的学科领域,人文社会科学这一通称概念在 20 世纪 90 年代初出现。1994 年 3 月 11 日,国家教委印发了《关于加强和改进高等学校人文社会科学研究工作的若干意见》,因而在高校系统多采用人文社会科学这一通称概念。

当前对科学比较流行的分类是将其分为:自然科学(一般径称科学)、社会科学和人文学科(人文社会科学),其实质是对人文社会科学进行了拆分。

自然科学或科学被看作是对包括人在内的自然的系统研究,以已被接纳的学术科学呈现出来。[②] 一般而言,自然科学是实验科学或称经验科学,也就是说它是基于经验的——凡是不能用实验检验的理论,都不能算是科学理论。正如自然科学是把自然作为研究对象一样,社会科学则是以

---

① 韦尔海姆·狄尔泰.人文科学导论[M].赵稀方,译.北京:华夏出版社,2004:6.

② R. Graham. Between Science and Values[M]. New York: Columbia University Press,1981:3.

社会作为研究对象,其目标在于认识各种社会现象并尽可能找出它们之间的关联。哈耶克说:社会科学研究的不是物与物的关系,而是人与物或人与人的关系。它研究人的行为,它的目的是解释许多人的行为所带来的无意的或未经设计的结果。① 社会科学涵盖经济学、政治学、行政学、军事学、法学、犯罪学、伦理学、社会学、教育学、管理学、公共关系学、新闻传播学、人类学、民族学、民俗学等等,也有人把心理学、历史学之类的学科包括在内。

人文学科是关于人和人的特殊性的学科群,主要研究人本身或与个体精神直接相关的信仰、情感、心态、理想、道德、审美、意义、价值等的各门科学的总称。它把那些既非自然科学,也非社会科学的学科都囊括其中。人文科学主要包括:现代与古典语言学、文学、历史学、哲学、宗教学、神学、考古学、艺术等具有人文主义内容和人文主义方法的学科。

此外,有些学者将科学分为:自然科学、社会科学和人文科学。但是,目前学界对"人文科学"这一称法尚存较大争议。汪信砚认为,人文不属于科学,"人文科学"的英文为"humanities",而"humanities"根本不仅不属于"science",某种意义上,"humanities"指的是与"science"相对的东西,将"humanities"译为"人文学科"比较恰当。② 林毓生强调,"'人文学科'绝对不能把它叫做'人文科学'"。③ 尤西林认为,"人文学科(The Humanities)归属于教育学教学科目分类,人文科学(the human sciences)则是从哲学高度对包括人文主义与人文学科在内的人文活动原理的系统研究理论。"④还有学者认为人文科学是一种具有普遍意义的方法论和认识论⑤。鉴于此,我们将科学划分为:自然科学和人文社会科学,后者又由

---

① 弗里德里希·A.哈耶克.科学的反革命:理性滥用之研究[M].冯克利,译.南京:译林出版社,2003:17.

② 汪信砚.人文学科与社会科学的分野[N].光明日报,2009-6-16(11).

③ 林毓生.中国传统的创造性转化[M].北京:生活·读书·新知三联书店,1988:3.

④ 尤西林.人文科学导论[M].北京:高等教育出版社,2002:1.

⑤ 陈波.社会科学方法论[M].北京:中国人民大学出版社,1989.

社会科学和人文学科构成,它们各自的特点如表 2-1 所示。

表 2-1　自然科学和人文社会科学各自特点

自然科学	人文社会科学	
	社会科学	人文学科
客观性	兼具客观性和主观性	主观性
经验性(可检验性)	兼具经验性和地方性	非科学性(不可检验)
普遍性	兼具普遍性和特殊性	地方性(具体性)
价值中性	价值性	价值性
简单性	复杂性	复杂性
定量	兼具定量性和定性	难以控制性和难以量化
明确性	兼具明确性和模糊性	模糊性、反思性

　　它们不仅各有特点,而且是相互联系的。自然科学的研究对象以物为主,偏于客观主义一极;人文学科的研究对象以人为主,偏于主观主义一极;而以研究人与物的关系和人与人的关系为主的社会科学,则介于二者之间。因此,自然科学与人文学科处于比较的两端,它们之间的差异较大,而社会科学与自然科学和人文学科之间的差异较小,且在取向知识、生产模式、研究方法等方面较为接近自然科学。[①] 因此,三者间的关系可以简单地通过图 2-1 描述。

　　自然科学、社会科学和人文学科之间的区别多是量上的或程度上的差异,而不是质上的或本质上的不同。不过,区别显而易见,判若鸿沟;而关联则若隐若现,微而难知。

　　都把人作为研究对象。人文学科或社会科学自不待言,即便是研究自然的自然科学,也要研究人,因为人是自然的一部分,研究人的自然属性和

---

　　① K. D. Knorr — Cetina. The Manufacture of Knowledge, An Essay on the Constructive and Contextual Nature of Science[M]. Oxford etc.: Pergamon Press, 1981: 137.

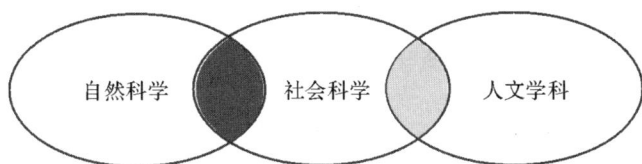

图 2-1　自然科学、社会科学和人文学科的交叉关系

生理现象以及某些心理现象,也是科学的题中应有之义。何况,作为研究活动和社会建制的科学,本身与人息息相关,即使是作为知识体系的科学,其研究和发展也会受到其他两类知识的影响和促进,而且其应用直接关乎社会的进步和人类的福祉。

都包含主观性。人文学科和社会科学毋庸赘言。即使以客观性标榜和著称的自然科学,也无疑存在主观性,只是包含的主观性成分相对于客观性较小,而且有一套行之有效的方法尽量避免或极力减少主观性。科学的主观属性来自科学的人类维度、人性维度、社会维度、方法维度、认识维度。科学包含主观性的理由在于:首先,不可能把认识主体和被认识的客体严格分开;其次,感知并不是完全是由客体强加的,而是包含主体选择和建构的主动过程;再次,我们不知道或原则上无法知道事物本身(物自体),科学具有某种主观虚构的成分;最后,作为客观性根基的主体间比较并非完全可能。比如,在自然科学中,客观的事物和现象要靠人的感官去感知,这便给未加工的事实打上主观的印记。事实要通过选择和诠释,并用科学语言陈述后才能够变成科学事实,科学家的偏好和约定在这里显然起作用,更何况科学中的基本概念和基本原理(科学公理)是"思维的自由创造"和"理智的自由发明"。

都追求知识的和谐和理论图式或秩序,而且自然科学不仅仅是说明,也包含某种理解和诠释。科学理论如果使科学正在确立的和谐丰富的话,它就是"真的";艺术品如果使艺术的恰当尺度的和谐丰富起来的话,它就是"有价值的"。迪昂早就通过对物理学实验的考察和剖析,提出物理学中的实验不仅仅是观察现象,它也是这种现象的理论诠释,唯有现象的理论诠释使仪器的使用成为可能。

（二）评价、科学评价和科学评价范式

评价，简而言之就是评价主体对客体价值的评定。它是一种认识活动，"评价不是别的，就是价值意识的对象化活动，是以动态的形式表现的价值意识。"[①]评价是主体对客体价值的揭示活动，它以主体对客体的认识为基础，揭示客体对主体的价值和意义。

评价并不创造价值，它只是揭示客体的价值，即判断客体有无价值、有什么价值、有多大价值的。客体自身具有价值和意义是评价出价值的前提。价值包括两个因素，即客体属性和主体需要。一方面，价值离不开物的内在属性，物的内在属性是价值的物质承担者；另一方面，价值离不开人的需要，需要是人类生存和发展、进行各种活动的内在动因和客观依据。按照马克思的观点，人的需要即人的本性，没有人的需要便没有价值。但两方面不能各自成为价值，只有当主客体发生关系，两个因素结合起来，才能产生价值。哲学中的价值，已抽象为物质满足人和社会需要的属性，即物对人和社会的有用性，是对人类社会有积极意义的东西。简言之，价值就是客体属性对主体需要的满足。有满足就有价值，没有满足就没有价值；有价值的东西就是能满足我们需要的东西。

至此，我们可以将"评价"定义为一种价值判断的活动，是对客体满足主体需要程度的判断。也就是说，评价是指按照明确的目标、采用合理的方法、对人或事物进行价值判断的活动，具有主观性、客观性和相对性的特征。

由于思维方式和语言习惯的差异，国外学者较少直接使用科学评价（Science Evaluation）这一概念，他们通常讨论的是科学评价所涉及的具体内容，比如，科研评价（Research Evaluation）、科研人员评价（Evaluation of Researchers）、科研成就评价（Evaluation of Accomplishments）、科研项目评价（Evaluation of Research Projects）和科研机构评价（Science

---

① 马俊峰.评价活动论[M].北京:中国人民大学出版社,1994:57.

Evaluation in Universities and Academy Research Institutes)等。在我国，科学评价这一概念虽然在 20 世纪 80 年代初就提出了，但在科学评价研究中对科学评价的概念一直没有明确和统一的认识，在研究过程中概念使用也不规范，各有所指，较为模糊和混乱，表现比较明显的是相关概念，如"学术评价"、"科技评估"和"科研评价"等，经常交替使用。目前，关于科学评价的定义主要有以下几种观点：一种观点认为，"科学评价（assessment of science）有两种含义。（1）对科学技术的研究选题、规划和各种形式的研究成果从价值方面进行判断的活动，包括对技术的评价。（2）日常也用来指客观的、正确的、符合科学精神的评价方式和评价结论。"[1]另一种观点认为"科学评价指对科研成果等的有效性、可靠性、科学性及其价值的评定。"[2]还有一种观点认为，"科学评价有广义和狭义之分。广义上的科学评价是指用科学方法对一切对象进行的评价，意指'科学地评价'。其覆盖范围非常广泛，囊括了各行各业、各层次、各种类型的评价。狭义上的科学评价是指以科学为对象的评价，其覆盖范围比较狭窄，主要是对与科学研究活动有关的人、事、物的评价，意指'评价科学'。包括科学出版物评价、科研机构评价、科研工作评价、学科评价、教育与教学评价等。"[3]

通过对上述科学评价概念的分析与综合，本文所指的科学评价为狭义的科学评价，即对科学研究活动有关的人、事、物的评价，比如：科学理论评价，科学论文评价，科研人员评价等，不包括技术评价[4]。在科学研究活动中，科研工作者的贡献主要是以精神产品——科研成果的形式呈现，而科研成果的核心是其提出的科学理论，科学评价主要是对科研成果的有效

① 李德顺. 价值学大词典[M]. 北京：中国人民大学出版社，1995：363.

② 曲伟，韩明安. 当代汉语新词词典[M]. 北京：中国大百科全书出版社，2004：462.

③ 文庭孝，侯经川. 国内科学评价研究进展[J]. 图书情报工作，2005，49(10)：55—59.

④ 科学技术化、技术科学化是科学与技术发展的趋势，在我国通常将科学与技术合称为科学技术也印证了这一点。因此，有些情况下要对科学与技术进行严格区分是难以做到的，说科学评价完全不包含技术评价也不太现实。

性、可靠性、科学性及其价值的评定,即是对科学工作者创造性劳动的评价[①]。

在科学评价中不管是对科学论文、科学著作、科学研究人员、科学期刊,还是对高校、科研机构、地区和国家科学综合实力的评价,最终的落脚点均是以其所承载的科学理论作为基础的。虽然在一些情况下还会将其他内容纳入评价,比如:评价科学研究人员还会考察其工作业绩、职业道德等,但是评价的重点还是科学理论,我国《科学技术评价办法》就规定"基础研究成果应以在基础研究领域阐明自然现象、特征和规律,做出重大发现和重大创新,以及新发现、新理论等的科学水平、科学价值作为评价重点。在国内外有影响的学术期刊上发表的代表性论文及被引用情况应作为评价的重要参考指标。""软科学研究成果应以研究成果的科学价值和意义,观点、方法和理论的创新性以及对决策科学化和管理现代化的作用和影响作为评价重点。软科学研究成果的研究难度和复杂程度、经济和社会效益等应作为评价的重要参考指标。"[②]因此,科学理论评价是科学评价的内核,它对科学评价起着决定性作用(如图 2-2 所示)。

科学评价的三次层次形成了互为基础、逐层递进的关系:对科学理论进行评价主要考察的是其真理性,而对科学成果的评价,其载体多为科学论文、专著和报告等,评价的核心是其提出的科学理论。从另外一个角度讲,对科学期刊的评价是以评价其刊载的论文为基础的;对科学研究人员的评价是以评价其发表的论文为基础;对高校、科研机构、地区和国家科学实力的评价是以评价其单位或区域内人员所发表论文为基础。由此可见,科学理论评价构成了科学评价的基础,它是科学评价的核心。真理是否需要评价? 有两种观点,一是认为既然是真理就毋庸评价,这其实是支持真理的绝对性。另一种观点认为没有绝对的真理,真理是相对的,此时此种

---

① 文庭孝,侯经川.国内科学评价研究进展[J].图书情报工作,2005,49(10):55—59.

② 科学技术部.科学技术评价办法(试行)[EB/OL].(2003—9—20)[2014—10—6].http://www. most. gov. cn/fggw/zfwj/zfwj2003/zf03wj/zf03bfw/200409/t20040901_31458. htm.

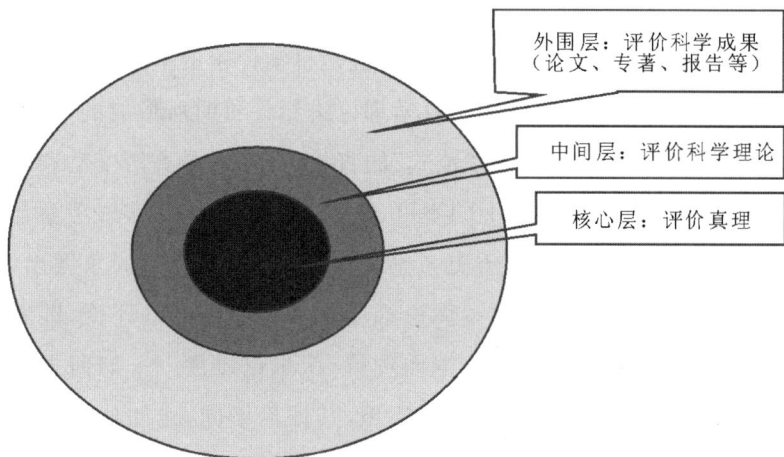

外围层：评价科学成果
（论文、专著、报告等）

中间层：评价科学理论

核心层：评价真理

图 2-2　科学评价的主要内容及其层次

情况下是真理，在彼时另外的情况下就不一定是真理，因此需要评价。这正与理论评价相同。在某一时期某一理论被评为真理，但随着时间的推移，人们认识水平的提高，科学的进一步发展，曾经被奉为真理的理论就会受到怀疑——某种程度上同库恩所描述的科学革命的结构相似。

根据科学评价的定义并结合库恩关于范式的阐述，可以将科学评价范式定义为，一定的评价共同体在对全部或部分科学研究活动内容进行评价的理论研究或进行评价实践时，所遵循的共同信念以及与之相匹配的评价理论、模型、价值观等所构成的多层级的规范体系。据此，科学评价范式可以简单地概括为对科学进行评价的"一个公认的模型或模式"[①]或"共有的范例"[②]。具体来说，科学评价范式由以下四种要素构成：一是共同信念，包括评价共同体所遵循的世界观和理论模型；二是共有价值，即科学评价共同体对科学价值的认识及他们的共同鉴赏力；三是符号概括，科学评价

---

①　托马斯·库恩.科学革命的结构[M].金吾伦,胡新和,译.北京:北京大学出版社, 2003:21.

②　托马斯·库恩.科学革命的结构[M].金吾伦,胡新和,译.北京:北京大学出版社, 2003:168.

共同体共同使用的公式、定理和定律等；四是范例，科学评价共同体的标准实例——某种程度上讲，科学理论评价就是科学评价的范例。科学理论评价范式是指科学评价共同体在对科学理论进行评价时所形成的范式。

这里的"范式"并不是库恩"范式"的直接移植，而是有所变动和修改的范式，因此，并不是严格意义上的不可通约的范式，而是在实践考察与语境重建的基础上对科学评价的历史考察。因而，从哲学研究的角度出发，科学评价范式由四个维度组成：本体论维度——有什么可以评价，即对评价对象的认识，比如对科学理论的本质理解；认识论维度——如何去认识本体，这是评价的前提，对本体的不同认识，其评价不同，比如如何认识科学理论，科学理论如何产生及真理观；方法论维度——如何去评价；价值论维度——价值取向，评价具有价值属性，因此这一点不可少。

(三)创新和协同创新

自熊彼特(J. A. Schumpeter)于 1912 年将"创新"概念引入经济学研究视野，使其成为专业术语以来，关于创新的学术研究已百年有余，形成了丰富的理论成果，产生了技术创新理论、制度创新理论、知识创新理论、国家创新理论等[①]。各类创新理论各有侧重，并从各自的出发点对创新进行了界定。熊彼特主要从经济学的角度出发，将创新与利润紧密联系起来，认为创新是建立一种新的生产函数，即把生产要素和生产条件进行新的组合以获得潜在利润。[②] 他认为发明不是创新，创新是发明的商业应用。技术创新学派则认为，创新为某种新工艺的发明，并投放于市场，从而为企业带来经济效益，它包括新技术的研发和商业应用。制度创新学派认为，创新是通过对制度的整合和完善，从而为技术的进步创造一个平台的活动。知识创新学派认为，创新即通过科学技术研究获得新知识的过程。[③] 国家创新理论是把一国内技术创新要素和制度创新要素整合起来的理论创新，

① 陈喜乐.科技资源整合与组织管理创新[M].北京：科学出版社，2007：1—12.
② J. A.熊彼特.经济发展理论[M].何畏，译.北京：商务印书馆，1990：73—74.
③ 陈喜乐.科技资源整合与组织管理创新[M].北京：科学出版社，2007：7—9.

其对创新的界定实质上即是对上述二者的综合。

　　以上各派的观点均揭示了创新的某些特质,将它们进行综合即能还创新以本来面目。概括起来创新包括以下内容:一是以科学发现和技术发明为主要代表的打破常规、具有独创性的活动,比如知识创造、文化创意、哲学思维、思想观念、方法论等方面都可以谈创新;二是建立一种新的生产函数,产生新的经济利润,如技术发明的商业应用;三是制度创新,即为了促进知识的增长和经济的发展,调整社会资源配置情况使其效率最大化。

　　学界中部分学者将彼得·葛洛(Peter Gloor)对"协同创新网络"(COIN)[①]的定义,即"一个协同创新网络是由借助网络进行协作的自我激励的人员所组成的网络小组,他们具有通过分享思想观点、信息和工作状况实现共同目标的集体愿景。"[②]视为协同创新的定义确有不妥,但是该定义对协同创新概念的理解具有重要意义。一是它揭示了创新的最终主体——人,实现协同的前提条件是共同的愿景,并且他们是自我激励的;二是通过网络进行协作、直接交流而不是通过层级制度,内部分享和协作是透明的;三是以自组织的形式工作和创新而不是被命令去做。[③]

　　此外,学者们还从各自的出发点对协同创新做了定义。胡恩华,刘洪(2007)认为协同创新是指集群创新企业与群外环境之间通过非线性作用产生企业自身无法实现的协同效应的过程。[④] 张方(2011)持有类似的观

　　① P. A. Gloor. Swarm Creativity: Competitive Advantage through Collaborative Innovation Networks [M]. New York: Oxford University Press, 2006: 4.

　　② 原文为"A COIN is a cyberteam of self-motivated people with a collective vision, enabled by the Web to collaborate in achieving a common goal by sharing ideas, information and work."国内一些学者将其译为"由自我激励的人员所组成的网络小组形成集体愿景,借助网络交流思路、信息及工作状况,合作实现共同的目标"加以引用来解释"协同创新",笔者认为不妥。在此句的理解上,非常感谢 Peter A. Gloor 先生的帮助。

　　③ P. A. Gloor. Swarm Creativity: Competitive Advantage through Collaborative Innovation Networks [M]. New York: Oxford University Press, 2006: 4.

　　④ 胡恩华,刘洪.基于协同创新的集群创新企业与群外环境关系研究[J].科学管理研究,2007(6):179-180.

点,其认为协同创新指创新企业与外部环境之间通过非线性作用产生单个企业无法实现的协同效应的过程。①　二者的区别仅在于一个是集群创新企业,一个是创新企业,相同之处在于均是企业同外部环境之间发生非线性作用,从而产生大于单个企业的协同效应。陈劲、阳银娟(2012)指出协同创新本质上是一种创新组织模式,是"企业、政府、知识生产机构(大学、研究机构)、中介机构和用户等为了实现重大科技创新而开展的大跨度整合"。②　该定义扩大了协同创新的主体范围,使其不仅局限于企业,但未能揭示协同的过程,仅将其称之为大跨度整合的组织模式。

　　协同创新是在知识经济迅速兴起的时代,人们越发重视创新,并积极需求创新途径的情况下,将协同方法引入到实现创新的过程,从而逐步发展形成了一种新的创新模式,这就是协同创新,其可以理解为应用协同的方式、方法来实现创新的目的,即创新是目的,协同是手段。因此,对协同创新的理解可以一分为二,即协同与创新。

　　谈到"协同"这一概念,不得不提到协同学。"协同学即'协调合作之学'。"③最初,哈肯将协同定义为系统内各部分之间的相互协作,"指元素对元素的相干能力,表现了元素在整体发展运行过程中协调与合作的性质"④。协同的结果是系统形成微观个体所不具备的自组织结构。随着研究范围的扩大,人们发现协同的范围极广,不仅包括系统内部要素之间,也包括人与人之间的协同、设备终端之间、人与机器之间,以及系统与系统之间等的全方位协同。此外,为正确理解协同的概念,有必要将协同与合作进行比较。国内有学者指出,协同的目标是明确的,已事先协商好利益分

---

①　张方.协同创新对企业竞争优势的影响:基于熵理论及耗散结构论[J].社会科学家,2011(8):78—81.

②　陈劲,阳银娟.协同创新的理论基础与内涵[J].科学学研究,2012,30(2):161—164.

③　赫尔曼·哈肯.协同学:人自然构成的奥秘[M].凌复华,译.上海:上海世纪出版集团,2001:2.

④　倪劲松.万物之理[M].合肥:安徽大学出版社,2009:77.

配问题,而合作的各方是以自身利益为出发点来开展活动的。^① 国外有学者认为协同与合作最大区别在于协调性,即组织在进行活动时会把其他组织的活动考虑进去^②,关注它们之间的相互影响。由此可见,与合作相比,协同更加强调整体性和相关性,各参与者从整体利益出发,为实现共同目标,在风险共担、利益共享的基础上进行全面协作。

至此,协同创新可定义为:创新活动各主体,包括政府部门、企业、高校、科研院所、中介机构等从整体利益出发,为实现系统的整体创新目标,通过既竞争又合作的协同方式,突破创新主体间的壁垒,使得创新所需资源有效汇聚,实现资源共享、风险共担、利益共享,充分释放彼此间创新要素活力而实现创新。

纵观国内外研究文献,可以归纳出"协同创新"定义的基本构成要素,如表 2-2 所示。

表 2-2　协同创新定义的基本构成要素

作者	主体	客体	实现目标	实现手段	本质	条件
Abend[1] (1979)	组织	创新要素	提高生产率	工具支持	—	—
Ilyong Kim (1993)[2]	企业	创新要素	竞争力	市场营销	系统	—
Huber (1998)[3]	组织	创新要素	协同能力	组织学习与创新互动	—	—
陈光 (2005)[4]	企业	创新要素	高协同度;协同效应	以战略为导向;要素协同作用	过程	—
陈劲 (2005)[5]	企业	创新要素	系统效应	技术和市场间互动	—	组织重构和战略引导
Morris (2006)[6]	不同创新主体	创新要素	有效协同	社会网络	—	—

---

① 饶燕婷."产学研"协同创新的内涵、要求与政策构想[J].高教探索,2012(4):29.

② Chris Huxham. Pursuing Collaborative Advantage [J]. The Journal of the Operational Research Society,1993,44(6):599—611.

续表

作者	主体	客体	实现目标	实现手段	本质	条件
金林 (2007)[7]	企业、中介	创新要素	发挥创新主体各自优势	发挥桥梁、传递、纽带作用	关系	—
程蓉 (2008)[8]	企业	创新要素	协同效应	有机配合:复杂非线性相互作用	过程	—
Jadesadalug (2008)[9]	企业	创新要素	新产品研发	组织、技术、组织协同	—	—
杨育 (2008)[10]	客户、企业	创新要素	开发出具有高度创新型和市场主导力的新产品	借助各种网络化协同工作环境、创新设计工具和知识融合手段;协同工作	—	知识结构和技术能力的不对称性
孙长青 (2009)[11]	不同创新主体	创新要素	协同效应	有机配合;复杂非线性相互作用;合理分工	过程	共同利益;资源共享或优势互补
Wieimeier (2012)[12]	协同各方	创新要素	价值创造	平台构建、协同共进	—	—
陈劲 (2012)[13]	协同各方	创新要素	知识增值	—	组织模式	—

注:[1] Abend, C. Joshua. Innovation Management: The Missing Link in Productivity[J]. Management Review, 1979, 68(6):25—30.

[2] Ilyong Kim. Managing Korea's System of Technological Innovation[J]. Interfaces, 1993, 23(6):13—24.

[3] Huber, George. Synergies between Organizational Learning and Creativity & Innovation[J]. Creativity & Innovation Management, 1998, 7(1):3—9.

[4] 陈光. 企业内部协同创新研究[D]. 成都:西南交通大学, 2005.

[5] 陈劲, 王方瑞. 再论企业技术和市场的协同创新:基于协同学序量概念的创新管理理论研究[J]. 大连理工大学学报(社会科学版), 2005(2):1—5.

[6] Brian Morris. High Technology Development: Applying a Social Network Paradigm [J]. Journal of New Business Ideas & Trends, 2006, 4(1):45—59.

[7] 金林. 科技中小企业与科技中介协同创新研究[D]. 大连:大连理工大学, 2007.

[8] 程蓉. 基于产品设计链的企业协同创新研究[D]. 武汉:武汉理工大学, 2008.

［9］Jadesadalug，Viroj，Ussahawanitchakit，Phapruke. The Impacts of Organizational Synergy and Autonomy on New Product Performance：Moderating Effects of Corporate Mindset and Innovation［J］. Journal of International Business Strategy，2008，8(3)：118－128.

［10］杨育，郭波，尹胜，王伟立，张晓冬.客户协同创新的内涵与概念框架及其应用研究［J］.计算机集成制造系统，2008(5)：944－950.

［11］孙长青.长江三角洲制药产业集群协同创新研究［D］.上海：华东师范大学，2009.

［12］Wieimeier，Georg F. L.，Thoma，Axe，Senn，Christoph. Leveraging Synergies Between R&D and Key Account Management to Drive Value Creation［J］. Research Technology Management，2012，55(3)：15－22.

［13］陈劲，阳银娟.协同创新的理论基础与内涵［J］.科学学研究，2012(2)：161－164.

协同创新系统是由系统内的子系统（高校、科研机构、企业等）和各要素（人才、知识、技术、信息、资金、设备等）以及它们之间的关系流所构成；它依赖于创新系统中不同创新主体的相互共生共享，植根于要素维、时间维和空间维的协同增效过程。具有开放性、复杂性、关联性、动态平衡性、时序性、涌现性、非线性等特征。

协同创新系统是一个具有复杂性的开放系统。说它具有复杂性，是因为从系统的要素构成来说，它是由高校、科研机构、企业等多主体要素的多维子系统构成，每个要素又嵌套多个次级要素，且它们之间的关系呈现非线性特征。说它是开放系统，是因为它不仅植根于外部环境之中，而且与外部环境不断发生知识、信息、资金、人才、技术等交流，并且在输入和输出过程通过对创新要素的整合，使协同创新向有序方向完善和发展，并始终处于开放状态之中。

协同创新系统处于远离平衡状态。协同学两人核心作用就是协同和竞争，协同增效根源于系统中创新主体以及要素的互补性和共生性，但受系统外部环境的激励机制以及内部战略导向、组织文化、价值观念、目标诉求等要素差异性的影响，系统始终处于一个远离平衡的状态中，而不平衡的结果，就是通过调整控制参量，优化系统结构，整合创新资源和创新要素,增强协同创新的动力,驱使系统从远离平衡状态趋于近平衡状态,在反复的钟摆运动中,系统将日臻完善和有序。

非线性作用是协同创新要素耦合的根本动力。协同创新系统是一个高度复杂的相互依赖的自组织系统,其整体行为和功能并不是子系统行为和功能的简单叠加。在子系统的相互作用和耦合过程中,个别要素或微量的变化对其他要素或变量的影响是不成比例的,甚至是不可预测的。其关键在于建立起正负反馈回路,增强协同创新系统的自适应性和自协调性,系统整体、创新主体、创新要素与环境变量之间的非线性作用,将加速系统内创新要素的耦合,产生系统整体的协同效应,形成"要素—主体—环境"的协同创新机制。①

第二节　人文社会科学协同创新的特点

人文社会科学协同创新作为新的知识生产范式,具有鲜明的时代特征。在知识生产范围、知识生产主体、知识生产背景上都与旧范式不同。人文社会科学与应用性较强的自然科学相比,也有自己的特点。因人文社科的研究对象、方法、价值实现方式比自然科学更具多样性,人文社科的协同创新过程和绩效评价也就更加复杂。

一、纵向比较:人文社会科学协同创新的时代特点

(一)人文社科协同创新的语境依赖性

当代的知识生产已不再是理性王国的闭门造车,它成为一种复杂的社会事业,乃至一项复杂的社会工程。我们在任何时候都离不开我们所处的社会语境,同样,人文社科知识生产在变化的语境之中,不断地适应社会的

① 林涛.基于协同学理论的高校协同创新机理研究[J].研究生教育研究,2013(2):9—12.

构建促进协同创新的人文社科科研评价体系研究

变化。我们正在进入到知识经济时代,知识生产有着很强的语境依赖性。知识生产要符合时代需求,知识对于社会的重要性不言而喻,知识生产是社会进步的重要推动力,知识生产要以社会需求作为自己的研究导向。在知识经济的市场面前,知识也成为一种商品,因此我们要考虑到知识的商品性。知识生产的语境依赖性更加凸显出来,我们的知识生产是为了谁、生产何种知识、如何生产、在哪里生产、由谁来生产等种种问题就把知识生产限定在了不同的领域中,每个领域的知识生产就都要在其自身的语境下不断地增长。在走向知识经济的新时期,人们需要通过制度创新,形成完善的、有政府规制与调控的知识生产市场体制,恰当处理商品性知识生产体制和机制的各种矛盾,推进知识生产的健康发展。

(二)人文社科协同创新的超学科性

新的人文社科知识生产已经不仅仅是每个学科独立的发展,更多的是跨学科的、超学科的组织模式。学科之间的沟通合作日益频繁和深入,新的生产模式打破了小科学原有的那种学科独立发展的模式,将科学从学院中接出来放在社会上来历练。将原有的学者、研究人员从生产的需求下进行临时的组合以便能再产生更多的、新的、符合社会需求的新的知识。

在前文提到的知识生产模式2中,知识是在更广的跨学科和社会经济语境中来发展的,最初发生在本地社会网络中;它是应用推动机制,解决问题是与成果的某些特定应用有关;问题解决的细节没有通过非组织化的媒体公开而成为知识;只有通过人们将它们在不同语境中应用得以传播;它的地方性和组织性都是暂时的,研究团体"聚集—解散—分散"到其他地方;知识生产模式2的科学项目可以在很多不同背景中进行,知识生产可以同时在大学、公共机构、研究中心和实验室,都由电子交流媒介所连接。知识生产不再局限于原有的聚散结构,而是时时都可以进行沟通交流,知识生产中的交流就更加顺畅、范围更加泛化,使不同的地区、不同背景的专家学者都可以一起通过一个问题进行讨论。科学知识生产的范围更是在不断的变化中,科学知识生产都是有着一定的共同体的,每一个共同体都是为了一定的目标而努力的,在知识经济中,不同共同体也可以出现在同一个项目中,这样,科学知识生产的范围也就变得越来越大了。

(三)人文社科协同创新的社会责任性

科学正在成为一个强大的机构,并以各种不同的方式影响人们的日常生活。但它也越来越受到社会、经济和政治力量的影响。私人和公共、自然与社会之间的界限,日益受到科学和技术进步的挑战。在知识经济中,专家地位和权威既不是自动的,也不是不言自明的。专家对于自身地位和权利的维护需要立法并给出其合理性以此来面对公众的漠视和怀疑,或法律上的挑战。尽管比不上科学和技术的重要性,世俗的和隐性的知识仍然是至关重要的。最新科学和技术发展用于公共福利表明,知识社会和福利国家可以以一个相互支持的关系而共存。

当今的科学知识生产是以社会的发展为依托的,因此科学知识生产的社会责任感也日益增强。从大科学、巨科学到三螺旋,科学知识生产模式2,知识更加注重实用和与社会的结合,科学知识生产直接影响到社会的发展。知识生产主体的多元性使社会受到更大的重视。随着政府和企业成为知识生产的主体,更加重视社会的需求和社会需要解决的问题,社会研究在当今日渐受到重视。随着工业革命带来的弊端的凸现,新的知识生产把社会研究作为一个重要的研究视角。传统的经济增长理论强调资源的稀缺性,将技术进步等因素视作经济发展的外生变量。而人类知识的获得缓和了资源的稀缺,并且这种缓和作用日益突出,逐渐成为当今经济发展的决定性因素。这样,就要求我们重新认识知识和经济增长的关系。知识生产注重人的需求和发展,与以往那种工业化的思维方式不同,新的知识生产注重人的发展和人的责任。科学知识生产是为了人和社会更好地发展,改善人类的生活条件,现在社会已经从工业社会转向后工业社会,知识生产的转变也就更加注重社会责任,进而在工业发展中,保证人的利益和自然的利益和谐发展。

(四)人文社科协同创新的组织异质性

一是不同的知识生产项目之间组织性质是不同的。以往的知识生产都是按学科划分的,如物理、化学、心理学、社会学等,虽然每个学科的研究领域和研究方法都各不相同,但是每个学科的研究组织的结构都是大致相同的,有着类似的组织规范。而新的科学知识生产却不尽然,在新的科学知识生产条件下,应该按照项目不同来划分不同的组织,每一个项目是一个组织。

二是同一个项目内部有着不同的组织形式。在新的科学知识生产中,因为我们更注重一个问题的结果,而且由于不同的学者有着不同的知识背景,因此看待问题是有着不同的角度,在构成组织的过程中,就会有不同的小组,他们有着类似的背景语境,会自发地形成一些小组。

以教育部认定的文化传承类"2011 协同创新中心"为例(表 2-3),可以看到各个中心的合作伙伴成员单位来源广泛,异质性较强。牵头单位往往是高校,协同单位包括科研院所、企业和政府部门。使得协同创新中心的成员单位突破了区域、行业、学科壁垒,每个协同创新中心都有两个或两个以上不同类别的创新参与主体,给协同创新中心带来了较强的异质性特征。

表 2-3　教育部文化传承类"2011 协同创新中心"组成单位分析

中心名称	牵头单位	合作伙伴			
		兄弟院校	科研机构	企业	政府部门
中国南海研究协同创新中心	南京大学	3	3		1
司法文明协同创新中心	中国政法大学	2			4
国家领土主权与海洋权益协同创新中心	武汉大学	4	1		1
中国基础教育质量监测协同创新中心	北京师范大学	5	1	1	1
中国特色社会主义经济建设协同创新中心	南开大学	2	2		
出土文献与中国古代文明研究协同创新中心	清华大学	8	2		
两岸关系和平发展协同创新中心	厦门大学	2	1		

二、横向比较:人文社科协同创新与自然科学协同创新的差异

(一)人文社科协同创新的协同过程更为繁杂

首先,人文社会科学的研究对象比自然科学更为复杂。"人文社会科学的研究对象就是人文社会现象,它包括主体的本质和活动、主客体的关系、主体间的关系,以及人的生存意义、价值等"①;与自然科学的研究对象(自然对象)相比,人文社会科学的研究对象明显具有以下特点:自为性和异质性;价值与事实统一性;研究主体与研究客体的内在相关性;更大的偶然性与不确定性;可预言性与准确预言的有限性。② 也有学者将人文社会科学研究对象的特点概括为八点:社会现象的不可重复性;社会事件是"个性事件";社会事件难以模拟;社会事件难以控制;社会事件充满着偶然、随机因素的作用;社会事件难以纯化或理想化;社会事件有难以量化的模糊性;认识对象对认识主体的反作用。③ 人文社会现象与自然现象、技术现象的差异是造成人文社会科学与自然科学差异的根源。自然现象具有不依赖于主体而存在和发展的客观性和普遍性,科学研究活动中的主客体界限分明,具有较强的实证性;而人文社会科学的研究对象具有主观自为性和个别性,其中充满复杂的随机因素的作用,不具备重复性,而且涉及的变量众多、关系复杂,通常难以脱离环境而单独活动,主客体界限模糊。④

其次,人文社科内部的研究对象与方法差异明显。虽然人文社会科学可以被笼统地称为"文科",并与自然科学、工程技术之间存在着明显的分界,但在其内部,人文科学与社会科学之间以及文、史、哲、政治、经济、教育、法学等具体学科领域之间,从研究对象到研究方法都存在着许多差异。"人文科学是以人的内在世界、精神世界和作为人的内在世界之客观表达

① 欧阳康.人文社会科学哲学[M].武汉:武汉大学出版社,2001:127-128.
② 欧阳康.人文社会科学哲学[M].武汉:武汉大学出版社,2001:127-135.
③ 曲庆彪.社会科学基础[M].北京:高等教育出版社,2004:15-18.
④ 刘大椿.中国人民大学中国人文社会科学发展研究报告 2002[M].北京:中国人民大学出版社,2003:10-12.

的文化传统及其辩证关系为研究内容或对象的","人文科学的研究方法主要是意义的'理解'。人文世界的精神性和价值性决定了仅仅对一种人文现象作出因果式的、外在的'说明'是不够的,甚至可以说是毫无意义的"。① 而社会科学将人与社会都当作客体来研究,强调客观实在性和规律性;在研究方法上,社会科学受自然科学实证化和规范化的影响,越来越趋向于采用实验、调查、统计等实证方法。它们的研究对象都涉及人与社会,所以又存在一定的交叉。

所谓科学及其研究,也存在着多个层面,如马克斯·韦伯所说的"工具理性"和"价值理性"层面,在"工具理性"层面内部,还有"解释性"层面和"操作性"层面的划分。以自然科学、工程技术为例,众所周知,二者的分界是比较清楚的,即"科学"是解释性的,解决的是"是什么"(what)和"为什么"(why)的问题,属基础理论层面,狭义的"科学"(指自然科学)归理学门类;"技术"则是操作性的,解决"如何做"(how)的问题,属应用研究层面,归工学门类。人文社会科学内部尽管也存在基础研究与应用研究之分,但由于研究对象(人和社会)的主体性、即时性和动态性,解释和操作、价值和手段往往交织在一起,不容易区分。这些客观因素造成了人文社会科学概念的笼统性、内部的复杂性和模糊性。这也就决定了采用单一的标准或模式进行人文社会科学知识的获取、分享和扩散,是不可行的。②

再次,人文社会科学具有更强的民族性和地域性。人文社会科学研究不像自然科学和工程技术那样可以完全做到价值中立,同样的研究成果可以服务于任何人、任何国家、民族;在人文社会科学研究中,工具理性与价值理性是并存的。许多人文社会科学研究是以解决本国、本民族的实际问题为出发点的。而不同的民族和国家,社会制度、文化背景、心理习惯、价值观念等都有差异,这些差异导致评价成果价值标准的不同,这一个民族、国家认为好的,另一个民族、国家则可能认为不好;这一方认为是正价值

① 朱红文.社会科学方法[M].北京:科学出版社,2002:84.
② 朱红文.社会科学方法[M].北京:科学出版社,2002:84.

的,另一方则可能认为是负价值。人文社会科学还具有阶级性,它必定要为其所处的当前社会环境服务,反映出特定的价值取向,进而反映意识形态的对立,在哲学、宗教、政治、伦理中尤其如此。无论是作为研究对象的人和社会,还是作为研究主体的研究人员,都不可避免地处在特定意识形态主导的社会关系当中,受到民族、地域、文化传统、价值伦理的影响,因而带有一定的民族性和阶级性。当然,也有全人类都可接受的研究成果,特别是距离政治和意识形态较远的学科的成果。但即便如此,大量的人文社会科学应用与开发性研究必然要面向本土,适合本国国情。这样,人文社会科学的协同创新就不能像自然科学、工程技术那样,以国际上的主流来作为学术追求的标尺。土耳其的一位学者就曾经批评土耳其国内经济学界的学术评价过分重视国际期刊论文,歧视国内发表的学术论文,以致学术研究一味迎合西方发达国家口味、严重偏离本土实际情况,或者只研究纯抽象理论,搬弄复杂的数学公式,而忽视其实际应用。[①] 人文社会科学的民族性和本土性要求创新体系在鼓励吸引世界先进理论成果、鼓励与国际接轨的同时,不能盲目鼓吹所谓的"国际主流"研究领域或一味偏重国际期刊发表的论文,避免歧视面向本土的理论或研究。

(二)人文社科协同创新的绩效评价更加艰巨

首先,人文社会科学的成果检验更为困难。关于科学理论的真理性检验,培根曾提出过两个标准:内部标准和外部标准。内部标准就是推理和证明,外部标准就是实际应用。培根认为,后者比前者更重要,因为结论之正确,没有比实际应用更权威的判断了。[②] 马克思主义哲学也认为,实践才是检验真理的唯一标准。在外部标准的检验方面,自然科学通常使用实验手段,在人为控制条件下,使研究对象得以简化、纯化;而人文社会科学的研究对象总是处在一定历史背景及复杂社会关系中,很难做到使研究对

① 朱少强.人文社会科学研究的特征及其对学术评价的影响[J].重庆大学学报(社会科学版),2007(5):68-71.

② 张彦.科学价值系统论[M].北京:社会科学文献出版社,1994:257.

构建促进协同创新的人文社科科研评价体系研究

66

象简化和纯化,所观察的现象也很难在变量控制下重复出现。就内部标准而言,人文社会科学中的概念、命题是从经验事实中抽象出来的,存在着概念理解的多义性,概念的限定和理性命题的推演不可能像自然科学中那样严格。由此,卜卫等认为,检验人文社会科学研究的内部标准只能由检验者的直观逻辑合理性来确认,外部标准也只能通过检验者的直观经验事实认定。[①] 在操作层面上,这通常意味着人文社会科学的真理性检验以得到科学共同体的承认为准。

其次,人文社会科学研究的价值实现更具有潜在性和间接性。"人文社会科学作为科学,它的产品完全不同于工业流程的文化产品……人文社会科学的目的是认识真理,作为一类认识,它对社会的影响是间接的、渐进的和长远的。'立竿见影'的思想在任何时候对人文社会科学都是有害的。"[②]H. Davies 等向英国经济与社会研究理事会(ESRC)提交的会议论文中也提出,学术研究的社会效果"可以是工具性的,如对政策、专业实践、行为变化的影响;也可以是观念性的,如改进人们关于社会事务的知识、理解、态度等",并且认为观念性的效果比工具性的效果更广泛,也更长远、更深刻,但是更难以测度。社会科学研究成果的价值以潜在价值的形式存在,只有当主体作用于它时,它才能变为现实价值,也就是说,只有在被阅读或付诸实践时才能产生作用和影响。要使社会科学研究成果的潜在价值转化为现实价值,还有理解和接受的问题,理解了,接受了,才能得到收益,才能用来指导实践。社会科学研究成果的价值具有不可计量性。人们都承认社会科学研究成果具有强大的社会功能,但至今尚未有可以准确计量的单位。《实践是检验真理的唯一标准》这一成果,对于端正思想路线、拨乱反正起了良好的作用;"改革也是解放生产力"这一观点,对深化改革、扩大开放起了重大的推动作用,这是实践证明了的。但我们无法精确计量

---

① 卜卫,周海宏,刘晓红.社会科学成果价值评估[M].北京:社会科学文献出版社,1999:70.

② 陈力丹.关于人文—社会科学成果评估标准的几点意见[J].中国社会科学院研究生院学报,2003(1):56—60.

这个"作用"的大小,只能用"良好"、"重大"这一类非确指的、模糊的字眼来形容它。有的应用研究成果可以产生经济效益,这种经济效益是可以计算的,但所产生的经济效益也并非成果价值的全部。

协同创新政策特别强调"政产学研用紧密结合,支持国家经济和社会发展方式的转变",从深层意义上理解,正是抓住了"应用价值"这个核心。但是,知识价值还包括知识自在的价值和知识对人的价值。知识的自在价值就是利用现有知识创造新知识进而不断促进知识增长或"革命"的价值。沉淀在人身上的价值是个体通过学习而获得素质或能力,表现为心智模式、动力倾向和知识技能。高校知识行动是否有利于知识增长,有利于人的发展,有利于经济社会发展,这是知识价值的基本判据。从价值的角度出发,在对知识创造行动进行评价的时候,必须要看到各个环节内部和各个环节之间的"脱臼现象"。其中,尤其值得注意的是对"传播"的忽视和对经济价值的过分关注。前者的直接结果是将"人才培养"排除在"协同创新"的任务之外,协同创新变成了科研协同创新的同义语。后者则用企业界使用的绩效标准评价高校的工作,使具有多重使命和多元功能的高校窄化为可以通过经济指数计算的"知识企业"。这无疑会导致人们对创新的误读。

第三章　科学评价范式的转变

自 20 世纪 20 年代以来,西方科学哲学出现逻辑经验主义学派、批判理性主义学派、历史主义学派等诸多学派,他们均对科学评价问题予以关注,并针对评价的主体、客体、标准、意义等问题进行不同的阐述,为评价理论在世界观上的发展完善奠定基础。经过长期发展,西方科学评价范式历经经验证实评价范式、理性批判评价范式和历史理解评价范式的转变。在此,我们深入考察西方科学评价范式的转变,理清其发展转变的脉络,为促进人文社科协同创新评价指标体系的构建奠定哲学基础。

第一节　经验证实评价范式

经验证实评价范式发展于 20 世纪 20 年代至 50 年代,代表人物有石里克、卡尔纳普、赖欣巴哈、艾耶尔和亨普尔。他们认为,科学理论是由观察陈述和理论陈述构成的关于经验事实的综合命题,评价的目的就是用经验来证实理论,存在着对科学理论进行评价的不随历史发展而变化的客观的和绝对的元标准,对科学理论的评价应遵循证实原则,即由经验来证实理论。

一、经验证实的科学本质观

认识论将认识主体的心智建构为"表象者",这就决定了知识的基本形态是概念(命题)。从康德的"感性—知性"认识结构出发,知识的结构为"经验—理论",即知识可划分为观察概念(命题)和理论概念(命题)。逻辑经验主义在高举"拒斥形而上学"大旗的同时将科学理性即康德所说的知性推崇到至高无上的位置,并以意义标准将科学知识从纷繁复杂的知识体系中划分出来。

早期逻辑经验主义认为命题或陈述有无意义取决于它能否被证实,而能否被证实又取决于命题或陈述能否通过经验观察来检验。由于完全证实无法实现,逻辑经验主义在后期发展中修改了证实原则。卡尔纳普以"可确证性原则"取代"可证实性原则";赖欣巴哈以"概率的意义理论"进行修正;艾耶尔则区分了"强证实"和"弱证实"。至此,逻辑经验主义以符合意义的划界标准将科学知识与其他知识区别开来,并认为,"这种合理知识是纯粹的、精确的、合乎逻辑的、没有被心理的和文化、历史的成分搞模糊的东西"[①]。

对于科学来说,只有涉及经验事实的命题才有意义,它们构成科学认识的内容。但这并不是说分析命题毫无用处。逻辑经验主义认为,逻辑和数学是进行理性重建,使观察陈述上升为理论陈述的重要工具,它具有从给予的陈述中,把真理传递到别的陈述上去的功能。据此,他们把经验命题看作一切科学知识的基础,认为"感性观察是知识的最初泉源以及最后的评判者"[②],一切有实际内容的知识都绝对超不出经验范围,科学理论是由观察陈述和理论陈述构成的综合命题。

① 尚智丛,高海兰.西方科学哲学简史[M].3 版.太原:山西教育出版社,2012:20.
② H. 赖欣巴哈.科学哲学的兴起[M].伯尼,译.北京:商务印书馆,2011:62.

二、观察与归纳的理论产生方法

逻辑经验主义视观察为科学知识产生的可靠基础,认为观察是客观的、中立的,不受理论或其他因素的影响。由观察产生的结果——感觉经验或称科学事实构成了科学理论的基础,通过对观察结果这一单称陈述(命题)的归纳形成全称陈述(命题)即理论。在归纳的过程中,对应规则起到了联系单称陈述和全称陈述的作用,它是将观察术语同理论术语联系起来的规则集,具有将经验内容通过观察传递给理论的作用,从而保证理论始终与经验事实相关。可见,逻辑经验主义的科学理论形成模式为:"观察——感觉经验(科学事实)——归纳(对应规则)——理论假说——观察或实验(证实)——科学理论。"

面对归纳法所受到的质疑,逻辑经验主义竭力加以挽救。他们认为科学发现的过程包含有非理性因素,在这当中创造性的直觉表现得尤为突出,因此,科学发现的过程不能做逻辑分析,从而极大地降低了归纳法在科学理论发现过程中的地位,使之成为科学理论逻辑证明的方法而不是理论的发现方法。另外,赖欣巴哈试图通过赋予科学知识以或然性来应对休谟对归纳推理所得知识的确定性的质疑。但他的努力是徒劳的,因为随后出现的"证明悖论"(亦被称为"乌鸦悖论"[①])和"归纳悖论"(亦被称为"新归纳之谜"[②])使归纳法再次陷入困境。

三、逻辑与经验证实的评价方法

首先,以逻辑方法和经验证实方法判断命题是否为科学理论。科学理论由有意义的命题构成,而命题是否有意义的标准在于能否用逻辑分析和经验实证的方法确定其真假。借助于意义标准,逻辑经验主义将科学理论从一般命题中区分开来,从而为科学理论的评价奠定了基础。

---

① 汉斯·波塞尔.科学:什么是科学[M].李文潮,译.上海:三联书店,2002:90.
② 夏基松.现代西方哲学教程新编:上册[M].北京:高等教育出版社,1998:133.

其次，以严格的逻辑方法分析前后相继理论间的关系并做出评价。经验证实评价范式认为，先前理论可由后继理论演绎推导出来，可以还原为后继理论。这样一来就有了评价理论进步性的基础：先使用逻辑演绎的方法进行理论还原，再使用比较的方法进行评价。

再次，综合运用归纳逻辑和经验证实方法评价理论。通过将观察陈述（报告）与科学理论进行对比（经验验证），有限的观察陈述（报告）可以验证科学理论的可接受性（归纳逻辑），证实（确证）了由一个科学理论推导出的观察陈述，就使这个理论获得确认。

经验证实评价范式的评价标准为逻辑标准和经验标准。逻辑标准指的是"可检验性"，具体来说就是经验内容或经验意义。经验标准即理论描述与经验事实的一致性。显然，逻辑标准是经验标准的基础，因为，逻辑标准指的是经验的可能性，是哲学家用来逻辑分析的标准，而经验标准是用经验事实验证科学理论考察事实与命题的一致性，这是科学家的任务。

四、符合论和融贯论真理观

逻辑经验主义根据命题的形式将真理分为经验真理和逻辑真理。经验真理实质上体现的是以经验证实为基础的符合论真理观，而逻辑真理表现的是以逻辑证实为基础的融贯论真理观。

所谓经验真理就是被经验证据所直接或间接证实的综合命题。被经验证实了，它就获得经验真理的意义。综合命题是否有意义，是不是具有真理性，不在于它是否反映客观实际，而在于它是不是可以由经验事实去证实，命题是否与事实一致。这一点体现的正是符合论的真理观。符合论真理观从命题与客观事实的关系来定义真理，凡是与客观事实相符合的命题就是真理；反之，就是谬误①。"一旦这个科学命题或理论为观察经验所

---

① 曹剑波.几种真理观及其评析[J].上海交通大学学报（哲学社会科学版），2001，9（1）:66－69.

72

构建促进协同创新的人文社科科研评价体系研究

决定了,那么,我们根本不需要'有身份的科学家'为之辩护。"①

　　逻辑真理是根据逻辑句法规则,在该命题体系内被证明为正确的分析命题。由于分析命题不陈述经验事实,与感觉经验无关,只表述概念以及命题之间的逻辑句法关系,所以逻辑真理都是形式真理,不受经验反驳,其真假取决于逻辑规则。分析命题能否成为真理取决于该命题体系内的逻辑蕴含关系,这一点正与融贯论真理观相符。融贯论真理观认为,一个命题是否具有真理性要取决于这个命题与其命题体系中的其他命题是否相容或相一致。

　　逻辑经验主义接过孔德"拒斥形而上学"这一面大旗,以意义的可证实性标准作为科学与非科学的划界标准,将科学局限于可证实的范围,强调逻辑和经验的事实评价,取消价值评价。他们以逻辑方法和经验证实方法来判断命题是否为科学理论。那科学理论应如何评价?他们认为,前后相继的理论可以进行严格的逻辑分析,后继理论可以通过演绎法推导出先前的理论。接下来要做的就是对前后理论进行经验的比较,看它们各自所获得的归纳支持的程度如何。在比较的过程中,客观的、中立的、不受观察者等因素影响的观察陈述(报告)起到了关键的作用。对观察的这一理解将唯一能影响到评价的价值因素排除在外,经验证实评价范式对科学理论的评价完全是基于逻辑和经验的事实,而与价值无关。至此,我们可以将经验证实评价范式的评价程序做出如图 3-1 所示的勾勒。

　　经验证实评价范式研究的焦点是理论的逻辑可证实性和理论同经验事实的一致性。该范式有两点缺陷:一是理论的前提,观察的客观性和独立性受到怀疑,也成了逻辑经验主义的致命缺陷。这个问题波普尔未能克服,而最终在历史主义那里得以解决。二是证实原则的可靠性问题。归纳法自身的缺陷对证实原则的打击是致命的。逻辑经验主义者很快意识到了这一点,对自己的理论进行了修改,向或然性退却。他们对证实原则的修改不仅仅是为了弥补自身范式的不足,更多的是对竞争范式的回应。但

① 　洪谦.论逻辑经验主义[M].北京:商务印书馆,1999:265.

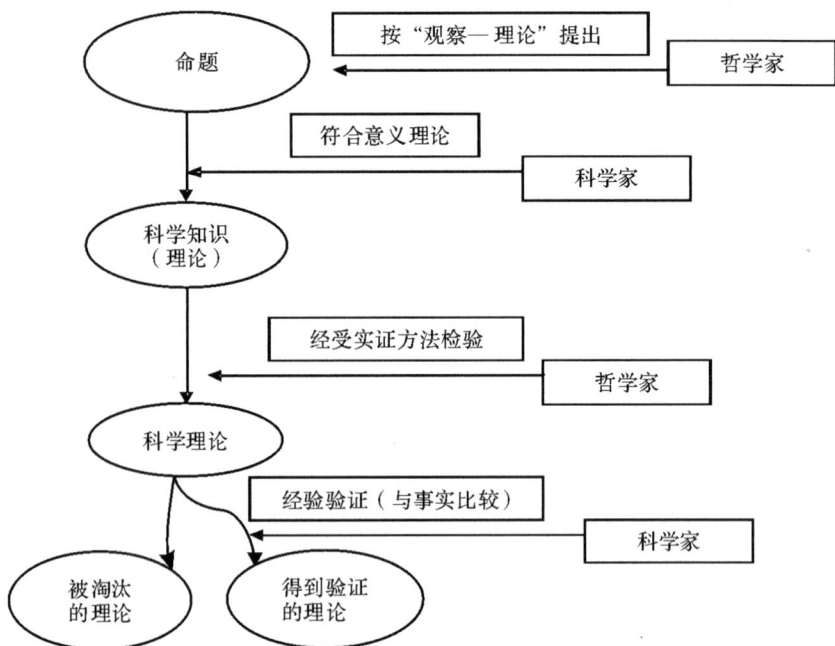

图 3-1　经验证实评价范式评价程序

遗憾的是逻辑经验主义不能很好地解决归纳问题,从而导致逻辑经验主义在范式竞争中始终处于被诘难的境地,最终被波普尔"谋杀"。

第二节　理性批判评价范式

理性批判评价范式与经验证实评价范式几乎同时兴起,发展于 20 世纪 20 年代至 60 年代,代表人物为波普尔和沃金斯[①]。他们切中要害地批判了"证实原则",认为对任何全称命题的证实都是不可能的,只有证伪才

---

① 也有学者(比如尚智丛和高海兰)将拉卡托斯划归为批判理性主义学派,但事实上他的观点更接近于历史主义学派。

可能,进而提出了"证伪原则",并形成了科学理论评价的理性批判范式。

一、经验证伪的科学本质观

以证伪原则将科学知识从知识世界中区分出来。波普尔认为科学和非科学的区别在于是否具有可证伪性,"衡量一种理论的科学地位的标准是它的可证伪性,或可反驳性,或可检验性。"[①]一个命题、理论有可能被证伪就是科学的;反之,则是非科学的。

科学理论是具有客观性的人类心智产物,是人加于自然的创造。波普尔认为,科学不是始于观察,而是始于问题,并且问题与理论是循环促进的,遵循"P1—TT—EE—P2"的发展图式。理论的提出靠的是人们的"猜测",它既可以来于想象,又可来自于直觉、灵感等非理性因素,也可来自于理性因素。但是猜想是依据一定的背景知识而进行的合理猜测,它不同于毫无事实根据的主观猜测,也不同于非科学猜测,而是一种理智的猜测。

二、"猜想与反驳"的理论产生方法

波普尔认为观察总是在一定的理论指导下进行的,不存在中性的观察。在否定了归纳法的基础——中性观察之后,波普尔从"有限不能证明无限"和"过去不能证明未来"这两点出发批判了归纳法的合理性。从有限的单称陈述中归纳出作为科学知识的普遍陈述是不可靠的。针对这一问题,逻辑经验主义对其归纳思想进行了修改,从必然性向或然性退却,认为过去经验重复的次数越多,以后发生的可能性就越大。对此,波普尔也进行了无情的批判。他指出,过去无论重复多少次,始终是有限的,而未来是无限的,以有限来推知无限的可能性,其概率只能为零。

波普尔在否定了归纳法的合理性之后,从"科学始于问题"出发将科学知识、科学理论理解为大胆的猜想(假说)。他认为,科学家遇到问题后通

---

① 波普尔.猜想与反驳:科学知识的增长[M].傅季重,纪树立,周昌忠,等译.上海:上海译文出版社,1986:52.

过猜测提出试探性理论,再经过反驳从多个方面对理论进行批判,以减少理论的弱点,经过这两个步骤后理论的地位得以确立。他说:"我们不等待前提就跳到结论。这个结论如果被观察证明是错的,以后就得放弃掉。这就是试错法(method of trial and error)——揣测和反驳的学说。"①这就是波普尔完全颠覆传统的科学理论产生方法。

三、逻辑与经验证伪的评价方法

理性批判评价范式将科学理论评价分为前验评价和后验评价两个阶段。针对问题 P1,科学家提出各种试探性理论 TT,即假说。在各种试探性理论提出之后,就要进行前验评价,此处主要使用演绎逻辑方法。在前验评价完成后,就进入排除错误 EE 阶段,也就是后验评价,它是科学发展过程中的关键部分。后验评价是对前验评价筛选出的可证伪度高的理论进行经验检验,主要使用经验证伪方法。将由理论推导出来的预见与经验观察相比较,来证伪、反驳。

理性批判评价范式的评价标准为理论的可证伪度和确证度。可证伪度是理论方面的标准,指理论的"潜在进步性";确证度是实际方面的标准,经过实验检验,得到经验的确证才称得上真正进步的理论。

四、逼真性真理观

作为实在论者,波普尔认为真理就是与事实相符合,因此是客观的。然而,他同时又认为,这种客观真理是达不到的,因为科学理论是对世界的猜测,不是对世界的反映,最终会被经验证伪。但是,"这不是说科学与真理就绝对无关了,因为它能通过不断的猜测而逼近真理。猜测,证伪;再猜测,再证伪……这就是科学接近真理的道路"。② 因此,波普尔提出了逼真

① 波普尔.科学:猜测与反驳[J].周煦良,周昌忠,译.世界科学译刊,1980(10):47—52.

② 波普尔.猜想与反驳:科学知识的增长[M].傅季重,纪树立,周昌忠,等译.上海:上海译文出版社,2005:332.

性的概念,并用逼真度来衡量逼真性的程度。

科学的目的是追求逼真性。波普尔将科学理论理解为"真实性"与"虚假性"的统一,认为理论并非或是真的,或是假的,而是具有一定的逼真性。在比较两个理论谁更逼近真理的时候,就要用到"逼真度"这一概念了。"逼真度"是不同理论逼真性程度的度量,通过它可以比较哪个理论更接近真理,理论越进步,它的逼真度就越高。

理性批判评价范式研究的焦点是理论的逻辑可证伪性及理论同经验事实的一致性,因此,评价的价值倾向与经验证实评价范式是相同的,都是基于逻辑和经验所进行的事实评价,价值因素的影响甚少。虽然批判理性主义不拒斥形而上学,但是他们给予形而上学在科学中的地位是相当有限的,因而在评价上不受到心理的、社会的等价值因素影响。该评价范式的评价程序如图 3-2 所示。

理性批判评价范式的不足主要有两点:一是证伪原则的片面性。证实与证伪应该说是理论认识的正反两个方面,是理论具有的两种属性。证伪原则能在一定程度上弥补证实原则的归纳合理性问题,但是仅仅依靠证伪原则也无法解决科学发展中出现的一些问题,更何况人类科学发展的实践经验证明,归纳法在科学研究中是有效的。二是逼真性真理观存在缺陷。所有科学理论都是可证伪的,而一旦被证伪就被排斥在科学大门之外,很明显这同科学史不符。批判理性主义的内在矛盾及其局限性,为其后的哲学家提供了需要解决的问题。历史主义学派通过对科学发展历史的研究,并结合先前哲学家的合理观点,对这些问题进行了回答。

第三节　历史理解评价范式

历史理解评价范式发展于 20 世纪 50 年代末至 70 年代,代表人物有库恩、拉卡托斯和费耶阿本德。他们在批判逻辑经验主义和批判理性主义的理论基础上,根据科学史研究成果,立足于历史来理解和评价科学理论,

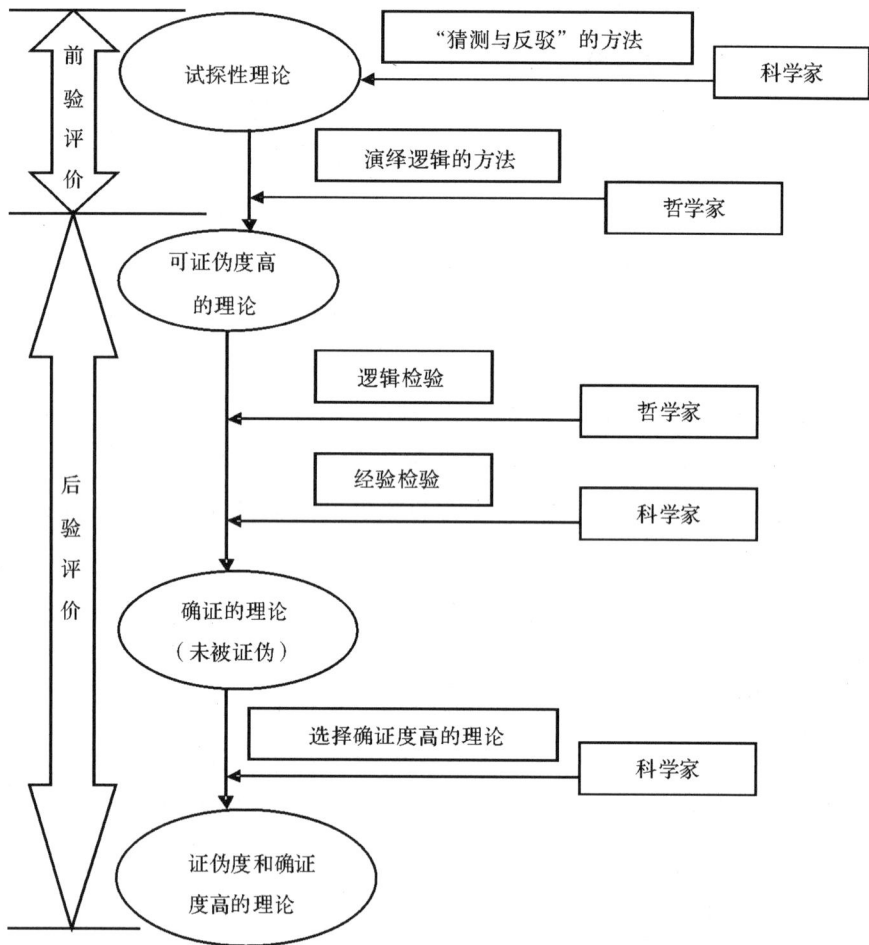

图 3-2　理性批判评价范式评价程序

形成了历史理解的评价范式。

一、相对主义的科学本质观

历史主义学派对判决性实验的非判决性认识奠定了其相对主义的科学知识(理论)观的基础。尽管逻辑经验主义和批判理性主义关注的焦点相反,前者注重证实,后者强调证伪,但是两者都认为存在判决性实验。在对判决性实验的看法上，历史主义学派的观点与他们截然相反，认为不存在判决性实验。库恩认为，在常规科学，科学家进行观察和实验是对理论的应用而不是检验。在危机和革命时期，实验对科学理论的检验也起不了什么作用。因为，在科学史上，许多重大的科学革命发生了很久，一些关键性的检验实验才出现。费耶阿本德与库恩的看法相同。他指出："我们所使用的每一个名词的意义都取决于它所在的理论语境。孤立的词没有'意义'，它们的意义是由于作为理论系统的一部分而获得的。因此，如果我们考虑这样的两个语境，它们的基本原则要么相互矛盾、要么在某些领域中导致了相互矛盾的推断，那就可以预料，第一个语境中的某些名词将不会以完全相同的意义出现在第二个语境中。"[①]因此，两个理论之间没有任何相同的陈述，没有任何逻辑冲突，因而也不会有判决性实验。拉卡托斯也认为不存在对理论起判决性证实或否证作用的实验。他认为"判决性实验"是科学家事后给一种纲领能成功解释，而另一种纲领不能成功解释的实验的光荣称号。任何一次单项实验在改变对立的研究纲领的力量对比中都不能起决定性的作用，更不要说起判决性的作用了。

既然不存在判决性实验，那么就不存在客观的、普适的评价标准，科学理论也就是相对。库恩认为科学家受不同范式支配，他们是在不同的世界里从事研究，范式之间不可通约，没有评价范式优劣的客观标准，"没有比有关的共同体的一致赞成更高的标准了。"[②]也即是说，一种理论或范式对于某一科学共同体而言是正确的，对于另一科学共同体来讲则可能是错误的。这种看待科学理论的观点显然是相对主义的。费耶阿本德将科学同文化相关联，认为同一范式内的不同理论也是不可通约的，将库恩范式不可通约性的观点推向了极端，科学知识（理论）相对主义观点非常明确。

---

① P. Feyerabend. Problems of Empiricism[M]// R. Colodny ed. ,Beyond the Edge of Certainty,Englewood Cliffs,1960:180.

② Thomas S. Kuhn. The Structure of Scientific Revolutions[M]. Chicago：The University of Chicago Press,1962:94.

二、科学理论形成的多因素观

逻辑经验主义和批判理性主义把科学仅仅看作是纯理性或纯逻辑的，与社会历史因素无关。历史主义则注意到了科学与其他知识、社会现象间的联系。库恩认为，科学变化是从一种"范式"向另一种"范式"的转变，这种转变不受、也不可能受理性规则的支配，而是完全属于发现的（社会）心理学范围。库恩的"范式"理论已开始注意到科学与其他知识（例如社会心理学）之间的联系了，尽管这种联系还不是很广泛。

拉卡托斯在用"科学研究纲领"理论去说明科学的产生和发展时，提出要对科学史进行合理重建。为此，他把科学史分为"内部历史"和"外部历史"，并认为合理重建内部历史是首要的，外部历史是次要的，因为外部历史的最重要的问题是由内部历史限定的。他提倡科学哲学家和科学史家在研究科学发展时，应当注意把"内部历史"和"外部历史"很好地结合起来。因为"外部历史最有趣的问题之一就是规定出使科学有可能进步的必要的（当然永远也不会是充分的）心理条件，甚至社会条件"[1]，"对历史的任何合理重建都需要经验的（社会—心理学的）'外部历史'加以补充。"[2]可见，拉卡托斯已十分重视科学与各种社会因素的联系了。

科学理论的形成受如此之多的因素影响，那科学理论是如何产生的呢？库恩关于科学理论的产生蕴含在范式理论的产生与更替之中。库恩说，新范式，或者允许以后表达清楚的某种充分的暗示，是在深深浸沉于危机的人的头脑里，有时在半夜里，突然出现的。也就是说在库恩看来包含科学理论的范式是以类似如格式塔转换的形式在心理上突然出现的。拉卡托斯则同意波普尔关于科学理论只是一种猜测的观点。费耶阿本德认为不存在任何具有普遍意义的方法论规则，一切方法和规则都有一定的适用范围，都不是普遍标准，从而提出了"怎么都行"的多元主义方法论，也即

① 拉卡托斯.科学研究纲领方法论[M].兰征,译.上海:上海译文出版社,1986:167.
② 拉卡托斯.科学研究纲领方法论[M].兰征,译.上海:上海译文出版社,1986:141.

是说科学理论的产生并不局限于某一种方法,而是如同它所受到的影响因素一样是多元的。

三、比较的评价方法

库恩对科学理论的评价侧重于心理上的比较。库恩认为,一个好的理论应具有五个特征:精确性、一致性、广泛性、简单性和有效性。他说:"我从来就完全同意传统的观点:当科学家必须在已有理论与后起竞争者之间进行选择时,这五种特征具有关键作用。"[①]但同时他也指出这些规则只适用于常规科学,并强调这些理由并不作为决定选择的规则,而只是作为影响选择的价值标准。"每个人在相竞争的理论之间进行选择,都取决于客观因素和主观因素的混合,或者说共有准则和个人准则的混合。"[②]因此,一个进步理论的选择过程,是一种劝诱、说服的过程,充满了主观色彩和非理性。拉卡托斯对科学理论的评价蕴含在科学研究纲领的更替之中,侧重于层次上的比较。一是理论或理论群的比较,通过理论或理论群与其他理论或理论群的相互作用方式或作用性质来评价理论或理论群。二是研究纲领之间的比较,从内部评价、外部评价和发展过程中的评价三个方面进行比较、选择或评价。

历史理解评价范式的评价标准是多元的。库恩科学理论评价的客观标准即他所提出的五条准则:精确性、一致性、广泛性、简单性和有效性。然而,不同的科学家对选择标准的理解和偏爱是不同的,这会导致评价结果不同。出现这一情况的原因有主观因素、个人经历和个性的特异性因素会渗透到客观标准当中。

预言新事实是拉卡托斯多元性理论评价标准的最高标准。他认为:如果每一个新理论与先行理论相比,有着超余的经验内容,也就是说,如果它

---

① 托马斯·库恩.必要的张力[M].范岱年,纪树立,等,译.北京大学出版社,2004:313.

② 托马斯·库恩.必要的张力[M].范岱年,纪树立,等,译.北京大学出版社,2004:318-319.

预见了某个新颖的、至今未曾料到的事实,那么这个理论就是进步的。另外,理论的一致性、连贯性等也可作为评价理论的标准。拉卡托斯也承认:人们用一连串拼凑的、任意的、互不相连的理论也可能预测新事实,但是好的科学家不会认为这种临时拼凑的进步是令人满意的:他们甚至认为这不是真正科学而予以拒斥①。所以,一致性、连贯性等标准在进行理论选择时也很重要。拉卡托斯的理论进步评价标准是多元性的,"他的确避免了逻辑经验主义及波普尔过于狭窄的标准,但由于拉卡托斯的评价标准过于宽大而有些软弱。"②

四、科学理论评价的整体论

与前两种评价范式都以科学理论个体作为评价对象不同,历史主义以理论系列作为评价对象。库恩对科学理论的分析无处不透露着整体性视角。最突出的表现是,库恩认为,我们面对的不是某个单独的观点,而是作为整体的科学与经验。因此,对科学理论合理与否的判断,不能仅靠证伪标准。在对理论做鉴定的时候,即便科学内部某一个部分或方面被观察经验证伪,也不能因此完全否定这一理论。同时,科学的发展过程也是整体性的,它不是循序渐进的发生变化,而是范式的整体性革命,这同归纳主义者们重视常规积累性的过程产生了强烈的对比。拉卡托斯认为,科学的最基本单位是理论系统,即"科学研究纲领"。因此,评价的基本单位也必须是研究纲领,而不是单一理论。

历史理解评价范式研究的焦点是理论的历史发展,及其受社会因素的影响,在此基础之上形成了理论评价的整体论。在真理观上,他们认为不存在客观真理,否认理论具有固定的、基本的本体论承诺,否认理论本体论承诺的继承性或连续性,主张前后相继的理论是不可通约的,不同意科学革命后的新范式、新理论更接近真理、更符合实在。在评价的价值取向上,

①　拉卡托斯.科学研究纲领方法论[M].兰征,译.上海译文出版社,1986:121.
②　舒炜光,邱仁宗.西方科学哲学述评[M].北京:中国人民大学出版社,2006:154.

他们关注的是科学共同体对理论的比较,而科学共同体对理论的比较除了客观标准外,还受到心理和社会等多方面因素影响,因此是价值理性的表现。这一范式的评价过程如图 3-3 所示。

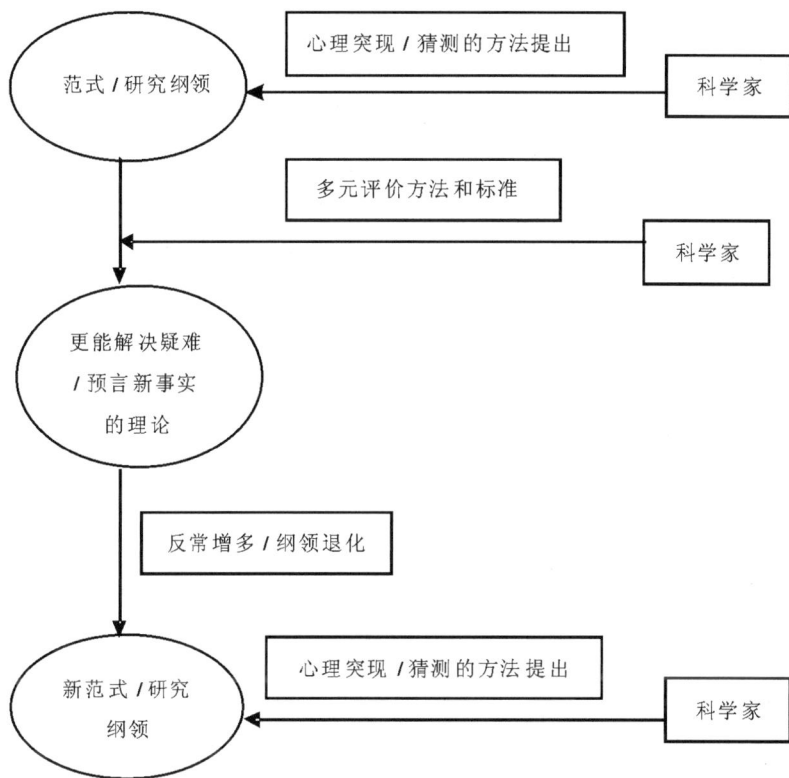

图 3-3 历史理解评价范式评价程序

历史理解评价范式虽然克服了前两种范式的一些缺陷,但其自身亦非完美无缺,它的主要问题有:一是理论评价的整体论不利于理论的比较。对理论整体进行评价,赋予了理论一定的韧性,从而解决了理论个体一经证伪即被抛弃的问题,但同时也产生了新问题:在有限的时期内不能对理论做出有效评价,尤其是新提出的理论。二是过于重视心理和社会因素的影响。由于历史主义学派是从历史发展的角度来分析问题,因此,心理和社会因素受到高度重视,使得评价滑向了相对主义和主观主义。

科学哲学这一学科自确立至今已形成了逻辑经验主义、批判理性主义、历史主义、新历史主义和后现代主义等多个主要流派。他们各自形成了独特的科学理论评价观，其中逻辑经验主义学派、批判理性主义学派和历史主义学派内部成员的评价观点比较集中，因此，可被称为相应的评价范式（见表3-1）。新历史主义学派和后现代主义学派内部成员间在科学理论评价的相关问题上存在较大分歧，有的甚至是对立，故未运用范式理论分析这两个学派的评价观。

表 3-1　科学评价范式的对比

评价范式	经验证实评价范式	理性批判评价范式	历史理解评价范式
发展时间	20 世纪 20—50 年代	20 世纪 20—60 年代	20 世纪 50—70 年代
代表人物	石里克、卡尔纳普、赖欣巴哈、艾耶尔、亨普尔	波普尔和沃金斯	库恩、拉卡托斯和费耶阿本德
科学理论本质	自然界的反映	人类的心智产物	一种世界观
科学理论组成	观察陈述和理论陈述	观察陈述和理论陈述	定律、理论、规则、方法、范例乃至形而上学的有结构整体
科学理论产生方法	科学始于观察（实验），基于"观察—理论"的归纳法	科学始于猜测，基于"猜测与反驳"的试错法	格式塔转换、突现

评价范式	经验证实评价范式	理性批判评价范式	历史理解评价范式
科学理论发展模式	积累模式："感觉经验（科学事实）→归纳→假说→观察或实验（证实）→科学理论"	进化式："P1—TT—EE—P2"	革命式："前科学→常规科学→反常→危机→科学革命→新常规科学"；进化式："科学研究纲领的进化阶段→科学纲领的退化阶段→新的进化的研究纲领证伪取代退化的研究纲领→新的研究纲领的进化阶段"
对观察的理解	观察中立说	理论先于观察	观察渗透理论
评价标准	逻辑标准和经验标准	可证伪度和确证度	常规科学时期是解决疑难的能力；非常规科学时期是科学共同体的信念；科学发展的历史事实；精确性、自洽性、广泛性、简明性、成效性；预见新事实；一致性、连贯性
评价方法	证实方法（逻辑方法和经验证实）	证伪方法（演绎逻辑和经验证伪）	科学共同体的心理变换、社会分析方法、比较法
评价过程	哲学家做逻辑证实，科学家做经验证实	哲学家做逻辑证伪，科学家做经验证伪	科学家对科学理论进行评价

评价范式	经验证实评价范式	理性批判评价范式	历史理解评价范式
真理观	存在客观真理,理论可成为真理,并将之分为"形式真理"和"经验真理"	存在客观真理,理论可以无限逼近真理,但不能到达真理	不存在客观真理
价值取向	科学理性(逻辑和事实评价、价值中立)	科学理性(逻辑和事实评价、价值中立)	价值理性
研究焦点	理论的逻辑可证实性,理论同经验事实的一致性	理论的逻辑可证伪性,理论同经验事实的一致性	理论的历史发展,及其受社会因素的影响

从这三种评价范式的转变可以看出,无论是重建主义的经验证实评价范式和理性批判评价范式——他们教科学家如何去评价理论,还是建构主义的历史主义范式——他们描述科学家如何评价理论,每一种范式都有其自身的合理性,但同时也有一定的缺陷。因此,要实现对科学理论较全面的评价就必须克服他们各自的缺陷,取长补短,坚持具体和历史的统一,使科学理论的评价既具客观性又合目的性。

第四章　科学评价模式研究

模式可以展现事物内部机制和组成部分间的关系，揭示事物运行机制和过程，对于正确认识事物具有重要意义。关于科学评价范式的研究已经为揭示科学评价模式奠定了必要的基础。通过对科学社会学和科学知识社会学领域代表性学派和学者观点的研究，科学评价形成了科学社会学中的默顿模式和齐曼模式及科学知识社会学中的巴恩斯—布鲁尔模式、柯林斯模式和拉图尔模式。

第一节　科学社会学家的科学评价模式

科学社会学家默顿（Robert King Merton）和齐曼（John Ziman）分别塑造了学院科学时代（17 世纪至 20 世纪中期）和后学院科学时代（20 世纪中期至今）的科学模型。

一、默顿模式

科学评价的默顿模式由默顿及其学生所组成的默顿学派提出，蕴含于以"成就—（评价）—承认—（评价）—奖励"为内在机制的"科学奖励系统"之中。默顿基于对科学知识的实证主义理解，对科学知识增长方式的积累性认识,把科学理解为追求真理的活动。他主要考察的是科学的真理价值和认识价值,而对其实用价值(默顿称之为"潜在价值"或"价值关联")较少关注。在此基础之上,默顿形成了"成就—(评价)—承认"和"承认—(评价)—奖励"的两段式科学评价模式(见图4-1)。这一模式的特点:它以"追求真理"作为评价的出发点,以承认作为评价标准,以科学共同体作为评价和奖励的主体,以"经验证实"、"逻辑一致"和同行评议作为评价方法,以奖励作为评价目的。

(一)实证的科学知识:评价的主对象

在对科学知识的认识上,默顿的实证主义思想非常明显。他认为,"知识是经验上被证实的和逻辑上一致的对规律(实际是预言)的陈述。"[①]这与经验证实评价范式的经验证实的科学本质观非常相似(详见"科学评价范式转变"章节),后者将科学知识限定在经验范围,并以逻辑和经验的方法来检验和评价理论,而前者则提出:"关于真相的断言,无论其来源如何,都必须服从于先定的非个人性的标准:即要与观察和以前被证实的知识相一致。"[②]不仅如此,默顿还认为科学知识具有客观性,"被科学证实的表述涉及的是客观的结果和相互关系,"[③]自然科学与文化科学是不同的[④],自然科学知识与自然界相对应,科学家个人因素和社会环境因素对科学知识内容不产生影响。他认为,自然科学知识是由逻辑和经验决定的,科学家在科学研究的过程中,也就是科学知识的生产中排除了个人因素的影响,

---

① R.K.默顿.科学社会学:理论与经验研究:上册[M].鲁旭东,林聚任,译.上海:商务印书馆,2003:365.

② R.K.默顿.科学社会学:理论与经验研究:上册[M].鲁旭东,林聚任,译.上海:商务印书馆,2003:365.

③ R.K.默顿.科学社会学:理论与经验研究:上册[M].鲁旭东,林聚任,译.上海:商务印书馆,2003:366.

④ 默顿在其著作中并未具体地论述自然科学知识与文化科学知识的不同之处。

并遵循"普遍主义（universalism）"、"公有主义（communism）"、"非谋利性（disinterestedness）"①、"有组织的怀疑主义（organized skepticism）"②这四条规范来对自然界进行研究，"科学的制度性目标是扩展被证实了的知识。"③由此可见，在默顿看来，科学知识（指自然科学知识）是对外部客观世界现象的本质揭示与规律总结，不受科学家的意识形态、价值观或自身利益所影响。

在回答科学知识如何增长的问题上，默顿给出了与逻辑经验主义相同的答案：科学知识是积累性增长的。通过对科学史的研究，默顿形成了科学知识是连续增长的观点，并将科学的目的理解为"扩展准确无误的知识"。"扩展"意味着对原有知识范围的扩大和内容的增加，他对知识的积累性理解可见一斑。不仅如此，他还认为，"科学通常被用来指：（1）一组特定的方法，知识就是用这组方法证实的；（2）通过应用这些方法所获得的一些积累性的知识；（3）一组支配所谓的科学活动的文化价值和惯例；或者（4）上述任何方面的组合"④。由此可见，在默顿看来，科学研究活动本质上是科学知识的生产过程，是不断向原有科学知识库里增加"经验上被证

<hr />

① 国内学者多翻译为"无偏见性"、"公正性"、"诚实性"或"无私利性"。学者徐梦秋和欧阳锋注意到学者们的翻译未能把默顿本人关于"disinterestedness"的思想全面、完整的表达出来，因为他本人说："非谋利性（disinterestedness）既不等同于利他主义，也与利己主义行为无关"。在综合默顿本人的阐述，并参考默顿对于科学自主性的强调与功利标准的批评，以及一些西方学者的理解后，徐梦秋和欧阳锋建议将其翻译为"非谋利性"或"超功利性"。他们的这一翻译是比较恰当的。

② 国内学者对"organized skepticism"的翻译也存在多个版本，比如"有条理的怀疑主义"或"合理的怀疑主义"，但正如学者徐梦秋和欧阳锋所指出的那样，默顿对这一规范的解释及使用中根本就没有"有条理的"或"合理的"这两个形容词的意思，因此，将"organized skepticism"译为"有组织的怀疑主义"比较合适。

③ R. K. 默顿. 科学社会学：理论与经验研究：上册[M]. 鲁旭东，林聚任，译. 上海：商务印书馆，2003：365.

④ R. K. 默顿. 科学社会学：理论与经验研究：上册[M]. 鲁旭东，林聚任，译. 上海：商务印书馆，2003：362－363.

实的和逻辑上一致的对规律（实际是预言）的陈述"①的过程。此外,他关于科学交流系统作用的认识也体现了知识的积累性观点。"科学需要许多人物的交流,现代的思想与过去的思想相互交流"②,那交流的目的是什么呢？默顿认为是为了继承前人的知识遗产,他引用了牛顿"如果我看得更远的话,那是因为我站在巨人们的肩膀上"这一名言来说明:科学家既受惠于公共遗产（即前人留下的科学知识——笔者注）,又承认科学成就本质上具有合作性和有选择的积累性。③

在方法论上默顿也非常注重知识的可证实性。默顿科学社会学思想中的"经验证实"、"逻辑一致"、"普遍主义规范"、"单一发现和多重发现"等与方法论相关的观点都很好地体现了这一点。"经验证实"和"逻辑一致"是逻辑实证主义方法论的重要内容,此二者的实证主义意蕴无须多做解释。"普遍主义规范"要求"关于真相的断言"这一主张的科学与否的划分,必须服从"先定的非个人性标准":"先定的"指的是"要与观察和以前被证实的知识相一致";"非个人性"则指"不依赖于提出这些主张的人的个人或社会属性;他的种族、国籍、宗教、阶级和个人品质也都与此无关。"④默顿关于"单一发现和多重发现"（实质体现了"结论与重复试验"的关系——笔者注）的研究有力地证明了科学知识的可证实性。

(二)科学共同体:评价和奖励的主体

科学共同体（Scientific Community）这一概念由波兰尼（Michael Polanyi）于1942年在其名为《科学自治》（Self-government of Science）的文章中首次提出。波兰尼所说的科学共同体由专门化的科学家集团组成,这

---

① R.K.默顿.科学社会学:理论与经验研究:上册[M].鲁旭东,林聚任,译.上海:商务印书馆,2003:365.

② R.K.默顿.十七世纪英格兰的科学、技术与社会[M].范岱年,译.上海:商务印书馆,2003:22.

③ R.K.默顿.科学社会学:理论与经验研究:上册[M].鲁旭东,林聚任,译.上海:商务印书馆,2003:372.

④ R.K.默顿.科学社会学:理论与经验研究:上册[M].鲁旭东,林聚任,译.上海:商务印书馆,2003:365-366.

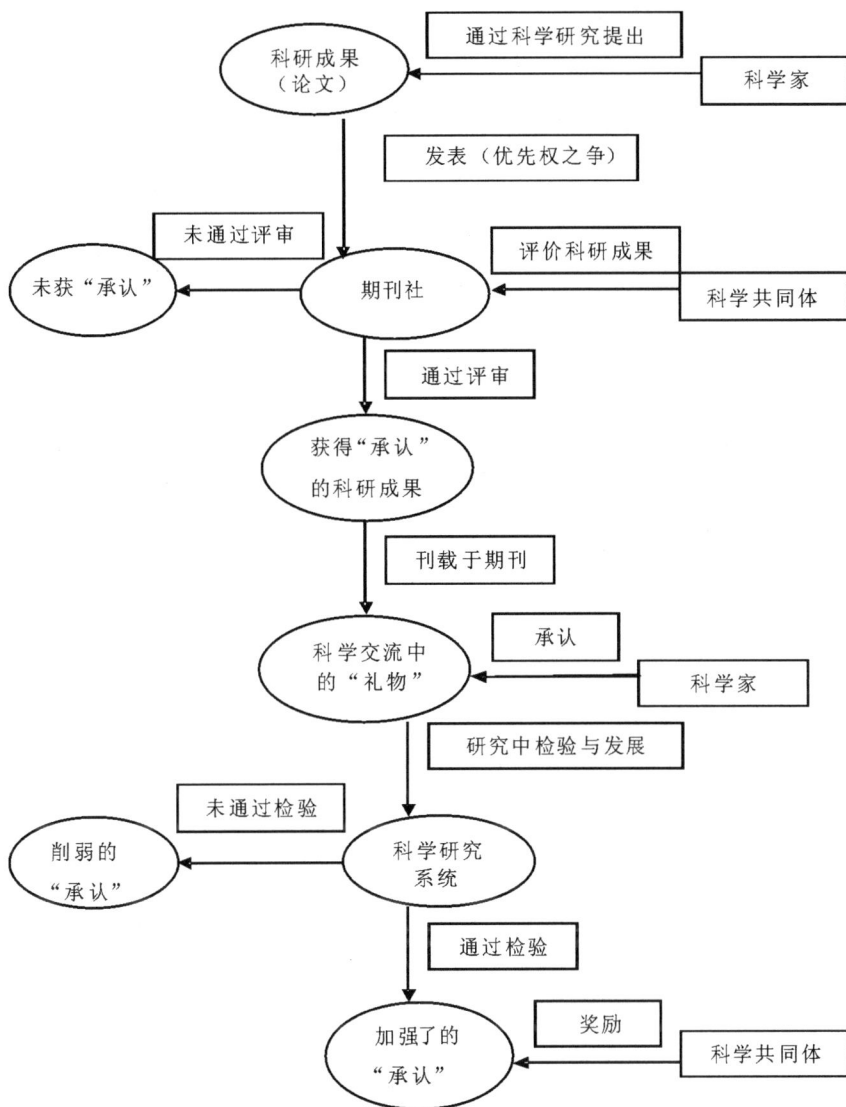

图 4-1 默顿模式

些集团又是由科学家组成的社会群体。简而言之,科学共同体由科学家组成。在这之后,许多哲学家和社会学家,比如希尔斯(E. Shils)①、库恩(T. S. Kuhn)②、齐曼(J. Ziman)③、默顿(R. K. Merton)均沿用并发展了这一概念④。

　　科学共同体(即科学的社会组织)是默顿科学社会学思想中的重要内容,也是他科学奖励系统中的重要概念,在其科学评价思想中具有举足轻重的地位,因为在他看来,科学共同体既是评价的主体,也是奖励的主体。在科学发现的优先权之争中,科学家要让自己的科学发现进入科学界为其他科学家所承认,必须将其研究成果(通常是论文的形式)发表于期刊,而能否获得期刊编委会和评审委员会(通常是科学共同体的代表)的承认则是能否发表的关键。在期刊刊载了科学家的论文之后,科学家的发现即获得了科学共同体的初步承认,其论文以"礼物"的形式进入科学交流系统。"礼物"被科学共同体进一步承认后在科学研究中进行检验与发展,未通过检验的"承认"被削弱,通过检验的"承认"被加强并成为科学共同体奖励科学家的基础。

　　科学家遵循科学规范形成科学共同体。在默顿看来,科学的精神气质(科学规范)无论在内涵或外延上都很接近于科学共同体。科学的精神气

　　① 希尔斯认为科学共同体有自己的组织结构、自己的规划和自己的权威,并且科学共同体的权威借由其成就按照普遍承认与接受的方式发生作用。也就是说,他认为科学共同体在科学活动中通过学科内部的传统实现自我维持、管理与发展。

　　② 库恩将科学共同体与范式理论紧密联系在一起。他认为范式一词不管是实际还是逻辑上都与科学共同体很接近。在他看来,范式是一个科学共同体所共有的东西,科学家只有掌握了相同的范式,才能成为科学共同体的一员。由此可见,库恩认为科学共同体与范式总是相伴相生。具体来讲,科学共同体就是具有相同研究范式的科学家集团,并且可以分成不同层次:全体自然科学家共同体、各个主要科学专业的共同体、再下一层的科学共同体。

　　③ 齐曼认为科学共同体只有在科学交流中才能形成,没有科学交流就没有科学共同体。科学交流的主体由包括科学家在内的广大知识生产者共同构成,通过交流科学家的观念和发现才能被科学共同体所承认而成为社会的"公共知识"。

　　④ "沿用"指后续学者也都认为科学家是科学共同体的主要组成部分,"发展"指后续学者对科学共同形成的条件、形式和结构各有不同理解。

质既构成为科学共同体区别于其他社会群体的本质特征,也是其赖以形成的规范基础。他指出,科学的精神气质由四条规范组成,这四条规范相互联系,相互支持,作为一种完整的结构,表达出科学共同体的集团价值取向,体现了科学精神气质的整体特征。

科学共同体具有一定的层次结构。默顿学派对科学共同体的分层问题做了较为广泛和深入的研究。默顿认为,科学家的地位由其科研成果的贡献大小决定,而科学成果又是通过科学共同体的特有财产——承认来衡量,承认有荣誉性奖励、职业职位和知名度三种形式,其中荣誉性奖励是最主要的,它实施的主要标准是科学发现的优先权及其发现的质量。默顿按照学术标准给科学分层。默顿的学生乔纳森·科尔和史蒂芬·科尔认为,没有经验证据例证存在未分层的社会,因此作为社会建制的一部分,科学也是高度分层的[①],并指出科学分层是以科研质量为主要指标来衡量科学贡献的大小,为科学家个人划分等级,对科学界的精英和默默无闻者做出区分。[②]

(三)"承认":评价和奖励的标准

当一个科学家完成科学研究,写出论文,正式向刊物投稿后,他的成果需要通过期刊编辑和论文评审专家评审才能刊载于期刊。未通过评审而不被承认的则不能进入科学知识的交流系统。在这个交流过程中,一旦研究成果公开发表,它就成为其他科学家的公共财富(礼物),受到每个人、特别是从事相关和相似课题研究科学家的审查和使用。但是,它若成为普遍接受的知识,则要在一个较长的程序中,不断受到同行科学家的严格检验。在这个程序的每个环节,研究成果都要受到科学共同体各种形式的检查,评价总是在不断地进行着。科学共同体在科学评价各个环节中形成质量检查系统,以各种形成(引证、评论、批评)对科研成果进行评价,在评价中

---

① 乔纳森·科尔,斯蒂芬·科尔.科学界的社会分层[M].赵佳苓,译.北京:华夏出版社,1989:40.

② 乔纳森·科尔,斯蒂芬·科尔.科学界的社会分层[M].赵佳苓,译.北京:华夏出版社,1989:101.

分配不同程度的承认,并据此分配科学奖励。通过这种自我控制,科学知识得以累积增长。

"承认"由科学共同体外的承认和科学共同体内的承认组成。科学共同体外的承认是指其他组织和公众对科学家的成就的认可与奖励。外部的承认主要是一些非专业人士和一般社会公众的评价,属于外行的认可。外行的认可与赞美,可能仅仅是道义层面的,因此他们的承认比同行的承认价值要低得多。科学共同体内的承认又可分为建制承认和初步承认。在科学共同体成员之间的正式交流中,对科学工作成果的认可属于建制承认。科学工作者通过一定的载体相互交流科学研究成果,这种社会化过程称为正式交流。其载体主要包括科学刊物、书籍、学术会议。在非正式交流中成员个体之间的赞赏与敬重,属于初步承认的范畴。科学共同体内的交流大部分是非正式交流。非正式交流的形式广泛,如学术沙龙、互访、信件往来等。最常见的是单位内部同仁之间的交流。这种交流最频繁,且能够潜移默化,所以影响也最大。

(四)同行评议:评价方法

默顿对评议人制度即同行评议方法进行了详细的阐述。他认为"评议人"是"一种地位鉴定者,其职责是对某一社会系统中角色表现的质量做出评判。"[①]评议人广泛地存在于各个行业之中,就科学杂志或学术杂志来说,主要是编辑或受编辑邀请的其他审稿人。

评议人是同行评议评价主体,是论文发表的鉴定者。默顿指出,"科学界和学术界的法官则使其判断公开化,如发表的书评,以及通常更重要的对论文的评论,这些评论会对某一专门知识领域近期成果的'可信度'做出评价。"[②]正是评议人将投来的论文区分为合格与不合格两类,对一部分暂不符合但经修改后可以发表的论文提出建议,使其达到发表的要求,对另

---

① R.K.默顿.科学社会学:理论与经验研究:下册[M].鲁旭东,林聚任,译.上海:商务印书馆,2003:633.

② R.K.默顿.科学社会学:理论与经验研究:下册[M].鲁旭东,林聚任,译.上海:商务印书馆,2003:634.

一部分则予以拒用。因此,评议人在一定程度上控制了科研交流的质量。

同行评议采用匿名形式进行。评议人的评审行为直接涉及学术投稿人的利益,评议人匿名制有益于保护学术鉴定者的利益,防止其遭受利益被影响的失意投稿人的各种报复,从而促使评议人在审稿中更加客观公正,促进科学事业的发展。默顿认为这一形式发挥了"一种附带但又并非完全是潜在的功能,即保护很容易查找的编辑免受失意作者的迁怒"[①]。当然,不能就此下结论说评议人与作者的利益是根本冲突的,但矛盾确实常在,这一体制起到了保护评议人利益的作用,使他能够比较公正地评审稿件而免除后顾之忧。此外,匿名制可以防止投稿人"拉关系"、"走后门"。特别是在人际关系复杂不按原则办事的社会环境下,如果期刊公布各学科领域的评议人名单,难免出现投稿作者事先打招呼通融的事件发生,从而影响科学事业的客观公正。

默顿评价模式以科学共同体的承认作为评价的基础,以奖励作为评价目的,在一定程度上揭示了科学家进行科学研究的动力机制。它的不足之处在于:评价主体仅限于科学体制内部科学共同体的评价,对体制外部主体的评价关注不够;评价标准过于单一,对科学的评价不够全面;同行评议方法存在一些缺陷,而且可能导致"马太效应"的出现。总之,默顿评价模式仍囿于传统逻辑实证主义的分析框架,主要从"逻辑"和"经验"的角度出发来评价科学。虽然这一模式考虑到了社会因素的影响,但仍遵循的是"用自然的原因解释知识的成功,用社会原因解释知识的失败"[②]这一传统(见图4-2)。因此,本质上这一模式是"非对称性的一元静态评价"[③]。

---

① R.K.默顿.科学社会学:理论与经验研究:下册[M].鲁旭东,林聚任,译.上海:商务印书馆,2003:674.

② 黄祖军.论科学奖励评价的普遍主义范式[J].科学技术哲学研究,2010,27(4):50—54.

③ 黄祖军.论科学奖励评价的普遍主义范式[J].科学技术哲学研究,2010,27(4):50—54.

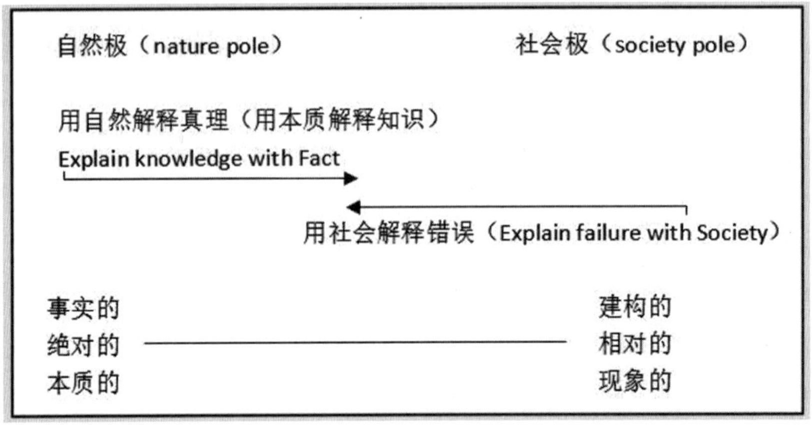

自然极（nature pole）　　　　　　社会极（society pole）

用自然解释真理（用本质解释知识）
Explain knowledge with Fact

用社会解释错误（Explain failure with Society）

事实的　　　　　　　　　　　　　　建构的
绝对的　　　　　　　　　　　　　　相对的
本质的　　　　　　　　　　　　　　现象的

图 4-2　知识的解释模型

资料来源：黄祖军.论科学奖励评价的普遍主义范式[J].科学技术哲学研究，2010，27(4)：50—54；贺建芹.从科学知识的不同解释模式看科学知识社会学的发展[J].山东科技大学学报(社会科学版)，2006，8(3)：18—22.

二、齐曼模式

约翰·齐曼（John Ziman）是科学社会学的代表人物，也是科学学的主要创始人，他对科学社会学的重要贡献主要有两点：一是后学院科学论，二是发展了默顿科学规范理论，形成了 PLACE 规范，即所有者的(Proprietary)：科学活动产生不一定公开的所有者知识；局部的(Local)：科学活动或研究集中在局部的技术问题上而不是总体认识上；权威的(Authoritarian)：科学活动不再是为个体做事而是在权威下做事；定向的(Commissioned)：科学活动追求实际目的而不是追求知识；专门的(Expert)：作为专门解决问题的人员被聘用而不是因为其科学创造力。[①]

---

① 约翰·齐曼.真科学：它是什么，它指什么[M].曾国屏，匡辉，张成岗，译.上海：上海科技教育出版社，2002：37—95.

他的科学评价思想蕴含于其中,我们称之为"齐曼模式"(见图4-3)。

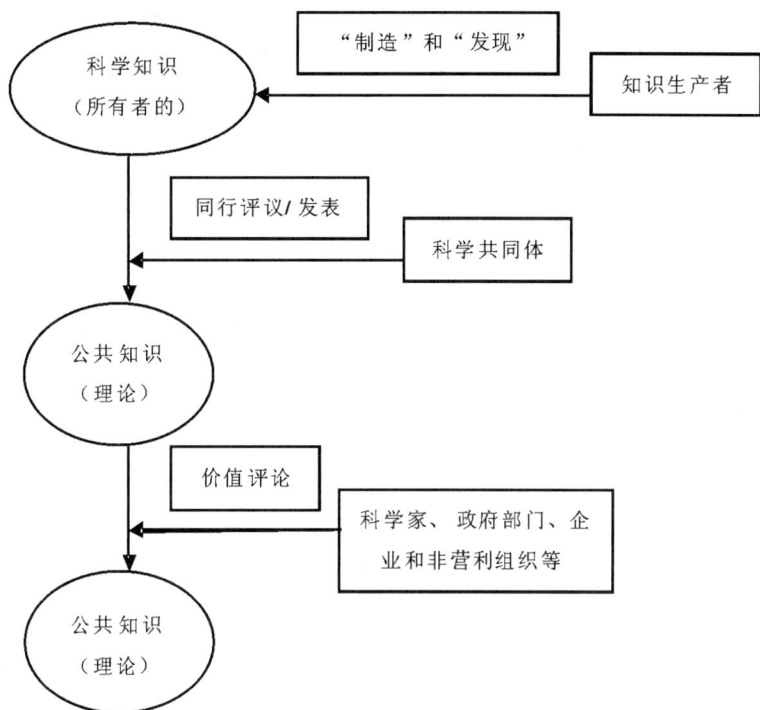

图4-3　齐曼模式

(一)自然主义的科学知识观

齐曼遵循了一种自然主义的思想,即不仅视科学为一种自然的事物,还将科学发展视为一个自然的过程。他说:"请切记,我们采用的是一种自然主义立场"[1],"换言之,我们遇见科学就像遇见一把椅子、一只老虎或一座城市一样,一眼就能把它认出来,而不必求助于具体的公式。"[2]他把这

---

[1]　约翰·齐曼.真科学:它是什么,它指什么[M].曾国屏,匡辉,张成岗,译.上海:上海科技教育出版社,2002:101.

[2]　约翰·齐曼.真科学:它是什么,它指什么[M].曾国屏,匡辉,张成岗,译.上海:上海科技教育出版社,2002:15.

称作自然本体论态度(Natural Ontological Attitude)：在本体论上完成把科学当作"自然的"这个自然主义基本预设。在这一理解的基础之上，齐曼认为知识的生产过程是进化的，类似于达尔文所阐述的生物的进化过程，"事实上，科学通过一个盲目变异和选择性保留(Blind Variation and Selective Retention)——简称BVSR——的进化中的无尽的循环过程而进化。"①"确立的科学知识值得信赖，因为是由'BVRS'实践中系统地生产出来的。原创性推动了变异('猜测')经由批判怀疑论('反驳')进行选择，由共同体加以保留(波普尔，默顿，坎贝尔)"②。也就是说，"真科学"是一种进化过程，这一进化过程处处体现诸如"猜测"、"反驳"、"选择"、"保留"等实践。不仅如此，齐曼还把科学知识的生产与技术创新联系起来。如果说学院科学的知识生产体现的是简单的"BVSR"过程，那么"'后学院'科学是一种新的知识生产模式，由'预测'和'设计'所支配"③。这里的"预测"和"设计"是相对学院科学的"盲目"的新颖创意和意外发现而言的，也就是说后学院科学多了一种新的实践介入，即"预测"和"设计"。"预测"和"设计"也表明了科学实践更多地与技术实践相融合，亦即"科学和技术是在'设计'和'选择'之间的动态平衡。"④

　　科学知识是"发现"和"建构"的真实融合，而不是完全"发现"或"建构"的。齐曼说："在科学知识的本质上，它是由'制造'和'发现'的拼图镶嵌而成，即使在其最深沉的基础上也是如此。"⑤科学主义将科学知识视为人类理性"发现"的产物，普遍有效且价值中立，但是通过对当代知识的生产模式，特别是后学院时代科学的生产模式的考察，齐曼发现科学既不能生产

　　①　约翰·齐曼.真科学：它是什么，它指什么[M].曾国屏，匡辉，张成岗，译.上海：上海科技教育出版社，2002：335.

　　②　John Ziman.知识的生产[J].科学学研究，2003，21(1)：8—11.

　　③　John Ziman.知识的生产[J].科学学研究，2003，21(1)：8—11.

　　④　John Ziman.知识的生产[J].科学学研究，2003，21(1)：8—11.

　　⑤　约翰·齐曼.真科学：它是什么，它指什么[M].曾国屏，匡辉，张成岗，译.上海：上海科技教育出版社，2002：287.

普遍有效、价值中立的知识,也不能逃避所有的社会责任。在后学院时代,科学知识不再被视为普遍有效、放诸四海皆准的真理,而是一定语境下的产物,特定的科学知识仅在一定的范围内显示其有用性和有效性;同时也正是因为后学院科学对效用因素的突出强调,使科学不仅难以保持价值中立,还需要用一定的伦理标准来评价。齐曼承认科学包含着社会建构的成分,但是反对纯粹的社会建构主义。齐曼认为,对科学的认识有两个主要维度,一是哲学维度,科学生产知识。二是社会学维度,科学是一种特殊的社会建制。在批判科学主义和建构主义缺陷的基础之上,齐曼提出了自己的科学知识观:科学知识既是被发现的,也是被制造的;科学知识不是客观的而是自反性的;求知者与未知物之间的相互作用是知识中最基本的元素;科学只能被一般描述,却不能被明确定义;"同其他的人类产品一样,科学知识不是价值中立的,而是渗透着社会利益。"[1]

科学知识的生产者已不仅限于科学家,而是知识工作者。齐曼指出,与学院科学的纯粹理论研究不同,后学院科学要解决的是科学的实际应用问题。这就要求把科学理论知识与技术结合起来,形成一种 R&D(研发)的新的知识生产方式。因此单靠个体或少数科学家是不行的,它需要大量科研人员、技术支持人员、工程师的集体协作,甚至离不开诸如电脑操作人员、数据统计人员和行政人员的协作劳动,这些人员通称为知识工作者。也就是说,后学院科学对其从业者的要求已经不再像学院科学家那样需要专业化和专门化了。与科学家相比,知识工作者的职业角色要宽泛得多。

科学知识按照集体协作的方式进行生产。齐曼认为,科学是在"应用语境"下运转的一种产业化的知识生产方式,科学实践活动呈现出科学、研究和生产一体化的特点。科学研究的课题往往十分庞大,所使用的设备也很复杂,往往需要集中各种不同专业的科学家共同协作攻关,也需要各类科学家从多种角度来提供问题的解决方案。这样,研究团队和课题项目组

① 约翰·齐曼.真科学:它是什么,它指什么[M].曾国屏,匡辉,张成岗,译.上海:上海科技教育出版社,2002:394.

就成为科研的常规单位。

(二)多元化的评价和奖励主体

学院科学时代的科学评价主体是科学体制内的科学共同体,他们给予那些为增进科学知识做出重要贡献的人们的激励"往往是精神性的或荣誉性的"[①],如承认和命名。正如加斯通(J. Gaston)所说:"如果在奖励系统中金钱对科学家并不重要,那么重要的是什么呢? 这就是科学共同体对科学家在增进科学知识方面所做出的贡献给予的承认和荣誉。"[②]在后学院时代,科学已经走出了"象牙塔"而日益成为"世俗的"、与产业高度融合的科学,或者说科学技术已经高度社会化,尤其是科技与经济趋于高度一体化,此时,科学体制的命运在更大程度上取决于外部社会对它的评价,所以科学评价和奖励的主体范围已从科学体制内部扩大到整个社会。

科学体制内部评价与奖励主体同学院科学时代的评价与奖励主体相似,均由科学共同体组成,不同点在于科学共同体组成和层次结构不同。后学院时代的科学共同体由知识工作者构成,包括科学家和为科研活动服务的辅助人员。在层次结构上,齐曼认为,后学院科学共同体是按权力分层的有形学院。后学院科学的生产方式是国家R&D(研发)系统,即科学家们依靠政府或财团的基金资助从事研究,同时他们又要按照要求生产出科学知识成果,提供给生产企业生产出有应用价值的商品。因此,在组织性质上,后学院科学共同体一般是"官方"的,有着正式的组织结构和人际关系。

科学体制外部评价与奖励主体比较多元化,主要有政府部门、企业和非营利组织等。各国为了在激烈的科技竞争中占据有利地位,无不加大科技投入力度,在宏观层面对本国科学技术发展水平进行评估为科技政策的制定奠定基础,在微观层面上对科技事业上表现突出的单位和个人进行评

① 王大明,胡志强.作为创新文化建设重要组成部分的中国科技奖励制度[J].自然辩证法研究,2005(4):109−112.

② 杰里·加斯顿.科学的社会运行:英美科学界的奖励系统[M].顾昕,柯礼文,朱锐,译.北京:光明日报出版社,1988:18.

价与奖励。企业通常从自身发展的角度出发,更加关注技术的应用及其给企业带来的经济效益,所以企业作为评价主体特别重视技术创新与开发,而对基础研究缺乏足够的热情。非营利组织是指不以营利为目的的社会组织,主要包括各类学术研究机构、教育培训机构、医疗保健机构、专业协会、民间基金会、公益性团体、慈善机构等,它们评价科学的目的主要是为了奖励相关领域的科学家为科学事业所做出的杰出贡献。

(三)多元化的评价标准

后学院科学评价主体和奖励主体的多元化决定了评价标准的多元化。学院科学评价主体仅为科学共同体,主要采用的是同行评议方式,注重的是科学评价的理性标准,而后学院科学评价主体是由科学体制内部的科学共同体和体制外的政府部门、企业和非营利组织等共同组织的多元评价主体,他们从各自的角度出发来评价科学,在评价过程中所使用的标准,除了科学共同体的理性标准,还有科学体制外评价主体所使用的"商业价值"标准,比如实用性和经济性。

评价标准具有可操作性的特点。在学院科学时代,科学发现获得科学共同体和社会的承认通常要经历较长的时间。一项新的重要的科学发现的产生,意味着一个新的范式的诞生,而新范式要战胜旧范式"有时要花一代人的时间。"[①]因为一项重大科学发现从诞生的时候起,不仅要遭到紧抱旧范式不放的科学共同体的敌视与攻击,要受到一些动机不良者的刁难和压制,还要受到当时政治、经济、文化等各种社会环境、条件和因素的影响。在后学院科学时代,科学发现与技术创新会以较快的速度进入应用、开发和产业推广等实践的环节,在这个过程中科学发现的正确性和技术创新的可行性、价值性能在较短的时间内得到证实或检验,从而被认可被传承或被否定被淘汰。"事实上,后学院科学的特征之一就是这样一种观念,即研究者在同行中的地位的评定标准是被《科学引文索引》(Science Citation

---

① 托马斯·库恩.科学革命的结构[M].金吾伦,胡新和,译.北京:北京大学出版社,2003:137.

Index,简称 SCI)——引用每一篇储存在档案中的先前论文的所有新论文的一种年刊目录——'命中'的数目。这种量化研究成果'影响'的做法有许多明显的缺点。尽管如此,这表明对一项科学知识可信性的度量是其在科学实践中的实际用处。"[1]因此,对于科学发现,后学院科学评价会大致地依据其理论上的重要性或应用前景而给予评价,对于技术创新方面的成果,则根据其被评估的商业价值或所创造的经济效益而做出评价。较之学院科学,这些评价标准无疑更具可操作性。

(四)"价值评论"的评价方法

在后学院时代,科学是国家 R&D 系统的驱动力,是为整个经济创造财富的发动机,效用规范(norm of utility)被注入科学研究文化的所有环节。因此,对于科学研究来说,"发现(discoveries)首先是评估其商业价值,而不是评估其科学性,如'冷聚变'的闹剧"[2]。

由于学院科学同行评议执行的是科学理性标准,而后学院科学执行的是"商业价值"标准,因此,科学评价的主体也随之发生了变化。他说,对于后学院科学来说,"科学家本身很少处于评估他们工作效用的有利位置,因此,专家同行评议被扩展到了非专家'用户'(nonspecialist 'users')参与的'价值评论'(merit review)"[3]。不难看出,齐曼的意思是说,对于科学成果的评价,科学共同体内部的科学家并不比明白其实际应用价值的企业或用户更有发言权。产生这一观点的原因在于,齐曼认为,后学院科学是 R&D(研发)生产方式,它决定了政府或财团与科学家之间的关系是"雇主"与"雇员"的关系。后学院科学知识的生产严重受制于"雇主"的利益,因而对科学的评价已不再仅仅是科学共同体内部的事情了,它关系到各方利益的

① 约翰·齐曼.真科学:它是什么,它指什么[M].曾国屏,匡辉,张成岗,译.上海:上海科技教育出版社,2002:319.

② 约翰·齐曼.真科学:它是什么,它指什么[M].曾国屏,匡辉,张成岗,译.上海:上海科技教育出版社,2002:90.

③ 约翰·齐曼.真科学:它是什么,它指什么[M].曾国屏,匡辉,张成岗,译.上海:上海科技教育出版社,2002:90.

实现,因此所采用的评价方法也转变为以"价值评论"为主。

　　齐曼评价模式继承与修正了默顿学派的科学观,并借鉴了科学知识社会学派的"建构主义"思想,可以说是对二者的折中。因此,它既具有二者的优点,但同时也不可避免地延续了二者的缺陷。优点方面,它将"建构"与"发现"都引入科学知识的生产中,避免了二者非此即彼的极端性,更具说服力;多元的评价标准能比较全面地评价科学,弥补了默顿模式在评价标准上的不足;科学体制内部评价和体制外部评价相结合的思想弥补了默顿模式仅限于科学体制内部评价的不足,更符合科学发展的实际情况。当然,这一模式也存在不足之处:一是将商业价值作为科学发现的首要评价标准有失偏颇,比如基础研究方面的科学发现就应以科学性作为首要标准;二是"价值评论"的评价方法缺乏可靠的基础,"价值评论"将科学评价的主体范围扩大到科学体制外的非专家"用户",他们能否对科学做出恰如其分的评价有赖于他们科学素养的水平,高则有可能做出有效的评价,低则不能做出正确的评价,而事实上要保证所有非专家"用户"都具有较高水平的科学素养并对前沿科学有非凡的见解是不可能的。由此可见,齐曼评价模式更适合于对产业科学的评价。

第二节　科学知识社会学家的科学评价模式

　　科学知识社会学是传统科学社会学发展的新阶段,它在批判默顿"理性主义"(或称"科学主义")的局限性的基础之上,探讨了"科学的社会决定性"或"科学的社会根源"问题[①],形成了"建构主义"的科学评价观。爱丁堡学派、巴斯学派和巴黎学派是科学知识社会学的三个主要流派,三者形成了各自的科学评价模式。

---

　　① 陈光."科学知识"社会学概念及其哲学背景[J].自然辩证法通讯,1992,14(3):37-41,29.

一、巴恩斯—布鲁尔模式

巴恩斯(Barry Barnes)和布鲁尔(David Bloor)是爱丁堡学派的两位代表人物,他们关于科学评价的思想形成了巴恩斯—布鲁尔模式(如图 4-4)。

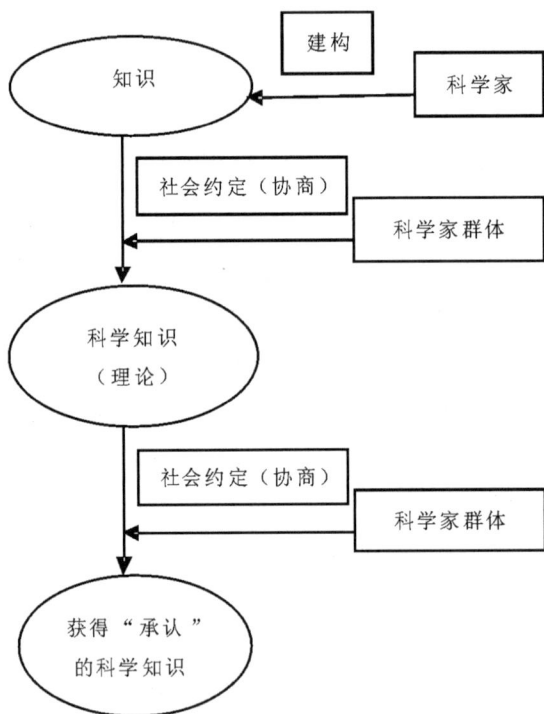

图 4-4 巴恩斯—布鲁尔模式

对科学知识的建构主义理解。他们认为知识是社会建构的产物,是得到集体认可的信念,科学知识则是各种社会利益协商一致的结果。在他们看来,包括自然科学知识和社会科学知识在内的所有各种人类知识,都是处于一定的社会建构过程之中的信念;所有这些信念都是相对的、由社会决定的,都是处于一定的社会情境之中的人们进行协商的结果。因此,处于不同时代、不同社会群体、不同民族之中的人们,会基于不同的社会意象而形成不同的信念,因而拥有不同的知识。① 布鲁尔反对哲学家将知识与信念二分、将知识看作是得到确证的真实信念的做法,他认为,"人们认为什么是知识,什么就是知识。它是由人们满怀信心地坚持并以之作为生活支柱的那些信念组成的"②,"知识"专指得到集体认可的信念,而个体的和具有个人特征信念则属于纯粹的信念,个体的信念转化为知识的途径是经过集体的认可。对于科学和伪科学的评价,或者用一个标准去鉴定是否是科学,并不仅仅是学科之间的争论,而是关系到科学权威与地位的战争③。"无论科学家如何小心、公正地使用科学的划界标准,他们所卷入的都是偶然性的历史活动,如果要恰当地理解这些活动,必须把这些活动置于历史情境中,用社会学的观点进行考察。"④在巴恩斯看来,这不过是满足特定时间和地点的解释的需要,是一种社会共同体的一种约定而已,诸如科学知识是永远可靠的、科学知识与实在的一致性得到了完全而充分的证明等主张是"盲目崇拜科学"的主张。科学就是理论知识,"科学知识就是我们或我们的前辈所发明的理论,是我们仍然同意暂且用来作为我们理解自然的基础的那些理论"⑤。科学知识就是我们所发现的在使用方面最可信赖的知识,因此"科学知识的生命是非常短暂的"⑥。他们并不把科学知识视为"真理"、"实在",而是将科学知识视为一种自然现象和一种事物的类型。

以协商的方式评价科学理论。科学家所公认的科学真理,只是科学家

①　大卫·布鲁尔.知识和社会意象[M].艾彦,译.北京:东方出版社,2001:6.

②　大卫·布鲁尔.知识和社会意象[M].艾彦,译.北京:东方出版社,2001:4.

③　夏平和沙弗尔的《利维坦与空气泵:波义耳、霍布斯与实验生活》通过对波义耳和霍布斯关于实验科学何以能成为知识的论战的分析研究,展示了实验科学形成时期科学为自己争取合法地位所采用的种种社会和政治的手段。这一论战以波义耳的获胜而告终,产生这一结果的一个重要原因是他充分考虑了政治和宗教的力量,将自己的科学实验的主张与他们的利益联系在一起,从而得到了更多力量的支持。

④　巴里·巴恩斯,大卫·布鲁尔,约翰·亨利.科学知识:一种社会学的分析[M].邢冬梅,蔡仲,译.南京:南京大学出版社,2004:179.

⑤　巴里·巴恩斯.局外人看科学[M].鲁旭东,译.北京:东方出版社,2001:91.

⑥　巴里·巴恩斯.局外人看科学[M].鲁旭东,译.北京:东方出版社,2001:91.

彼此间的约定或共识。科学家在决定支持哪一种假说时,表面上似乎由实验结果来决定,但是科学史显示实验结果很少能达成共识,因为科学家总是要对结果进行解释。而科学家对结果的解释,总是会受他所生活的社会之利益、价值、信仰、权力等社会因素的影响。因此,科学家对假说的共识乃是社会因素决定的。也就是说,科学知识是科学家和社会群体的实践、生活与互动中磋商后才约定的,因此只是一种在社会文化中所形成的共识。

不存在统一的科学评价标准,不存在超越历史、文化、情景的真理标准,科学评价过程蕴含一定的利益(专业利益、职业利益、经济利益、政治利益、宗教利益等)和目标,评价结果易受到科学家个人信念、兴趣偏好、情感取向、利益追求等社会因素的影响。巴恩斯指出,"当一个科学进入'常态科学'时期时,一个特定的模型及其与之相关的范例本身有可能成为评价的标准。然而,在对基础模型及其范例的最初评价中使用的那些标准也是不一致的。一个致力于声讨形而上学对科学的有害影响的共同体所采用的标准,将不同于希望获得实用知识以阻止这种病毒蔓延的共同体。用来判断理论物理学某些分支中的根本性创新的十足的美学标准,也是不同的。只有考虑科学的亚文化的不同目的和资源,以及它们在其中起作用的环境,才能理解这种变异。"[①]他认为"评价取决于行动者的目的和要求,以及这目的和要求结合成不同群体特有的规范模式的方式"。[②]"由于一个科学家总是很注意他能够做什么,或者他本人借助新的模型或程序能够做什么,人们可能会预期,正像科学家们自己的具体实践是多样化的一样,评价也将是多样化的"。[③]评价一个理论,不是根据事实检验,或者是否是真

———————————

① 巴里·巴恩斯.科学知识与社会学理论[M].鲁旭东,译.北京:东方出版社,2001:83.

② 巴里·巴恩斯.科学知识与社会学理论[M].鲁旭东,译.北京:东方出版社,2001:82.

③ 巴里·巴恩斯.科学知识与社会学理论[M].鲁旭东,译.北京:东方出版社,2001:86.

理;而是根据科学家的主观选择、相互协商、对科学家是否有用、是否和环境(包括传统文化)相融洽。理论的对象(实在)不起作用,科学家之间的相互磋商决定了理论是否应该被接受。

将"承认"理解为"通往一切之路",视为科学奖励的中间环节,而不是终点。巴恩斯指出,科学家一般把他独创的知识交给整个共同体以换取共同体的承认,而且他们非常在意获得这种承认,因此承认可以用来作为一种激励和奖励。尽管很重视承认,但是巴恩斯认为,承认并不是科学家在奖励方面的终极需求。科学家之所以在意同行承认,是因为"承认是通往一切之路"①,即无论科学家需要什么,都把承认当作通往那种需要之路。例如,一个科学家,他若希望获得某个研究项目,但是这个机会取决于同行的认可程度;他若想寻求更多的设备、场地、时间或同行助手,承认仍是其中的关键;他若想通过调到一个工资更高的职位上、通过做顾问工作的积累、甚至通过巧妙地掌握时机从研究一跃而进入科学决策或管理领域,来追求他个人的利益,那么,科学家同事对他的承认的程度仍然是至关重要的。总之,"不管这个科学家所需要的是什么,实现这种需要的方法就是借助他所获得的承认"②。这些例子其实也表明,承认是满足科学家特定需要的必要条件和中介,或者说,承认是科学共同体的奖励系统中的通货,只有用它才可以获取科学家希望的特定奖励。

巴恩斯—布鲁尔评价模式最大的优点在于他们将"承认"视为科学奖励的中间环节,而不是终点,比较符合科学发展的实际情况。它的缺陷在于陷入了相对主义的窠臼。他们将科学知识理解为"社会建构的",视"协商"为科学评价的方法,认为科学评价标准受到各社会因素的影响——相对主义表露无遗。总体来说,这一评价模式描绘的是科学家群体如何在社会因素影响下以协商的方式评价科学,凸显了科学评价的社会性和相对性。

---

① 巴里·巴恩斯.局外人看科学[M].鲁旭东,译.北京:东方出版社,2001:63.
② 巴里·巴恩斯.局外人看科学[M].鲁旭东,译.北京:东方出版社,2001:63.

二、柯林斯模式

柯林斯(Harry Collins)是科学知识社会学巴斯学派的代表,其科学评价思想构成了如图 4-5 所示的评价模式。

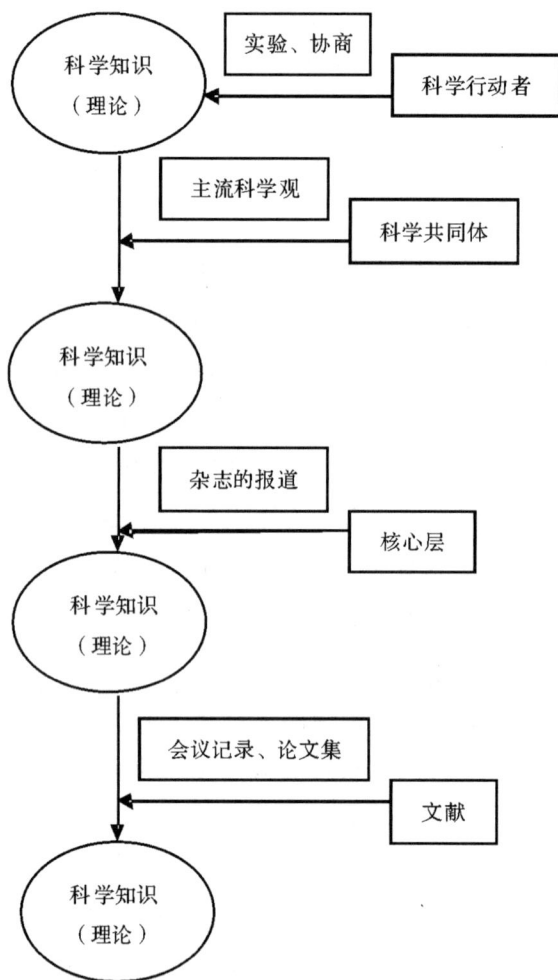

图 4-5 柯林斯模式

知识是科学行动者(actors)之间偶然"谈判"或"协商"的结果,科学知识是按照利益建构的。柯林斯表示,科学知识的社会说明优先于逻辑和证据,在科学知识的实际形成中,自然所起的作用远远要小于社会的作用,自然世界的东西即使不是毫不相干的,也是几乎不起作用的,科学知识在本性上是社会的。他认为,科学知识是核心层(core－set)借助赫塞网(Hesse－net)建构的[①]。"赫塞网"是科学共同体所处的科学网络及相关的社会网络,"核心层"则是参与解决科学争论的科学家盟友和对手。他认为核心层在网络中的位置最终决定了科学争论的解决,争论的实质就是核心层的协商过程。这是因为,不仅核心层本身具有很大的偶然性,而且核心层争论的问题可能远离实验本身甚至处在彼此不相关的科学研究领域内,但争论结果却被认为是普适的"确证无误的知识"。核心层的争论在结束了"实验者的回归"的同时,也产生了一种各方都感到"适当"的知识。不仅如此,由于核心层的隐蔽性,除了少数卷入争论的科学家之外,大多数人对科学知识怎样从争论中产生没有经验认识,但他们却通过学校、电视、报纸、科学书籍或科学家的作品对科学方法的模式相当明了。这就出现了一种情况,即远处的知识看起来比刚刚产生的知识更确定。

科学评价的直接对象不是科学理论,而是产生科学理论的科学实验。通过一系列案例分析,柯林斯认为,可以肯定的是,科学争论是科学研究中一种普遍存在的客观现象。科技史的记载已经向人们表明,科学争论不但存在于引力波实验中,在其他实验中也有;争论不单存在于现代科学研究中、过去也有。科学争论主要是围绕着实验的"可信度"展开:(1)对实验结果的不信任;(2)对源实验的复制实验不信任;(3)对实验过程的不信任;(4)对实验者的胜任能力的不信任;(5)对实验者的论证策略的不信任。沿

---

① 对于"core－set"一词,国内学者有多种翻译,比如译文"核心群"、"核心集",但从柯林斯的本意出发,"core－set"是按照共同"利益"(interest)划分的,并不是一个稳定的"群体",其成员少且分散,因此,将其翻译为"群"不合适,而"集"又同柯林斯对"科学共同体"的理解不协调,因为在柯林斯看来,"科学共同体"是有层次划分,至少可以分成三个层次:最中心是核心层,外层是资金支持者,外层是一般公众(张帆.科学、知识与行动:柯林斯的科学哲学思想研究[D].太原:山西大学,2010.)。

着这条思路，进一步追究争论产生的根源，柯林斯认为这主要是因为科学家对实验的理解存在着偏差，这是造成科学家对实验抱以"不信任"态度的主要根源。

科学家缺乏客观、有效的评价标准。在传统的科学观中，要么在关于如何评价科学实验的问题上无标准；要么是以"在复制实验时能否得到与被复制者相一致的实验结果"为标准，事实表明，当遇到"实验者的回归"问题时，这个标准便失灵了。他指出科学家往往只能根据一些非理性因素对科学实验进行判定。不仅如此，他还认为，不但在评价科学实验的问题上没有一个明确的标准，甚至于，在关于如何评价科学家的资格问题上，依然缺乏衡量的标准。这样，通过对科学家"资格"问题的讨论，使柯林斯意识到，由于科学家的资格无法确定，会导致核心层的成员无法确定，导致核心层的构成无法确定。那么如何来判定哪些科学家属于核心层、哪些科学家不属于核心层呢？柯林斯给出了一条判定的标准——科学家的论文和论文的引证率，核心层就是由那些出现频率高的科学家组成的。在柯林斯看来，科学论文不但是科学家用来抒发意见、表达观点的工具，也是他们捍卫自己科学信念的武器，更是他们获得资金支持的重要手段之一。

最后，针对科学评价"无标准"的问题，柯林斯结合实际经验，给出了自己的评价标准：(1)针对如何评价科学的问题，柯林斯认为，首先要看主流科学观对科学争论的评价；然后看与核心层的争论有关的杂志的报道；最后看会议记录以及会议的论文集等文献。(2)针对如何评价科学家的问题，柯林斯认为，主要看科学家发表的论文和其文章的引用率。柯林斯认为，在科学实践中，科学家把什么结果当作真、什么结果当作假，关键取决于社会的接受程度，怎样说合法、怎样说合理。所谓真理，只在科学共同体内部为真，它是科学家们争论的结果。

柯林斯评价模式的可取之处在于他提出了以产生科学理论的实验为评价对象的观点，以实验的可靠性来评价科学理论的可靠性具有较强的说服力。不过，他对科学知识的利益建构式理解使得他的科学评价标准和评价方法都不可避免地陷入相对主义和非理性主义。

三、拉图尔模式

拉图尔(Bruno Latour)是科学知识社会学巴黎学派的代表人物,其科学评价思想形成了科学评价的拉图尔模式,如图 4-6 所示。

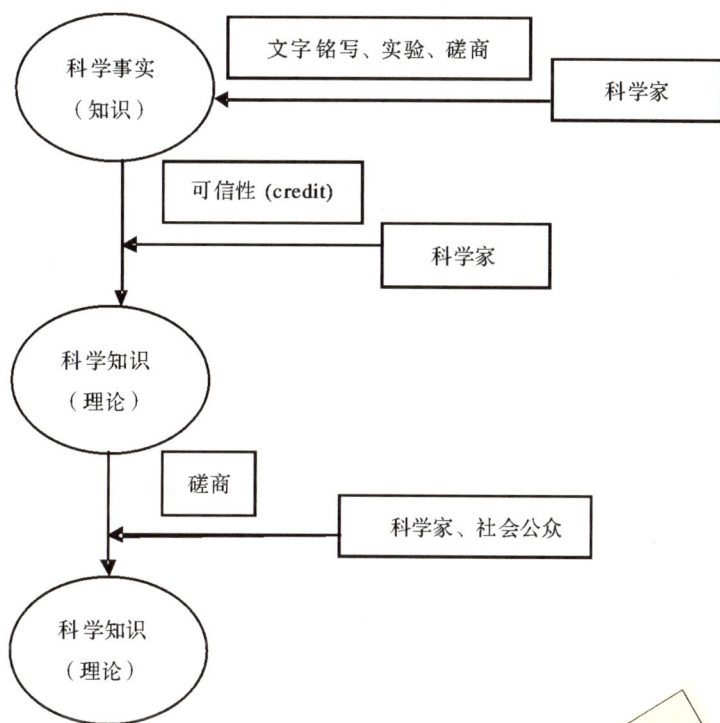

图 4-6　拉图尔模式

科学知识是在实验室中建构形成的。通过对实验室的□□□□尔与伍尔加发现科学家生产知识主要有两个阶段(见图 4-7):一□科学家们通过"文字铭写"(literary inscription)过程将物质转变为数字或者图表,进而利用这些数字或图表制造出关于"真实世界"的陈述;二是科学家针对某些陈述进行磋商,在这种磋商过程中,不断改变这些陈述的"模态",最终产生出科学事实。实验室是一个庞大的文献记录系统,它是由科学家、实验仪器、药品、实验动物以及外部引入的各种论文和数据等要素构成,其中,科学家和各种实验仪器组成数据的生产者,而各种研究对象和引用的论文数据等作为被加工的原料不断地投入到这个知识生产的车间中。在这样一个生产的过程中,科学家们只选择他们认为合格的数据和结论,而对于那些与他们的初始研究目的不同,或是与理想数据不一致的"产品"则会被淘汰出局。"实验室"不再仅是由各种仪器、设备和实验人员组成的一个物理空间,而成为科学实验赖以进行的各种现实条件的集合;科学事实不是被发现和被如实描述的,而是在实验室里被建构出来的。于是他认为,"实验室是文献记录系统(又译文学铭写系统),其目的在于证实,一个陈述就是一个事实"。[①] 在事实或陈述被其他科学家认可之后,它就成为某一领域的公共知识或者背景知识,科学家们可以随意使用这一事实或者陈述,而不会再关注其当初被建构的语境。

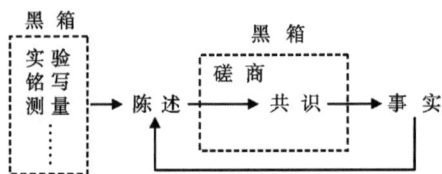

图 4-7　科学知识生产过程

资料来源:刘鹏.生活世界中的科学:拉图尔《实验室研究》的方法论与哲学立场[J].淮阴师范学院学报(哲学社会科学版),2014,36(1):30—44.

以"可信性(credit)"作为评价的标准。拉图尔将科学活动与现代资本主义市场经济运行体制做了比较,发现科学家的科学研究活动与资本主义社会追求利润的生产活动是有内在联系的。对于现代实验室中的科学家来说,科研活动就是一种投资和回报,他们在实验室中进行研究,通过发表权威性论文获得相关科学共同体的承认,从而也就获得了多数同行乃至社

---

① 布鲁诺·拉图尔,史蒂夫·伍尔加.实验室生活:科学事实的建构过程[M].张柏霖,刁小英,译.北京:东方出版社,2004:81.

会的信任,这种信任可以让他在该领域投入更多的资源,继续深入发展他的学术。在《实验室生活》一书中,他们将科学家的成果称为"功绩"。拉图尔发现,科学家们在四个意义层面上使用这个词语:"第一,功绩是一种商品,可以交换。第二,功绩可以共享。第三,功绩可以被窃取。第四,功绩可以积累或者被损害。"[①]在科学家之间的交往过程中,功绩具有与货币金钱相类似的作用,但是,拉图尔强调的并不是科学活动中这种简单的货币交往关系,而是强调"功绩"给科学家带来的、在一定的科学共同体中的"可信性(credit)"。因此,拉图尔认为"人们可以把功绩与信任、能力和经济活动联系到一起。给研究人员功绩,其意义要比单纯的奖励广泛得多,尤其是研究人员所利用的功绩,意味着被纳入事实生产活动的一种经济模式。"[②]如同在资本主义经济生产中一样,货币本身不是目的,货币产生的利润才是目的,科学家对于功绩的追求实际上就是对于功绩带来的"可信性"的追求。拉图尔和伍尔加对"credit"一词进行了全面的考察,发现"credit"不仅包含了"reward(奖励)"的含义,而且"很明显,还与信念、权力和商业活动有关"。通过发表高质量的论文,科学家可以在科学共同体中获得更多可信性,也就更有资格向政府或企业申请更大的科研项目、更先进的科研设备、更雄厚的资金投入;同时,可信性的增加也来自于科学共同体内部的师承关系,权威科学家培养学生的过程就是将自己的可信性作为资本投入到那些有希望获得成就的年轻研究员身上的投资过程,在这些研究员取得了新的功绩后,他们自身产生的可信性也就成了他们老师可信性投资的利润。可信性作为一种资本,可以使科学家们在研究活动中享有更多学术资源,形成更大的学术共同体,生产更多学术成果。

以磋商的方式评价科学。拉图尔认为,所谓的"真理"只是科学家的意见磋商、多数同意的结果。他写道,"科学活动的认识论或评价性原则蕴涵

---

① 布鲁诺·拉图尔,史蒂夫·伍尔加.实验室生活:科学事实的建构过程[M].张柏霖,刁小英,译.北京:东方出版社,2004:179.

② 布鲁诺·拉图尔,史蒂夫·伍尔加.实验室生活:科学事实的建构过程[M].张柏霖,刁小英,译.北京:东方出版社,2004:182.

于社会磋商活动中"[①]，既然我们无法直接面对自然，任何人都无法援引自然来为自己的知识主张辩护，那么，当科学家试图使自己的理论观点成为"事实"或者"真理"时，他可以，也只能借助于商谈或磋商（negotiation，即修辞的方法）。这种科学修辞既是寻求真理的方法，也是真理的本质。拉图尔认为，实验室内的科学家之间是一种竞争关系，或者说存在着一个竞技场；科学家们为了获得事实而不断地对陈述进行各种加工，从而改变这些陈述的模态。这种加工并不是基于实在，也不是基于逻辑和思维，而只能从实验室成员之间的交谈和讨论中、在科学的生活世界中体现出来。拉图尔认为，科学家们的交谈和讨论的前提充满着类比等地方性的复杂关联——其结果仅仅是一种脆弱的暂时性的联系。当面对诸多可供选择的联系时，最终结果的达成取决于成员之间的协商。最初提出某些陈述时，实验室的成员们并不能区分哪些陈述是客观的、哪些是主观的、哪些有可能是真的、哪些有可能是假的，在这种情况下只能靠说服来选择。对话和磋商活动不仅存在于科学家之间，而且也存在于科学家与公众之间。于是科学家需要动用各种可利用的理由来为自己的理论辩护，并劝说其他人接受这个理论。

拉图尔评价模式注重从微观的角度评价科学，形成了从科学家科学研究活动现场考察与评价科学的特点，具有一定的说服力。不过，这一模式充满了"建构主义"色彩，过于强调社会因素对科学的影响。

---

① 布鲁诺·拉图尔，史蒂夫·伍尔加.实验室生活：科学事实的建构过程[M].张柏霖，刁小英，译.北京：东方出版社，2004：157.

第五章　科学评价系统分析

科学评价活动是一个复杂的系统已成为共识。但这个复杂系统的构成要素有哪些？要素间的关系如何？其结构及层次怎样？这些问题至今没有达成共识。然而，厘清这些问题将有助于我们从本质上认识科学评价活动，为人文社会科学评价体系的构建奠定理论基础。

第一节　科学评价系统要素

在科学评价系统组成要素的研究上，学界已形成多种观点。有代表性的观点是"三要素说"和"四要素说"。前者认为评价系统由评价主体（评价者）、评价对象和评价中介（评价手段）三个基本要素组成[①]，再加上评价目的和评价结果等非基本要素共同构成[②]。后者则认为要素亦是由系统组成，因此，评价系统由主体系统、客体系统、目标系统和参照系统四个子系统构成[③]。此外，还有学者认为"完整的评价活动可能包括评价主体、评价

①　肖新发.评价要素论[J].武汉大学学报(人文科学版),2004,57(5):523—528.
②　秦越存.价值评价的本质[J].学术交流,2002(2):1—6.
③　连燕华,马晓光.评价要素系统结构分析及模型的建立[J].研究与发展管理,2000,12(4):17—20,44.

目的、评价对象、评价标准、评价内容、评价程序、评价方法、评价指标、评价数据、评价结果等 10 个要素。"①综观学者们的观点,我们认为,科学评价系统的基本要素是由实体性要素(评价主体和评价客体)和联结性要素(评价目的、评价方法和评价标准等)组成。

一、实体性要素

(一)评价主体

我国《科学技术评价办法(试行)》对"评价的行为主体"是这样定义的:"科学技术评价工作的行为主体包括评价委托方、受托方及被评价方。委托方是指提出评价需求的一方,主要是各级科学技术行政管理部门或其他负有管理科学技术活动职责的机构等;受托方是指受委托方委托,组织实施或实施评价活动的一方,主要包括专业的评价机构、评价专家委员会或评价专家组等;被评价方是指申请、承担或参与委托方所组织实施的科学技术活动的机构、组织或个人。"②部分学者根据这一定义将科学评价主体理解为由委托方、评价方和被评价方组成③,而实质上,该定义指的是评价的行为主体包括评价主体(委托方和受托方)和评价客体(被评价方)。虽然评价客体(被评价者)在一定条件下可以转换为评价客体,比如自我评价活动,此种情况下评价主体和评价客体是同一的,但是在做一般性定义时,被评价方不属于评价主体。由此可见,评价主体,也被称为评价者,是实施评价活动的一方,它可以是个人,也可以是组织。

评价主体的确定是评价活动的首要问题。首先,评价活动是评价主体

① 朱少强,张洋.科技评价活动的要素分析[J].技术与创新管理,2009,30(4):435—437.

② 科学技术部.科学技术评价办法(试行)[EB/OL].(2003—9—20)[2014—10—6]. http://www. most. gov. cn/fggw/zfwj/zfwj2003/zf03wj/zf03bfw/200409/t20040901_31458.htm

③ 朱少强,张洋.科技评价活动的要素分析[J].技术与创新管理,2009,30(4):435—437;任水娥.人文社会科学研究成果评价主体研究[J].社会科学管理与评论,2009(2):42—49.

把握评价客体价值与意义的观念性活动,如果没有评价主体也就没有了活动主体。其次,评价结果只有与评价主体相对应才有意义。不同的评价主体对评价客体的把握能力和评价标准的理解是不同的,甚至同一评价主体在不同的时间、环境和背景下会对同一评价对象做出不同的评价,因此,科学评价活动首先要选择评价主体。

在纷繁复杂的科学评价活动中,评价主体是多元的。我们将其二分为个人主体和组织主体。具体来讲,个人主体即进行科学评价的单一个体,他是科学评价主体的最基本的单元,比如:科学家(科学共同体成员)、编辑、论文审稿人、科研管理者和学界同行等;群体主体是由多个或多种个人主体按照一定条件组成的有机整体,比如:科学共同体、编辑委员会、评审组、答辩委员会、学术委员会、科研机构、评价中介机构和政府部门等,以及一些其他的社会群体,如网民和新闻媒体等。个人主体的评价是群体主体评价的基础,二者的有机结合共同构成了科学评价主体系统。

(二)评价客体

评价客体是评价主体评价的对象。科学评价客体具有多种形态,可以是具体的人和物,也可以是抽象的概念、方法、理论和公式等,甚至是科学研究过程。评价客体具有相对性和内在价值性。评价客体是相对评价主体而言的,但是,这个客体并不是绝对的,在一定情况下客体也可以转化为主体,比如科研人员对自己进行评价时,评价客体和主体就合二为一,再例如科研机构(高校)在评价自身或者其他科研机构(高校)时也从评价客体转变为评价主体。另一特征则是客体的内在价值性。"作为评价客体的不一定是价值关系的主体,也不是价值关系的客体本身,而是价值关系的主客体相互作用和结合的产物,即'价值事实'或者'价值关系的结果、成果'。"[①]对于评价客体我们一般分为抽象的评价客体和具体的评价客体两类。抽象的评价客体是指不具备具体的物理形态的评价对象;具体的评价客体则是指具备具体物理形态的评价对象。二者包含的具体内容见表

---

① 李德顺.价值论[M].北京:中国人民大学出版社,1987:251.

5-1。

表 5-1　科学评价客体

类别	名称	说　　明
抽象客体	科学理论	概念、公式等,侧重于"真善美"的评价
	科学方法	归纳法、演绎法等,侧重于科学性和有效性的评价
	科技成果	必须以论文、报告或专著等为载体,评价其对知识的增加和经济效益及社会影响
	科技政策	以行动准则的形式出现,评价政策制定的科学性、针对性和执行的可行性及实际效果
	科研项目(课题)	项目(课题)的申报评价、实施评价和结项(题)评价
具体客体	科研人员	各种科学奖励评价、职称评价,侧重于科研人员已取得的成就、科研水平及潜在研究能力
	科技论文(专著)	期刊论文、学位论文的评审,侧重于论文(专著)的学术性、创新性及应用价值
	科技期刊	核心期刊的遴选,主要评价期刊的学术影响力
	科研机构(高校)	大学、科研机构学科竞争力评价,侧重于大学和科研机构的整体科研实力、水平、潜力和效率等。

二、联结性要素

在科学评价系统中,评价主体和客体的作用不会自动发挥出来,一方面,它们需要组织和整合其他要素才能开展评价活动,另一方面,又必须要有其他要素对它们进行联结,才可能使评价系统运转起来,这种对评价主体和客体起组织、联结、整合作用的要素,就是联结性要素。科学评价系统的联结性要素有评价目的、评价方法、评价标准、评价程序等。

(一)评价目的

对于科研管理者,科学评价的目的是"合理配置科研资源,调整科研计划、项目和科研机构方向,提高科研管理水平和科研效率。"①但对于第三方研究者来说,科学评价的目的主要有判断、监测与预测、选拔和奖励。

判断是评价的基本功能。比如科研项目的事前评价就是要判断项目的可行性,学位论文的评审就是要判断其是否达到相应学位论文水平;事中评价则是要判断研究活动是否按计划进行,并在此基础之上对科研活动进行监测与预测;事后评价是总结性的判断,以判断研究活动的完成情况,比如对科研成果的验收与鉴定。

监测与预测就是通过对科学研究活动状况进行全面、客观地描述和分析,对科学研究活动按开始前、进行中和结束后等阶段进行评价,以掌握某一科研项目(课题)、计划或政策的实施情况,并在此基础之上预测科研活动的可能趋势。在以监测与预测为目的的评价中,评价结果将会反馈到科学研究活动中,对科研活动起到纠偏的作用。

选拔就是根据一个预先设定的标准,确定哪些被评价的对象应该被挑选出来。以选拔为目的的评价通常对评价对象具有重要意义。常见的以选拔为目的评价有优秀学位论文评选、职称评选和各种科技奖项评选等。

奖励是当前科学评价的重要目的,奖励评价是通过对科学成就的评比(选拔),确定科研成果等级并给予相应的精神或物质奖励。奖励是科研评价工作的延伸,奖励的公正与合理与否,对于提高科研工作者工作的积极主动性,协助科研管理者调整科研工作的重点,协调学校科研工作的正常和有序开展具有重要意义。而上述效果的达到则必须依靠科学、客观和公正的科学评价来实现。

(二)评价方法

评价方法是实现评价目的的技术手段②,是评价主体处理评价对象及其有关数据资料的方式。科学评价方法是多种多样的,目前已经形成了定

① 邱均平,文庭孝,等.评价学:理论·方法·实践[M].科学出版社,2010:32.
② 李金海,刘辉,赵峻岭.评价方法论研究综述[J].河北工业大学学报,2004,33(2):128-134.

性评价方法、定量评价方法和将前面二者结合起来的综合评价方法这三种方法类。定性评价方法是评价主体基于自身所掌握的知识从主观上做出判断的方法,而定量评价方法则是指评价者将研究成果的一些特征进行数据的量化,并根据数值的大小来评价对象水平高低和质量优劣,综合评价方法是将以上两类方法加以综合运用所形成的评价方法。每一种评价方法都有自身的适用范围,各自都有一定的比较优势,但同时也有局限性,因此,评价中不能仅仅依托某一类方法,而应是综合运用各种方法。

(三)评价标准

评价标准是"以评价主体的内在需要和利益为基础,受主体的情感、愿望、意志、兴趣的影响而产生的主体对于自身的内在尺度的一种自我意识"[①]。评价主体根据自身的价值取向,根据具体环境下的特定目的,制定出一套用以裁量客观对象之有用性的标尺,这就形成了评价标准。评价标准既要反映评价主体的意志;又要与评价对象的属性相联系,要符合对象自身的客观发展规律。常见的评价标准通常包括:质量、水平、声誉、影响或效果、成果、产出、产量、生产率、效率、绩效和经济效益等。其中"质量"和"影响",被认为是最核心的学术评价概念和标准。

(四)评价程序

评价程序指评价活动的组织流程,主要涉及评价主体的行为及主体间各方关系的调整。对评价程序的基本要求,一是公正,确保评价过程不受外在的人情关系等因素的影响,不偏袒或歧视某些特定的被评价者;二是科学,以确保真实、准确和充分地获取有关被评价对象的信息。在完整意义上,评价程序贯穿从评价准备、评价实施、得出评价结论,到评价结果应用、反馈等一系列环节。

此外,联结性要素还有评价内容、评价指标、评价数据和评价结果,它们共同构成了科学评价要素系统。各要素在评价中的关系如图5-1所示。

① 欧阳康.人文社会科学哲学[M].武汉:武汉大学出版社,2001:23.

构建促进协同创新的人文社科科研评价体系研究

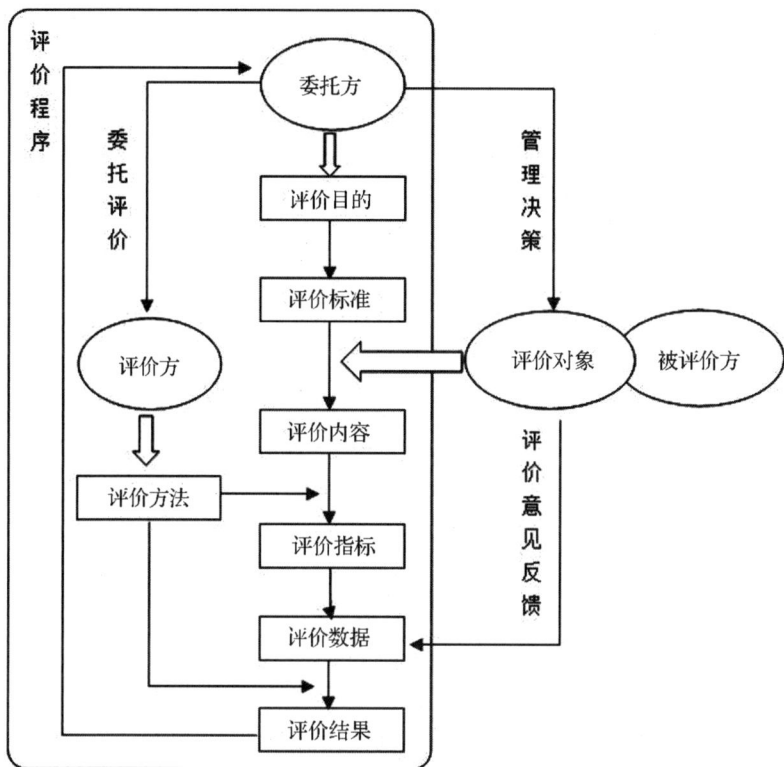

图 5-1　评价系统要素关系图

资料来源：朱少强,张洋.科技评价活动的要素分析[J].技术与创新管理,
2009,30(4):435－437.

第二节　科学评价系统层次结构

　　系统作为有机的整体,其结构既不是各要素的简单相加,也不是各要素的杂乱拼合,而是要求各要素的有序结合。对于科学评价系统的结构,学者们多从评价活动开展的角度出发,认为"主体—中介—客体"构成了科学评价系统基本的有序活动结构模式,即科学评价系统结构由"科学评价

主体系统、科学评价中介系统和科学评价客体系统"①构成。这一结构模式揭示了科学评价系统的总体运行机制,但未展示出评价系统的层次性。任何一个复杂系统都是一个具有层次结构的系统,只是在层次的划分上会因标准不同而不同。"在人类社会,产生需要的主体有两种存在形式,一是个人的机体组织;二是群体的机体组织。"②从评价主体的角度出发,我们将科学评价系统的层次划分为两个大层次:个体评价系统和群体评价系统或称"社会评价系统",并且这两个层次内部又由相应子系统构成(见图5-2)。

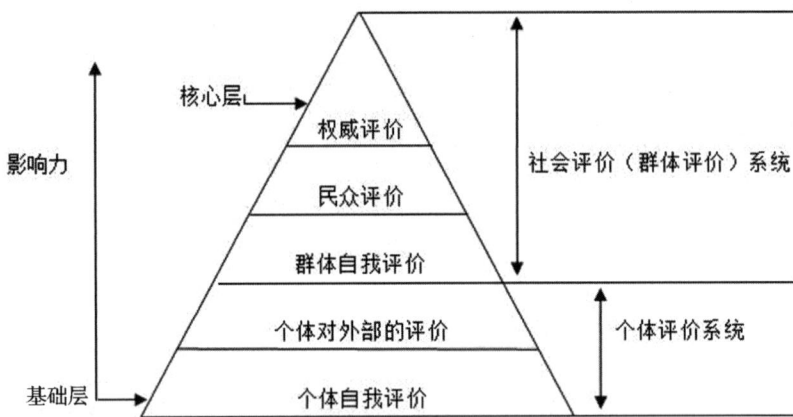

图 5-2　科学评价系统层次结构

由于科学评价对象的特殊性,并不是任何人都能成为评价主体。科学评价主体必须具有相应的科学知识才具有评价科学的能力,而他人并不会比个体自我更了解自身的科学知识水平,更何况没有谁能比科学研究者本人更了解自己的研究(在科学前沿研究上表现得尤为突出),因此,个体自我评价子系统处于科学评价系统的最底部。只有在个体自我评价完成后,

①　文庭孝.科学评价系统研究[J].重庆大学学报(社会科学版),2007,13(6):66－69.

②　宋林飞.现代社会学[M].上海:上海人民出版社,1979:118.

构建促进协同创新的人文社科科研评价体系研究

个体满足评价科学的知识背景等条件,个体才具有对外部进行评价的资格,所以,在层级上个体对外部的评价高于个体自我评价。

群体是个体存在的普遍形式,是众多个体按照共同活动、相互作用和时间持续这三个缺一不可的条件组成的集合[①],因此,个体评价活动是民众评价活动的细胞,民众评价活动是按照一定的机制在个体评价活动基础之上形成的。[②] 因此,社会评价系统在层级上位于个体评价系统之上。

社会评价系统内部具有类似于个人评价系统的层次结构,即群体自我评价处于最底部,再往上是普通民众评价,在顶部是权威评价。社会性是人的本质属性,完全脱离社会而独立存在的个体是不存在的,这也就造成了个体对外部评价的现实表现蕴含在民众评价之中。不仅如此,个体对外部的评价影响力甚微,只有极少数个体,比如国家领导人、诺贝尔奖获得者、牛顿、爱因斯坦等大科学家对外部的评价才具有较大影响力,不过这一部分人对外部的评价更接近于权威评价,而不是一般性的个体评价。此外,科学评价中的群体自我评价的影响力较弱,是社会评价的基础层。

一、个体自我评价

"自我评价活动的最大特点是评价主体以自身作为评价客体进行评价活动。"[③]在自我评价活动中,个体既是评价主体,又是评价客体,主客体是合二为一的。不仅如此,评价主体与价值主体也是同一的。评价活动主体分为评价主体、评价客体、价值主体和价值客体。评价主体是评价活动的参与者,包括实际参与者与准参与者;评价客体是与评价主体相对的,是评价活动所要揭示的对象,并且评价对象是基于人类各种需要的价值关系;价值主体是在这个价值关系中以对价值客体的属性与功能的认识为前提

---

① 陈新汉.自我评价论[M].上海:上海人民出版社,2011:331—332.

② 陈新汉.论个体评价活动向民众评价活动转化的机制[J].学术月刊,2004(6):12—18.

③ 陈新汉.评价论导论:认识论的一个新领域[M].上海:上海社会科学院出版社,1994:279.

的、以满足价值主体的需要为存在形式的这样一种主体概念；价值客体就是在价值主客体形成的价值关系中能满足价值主体需要的价值关系中的价值的承载者(见图 5-3)。

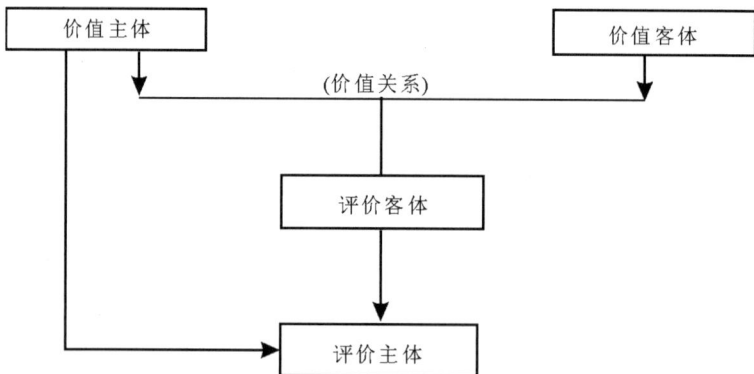

图 5-3　评价主客体与价值主客体的关系

资料来源:连燕华,马晓光.评价要素系统结构分析及模型的建立 [J].研究与发展管理,2000,12(4):17－20,44.

从这个相互关系来看,评价结构特殊之处在于评价主体与价值主体的现实重合性(部分或全部),而正由于这种特殊关系才产生了对评价结论的客观性、科学性的不利影响,另一方面又由于评价主体与价值主体的这种特殊关系,主观因素的影响难以完全摆脱。至于评价主体与价值主体存不存在完全不重合的情况,如果深究人与社会、自然的相互关系可以发现,这种情况是根本不存在的,尽管可以通过评价的制度化建设强行区分,但实质是不存在的,这也是制度建设永远没有圆满答案的问题。[①]

具体到科学评价中的个体自我评价,评价主体、评价客体和价值主体是重合的,实质上均为评价主体。在科学评价中这一主体主要是指科研人员,价值客体则是科研人员提出的科学理论、科学论文和专著等。科学评价中个体自我评价的现实表现形式是多种多样的,主要两大类:一是科研

---

① 连燕华,马晓光.评价要素系统结构分析及模型的建立[J].研究与发展管理, 2000,12(4):17－20,44.

人员对自身科研水平及能力的综合评价;二是科研人员对自身研究成果的评价(见表5-2)。

表5-2　个体自我评价形式

类　　别	说　　明
科研水平、能力的综合评价	各类科学奖项申报的自我评价、各类职称的评定、各类荣誉的评定
某一方面科研成果的评价	论文的评价、研究课题项目申报及结题的自评、对自己所提理论的评价

个体自我评价同外部对个体的评价相互联系,相互作用。首先,个体自我评价是外部对个体评价的基础,个体自我评价的结果将会决定外部是否有必要对个体进行评价。"主体对自身能力的把握离不开自我评价活动"[①],各类科学技术奖项的评审、职称的评定和科学荣誉的评定前提是:申报个体通过自我评价认为自己符合要求,达到了相应的水平,否则自我评价这一关都没有通过就不存在后续外部对个体的评价。同样的,个体只有在认为自己的论文够水准了才会投出去发表;研究生也只会在认为自己学位论文达到了相应水平才会去申请答辩;课题申报人也只会在认为自己的选题具有较高的理论和社会价值的情况下才会去申报。可见,只有在自我评价完成后且评价结果令个体满意的情况下,后续外部对个体的评价才得以成为可能。其次,个体自我评价同外部对个体的评价交织在一起,彼此相互作用。比如:学生对自己论文的评价意见同导师对论文的评价意见交织在一起。通常情况下,导师对学生论文的评价意见比学生自己的评价意见更正确。因此,学生要重视导师的评价意见,并以此来修改论文。但导师在对学生论文进行评价时,除了凭借自身知识储备来做出判断外,也要询问学生对一些问题的看法,尤其是碰到一些可以"仁者见仁,智者见

① 陈新汉.自我评价论[M].上海:上海人民出版社,2011:170.

智"的问题时,学生的意见往往同导师的意见发生偏差。个体自我评价同外部对个体的评价发生偏差主要有两种情况。一是外部对评价对象(个体)情况的了解不够全面和深入,极易产生高于实际或低于实际的偏差;二是个体自我评价的主体和客体是同一的,因而个人主观感情色彩太浓,个体往往出于利己的目的做出肯定性的评价。布朗通过心理实验得出结论认为,"许多人(不是大多数)对于他们自身的判断并不完全准确","认为自己比别人好的倾向是很普遍的"。① 科研人员也不例外,他们有把自己评价得比实际水平高的倾向。

二、民众评价

社会评价是相对于个体评价而言的由社会作为主体所进行的评价。②社会评价主体的现实表现形式是群体,因而社会评价本质上可以称之为群体评价。在群体评价活动中,群体主体以民众评价的"无机"形式和权威评价的"有机"形式发生作用,从而形成群体评价的两种现实形式:民众评价和权威评价③。群体按照其内部是否具有一定的组织和机构可分为有形群体和无形群体,民众评价指的是以无形群体为主体的评价活动。

民众评价主体具有广泛性的特点。在对科学的社会评价中,任何具有一定科学知识水平的人都可以成为民众评价主体的一员。我们将民众的有机组成部分——个体(个人)按照科学知识水平的高低,划分为普通个人和专家学者。普通个人对科学的评价以个人有限的科学知识为基础,再结合个人对科学的理解、切身体验及心理感受来对科学做出评价④。很显

① 乔纳森·布朗.自我[M].陈浩莺,译.北京:人民邮电出版社,2004:55—56.
② 马俊峰.评价活动论[M].北京:中国人民大学出版社,1994:158.
③ 陈新汉.论群体自我评价活动的机制[J].湖南师范大学社会科学学报,2006,35(2):23—27.
④ 文中提到的"评价科学"、"对科学的评价"和"科学评价中"等内容中的"科学",既指与"宗教"和"文化"相对的"科学",也指科学所包含的概念集合,如自然科学、人文社会科学、科研活动、科研人员、科研成果和科研项目等。

然,普通个人对科学的评价是一管之见,如同盲人摸象,主观性和片面性较强,缺乏系统性和理性。专家学者通常是指深谙某一领域知识的人,这一类个体具有比普通个人高得多的知识水平,因此,专家学者对科学的评价要比普通个人的评价更加全面、深刻和理性。不过,专家学者的专业知识是有限的,这也就导致这类个体只有在评价对象处于其所熟悉的领域时才能做出较为科学的评价。也就是说,如果专家学者对他不熟悉的领域进行评价,他的评价就无异于普通个人的评价。民众对科学的评价就是众多普通个人和专家学者"在共同活动基础上持续进行的相互作用的有机集合体"[①]从群体的角度或地位出发所作出评价的概括。这里的"概括"不是群体内部诸多个体评价意见的简单相加,而是以一个群体内的成员"没有经过某种程序的组织"而表达"他们意志和意见"的"无机方式"[②]实现的。

民众评价具体表现为社会舆论和社会谣言。社会舆论是众多个人对一定社会现象所发生倾向的较为一致的议论意见,它不同于对社会现象的认知活动。社会舆论由一系列价值判断组成,表示了社会群体的一系列评价态度,它的表现形式是议论纷纷,但是弥漫于其中的却是倾向较为一致的评价意见。当社会舆论受到当局的压制时,往往就转化为社会谣言。社会谣言纷纷扬扬,从中体现了一定社会群体的评价意见[③]。

民众评价具有两个特点:第一,民众评价常常是在潜移默化中为人们接受的。这就是说,民众评价常常通过非强制的方式作用于人们。这对于群体内的个体来说是如此,对于群体的权威机构或群体外的某一主体来说,也是如此。第二,民众评价具有很大的感染力。对于权威机构的评价活动做出的决定,人们可以抵制它、批判它,但处在民众评价的氛围中,人们就会在不知不觉中接受其所表达的评价意见[④]。由此可见,民众评价是自下而上的评价活动,权威评价则是自上而下的评价活动。

①　陈新汉.自我评价论[M].上海:上海人民出版社,2011:332.
②　黑格尔.法哲学原理[M].范扬,张企泰,译.上海:商务印书馆,1961:332.
③　陈新汉.论社会评价活动中的主体[J].学术月刊,1997(7):3—9.
④　陈新汉.民众评价论[M].上海:上海人民出版社,2004:326.

三、权威评价

社会群体是众多个人通过共同活动、相互作用形成的,具有一定的组织和结构。处在社会群体组织和结构最高位置上的机构即权威机构,它一般总能集中地代表社会群体的需要和利益。因此在一般情况下,权威机构所进行的评价活动总被认为是从社会群体的需要出发的,是以社会群体的利益为标准的。于是,权威机构的评价活动就成为社会群体主体进行评价活动的现实形式。

权威机构总是自觉地站在社会群体主体的立场上来进行评价活动的。在群众评价活动中,众多个人可能意识到自己站在社会群体主体的立场上,也可能根本没有意识到自己站在社会群体主体的立场上。权威机构的评价活动则不同,权威机构在社会群体中所处的位置,使它意识到自己是要站在社会群体主体立场上的,因此它总是自觉地从所属社会群体主体的需要出发,用所属社会群体主体的利益作为标准来评判事物。

权威机构总是自觉地进行评价活动。权威机构是社会群体中的自觉组织,能够人格化(通常通过权威机构中的领袖体现出来),能够在整体上具有自觉的意识性。这样,权威机构就能自觉地意识到自己所进行的评价活动,并指挥权威机构的各个责任部门,从而使社会评价活动过程通过权威机构各部门之间分工而协作的过程表现出来,也能直接形成在形式上具有统一性的评价意见。

科学评价中权威评价以同行评议和政府评价为主要形式。同行评议是同一领域或相近领域的专家或具备特定知识的人群,采用一定的方法和标准,遵循一定的程序对评价对象(论文、科研项目、学术机构、学术人员等)所做的评价。同行评议之所以具有权威性,在于同行专家深谙本专业、本学科的专业知识,能在评议时发现问题、对评价对象做出恰如其分的评价。政府评价通常以行政手段进行,其权威性来源于行政强制力。目前的政府评价多是在同行评议的基础之上做出的结论,因此,其科学性和权威性较以前有所提高。

由于民众评价活动的主体和权威机构的主体之间的差别,权威评价往往同民众评价活动及其结论发生冲突。这种情况是经常出现的,比如当前国内对转基因食品的社会评价。代表权威机构的政府部门认为,转基因食品是安全的,并批准了转基因食品的商业应用,例如,美国的转基因食品已经在市场上存在了约 20 年,日本不禁止转基因食品流通,中国也有限度地批准了部分转基因食品的流通;而民众对转基因的评价却存在争论,主要有支持派、质疑派和中立派三种观点①。

第三节 科学评价系统环境

系统与环境处于相互联系和相互作用的关系之中:环境是系统存在的基础,甚至有时候会影响到系统的性质与功能;系统的不断发展变化也会改变着环境。环境也是一个系统,它是由与系统相关的各种外部事物和条件相互有机联系所组成的整体。② 科学评价系统是一个高度开放的社会系统,其运行不仅受到内部因素的影响③,还受到外部环境的影响,并且科学评价系统会根据外部环境的变化做出相应的反应,同时科学评价系统也会能动地改变环境。科学评价系统正是这样一个受外部环境制约的系统(图 5-4)。

一、经济环境

科学评价系统的形成与演变总是与它所处的经济环境密切相关。所

---

① 黄理稳,徐军伟.转基因技术争论的根源分析与思考[J].长沙理工大学学报(社会科学版),2015,30(1):21—26.

② 官鸣.管理哲学[M].上海:东方出版中心,1993:108.

③ 一些学者在论述系统与环境问题时,将系统的内部因素、结构等称为"内部环境",而将系统边界之外的部分称为"外部环境"。这一划分明显不妥,若系统外部的是外部环境,内部的是内部环境,那系统还剩什么?只剩下了系统边界,很明显这与系统论的观点相悖。

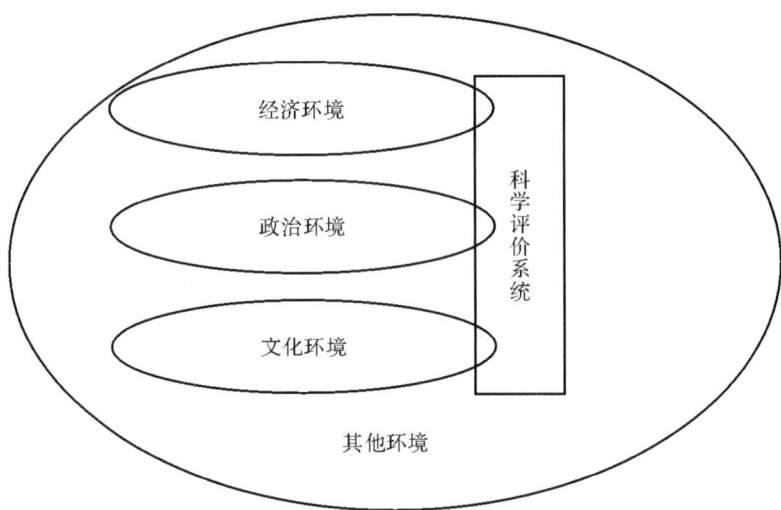

图 5-4　科学评价系统环境

谓科学评价系统的经济环境,是指存在于科学评价系统整体之外并对科学评价活动产生作用和影响的经济因素的总和。

科学评价系统同经济环境存在着相互联系、相互影响和相互制约的关系。从总体上看,经济是大系统,科学评价系统只是这一大系统中的一个子系统,因此,不仅科学研究活动的产生和发展要以经济系统作为基础,科学评价活动亦是如此。经济系统成为一种维持科学评价系统存在和演变的重要社会环境,即科学评价系统的经济环境,与此同时,经济系统作为科学评价系统的外部环境,它的产生和发展要受科学评价系统的制约并以科学评价系统为先导,科学评价系统成为一种推动经济系统形态和结构变革的强大杠杆,从而显示出重要的社会功能——这一点在"科学技术是第一生产力"的论断上体现得尤为充分。

经济环境为科学评价系统运行提供了物质基础。经济活动是人类社会的基本实践活动,也是社会上层建筑赖以存在的基础。科学的产生和发展主要取决于人类社会的经济需求。正如恩格斯所说:"经济上的需要曾

构建促进协同创新的人文社科科研评价体系研究

经是,而且愈来愈是对自然界的认识进展的主要动力"①。科学评价活动同样依赖于物质生产和社会经济发展的需要,而且取决于物质生产与社会经济的实力和水平所能提供的科学仪器和科学经费等物质支撑条件。

科学评价系统有助于经济环境的改善,通过完善科学评价系统,健全科学评价制度,可以指导正确开展科学评价活动,调动科研人员参与科研活动的积极主动性,在维护科研人员科研权益的同时,也能够推动科研人员沿着正确的科研方向开展科研攻关、知识创新和技术转化,充分发挥科学技术作为第一生产力的作用。完备的科学评价系统有助于及时准确地按照经济社会发展要求,对科学技术的发展做出正确的评估、预判和指导,能够指导相关科研人员有针对性地开展科研攻关,在保障科研人员对相关技术成果知识产权的同时,加快推进科研成果的转化,从而为经济环境的改善和社会发展提供智力支撑。

经济环境是科学评价社会环境的基础,它既决定政治环境,也决定文化环境。因此,它在整个社会环境中处于基础性地位。首先,经济环境是全部社会环境的基础。经济环境决定社会的政治环境和文化环境,成为它们赖以存在和发挥作用的现实基础。其次,经济环境的变化,决定政治和文化环境的发展变化。经济环境的构成要求无论是在所有制上发展变化,还是在经济运行体制上发展变化,都会或迟或早地引起国家政权组织形式和职能结构发生变化,从而引起政治环境也发展变化,同时也会引起社会文化意识、观念形态等发展变化,亦即引起文化环境发展变化。

二、政治环境

科学评价系统的政治环境是指与科学评价活动相关的政治制度和条件等诸要素的总和,它决定科学评价的目标、性质和方向,如国家执政党的最高宗旨、国家统治阶级的意志和政府在某一阶段制定的科学发展目标等都会直接影响到科学评价活动。作为科学评价系统的政治环境要素主要

① 马克思恩格斯选集:第 4 卷[M].北京:人民出版社,1995:703.

包括政治组织(政府部门、利益集团)、政治意识(政治文化、意识形态)、政治行为(政治斗争、政治统治、政治管理)。政治组织是政治环境的基本要素,它主要指依据特定政治目的、政治利益、政治需要,为了执行一定的政治职能,完成特定的政治目标,具有明确规章制度的正式化的政治群体。政治组织通过稳定的活动方式、规章制度和行为规范深刻影响着科学及其评价的发展。政治意识是一定政治组织所具有的政治认知、政治态度和政治信仰,它主要包括政治文化和意识形态。它直接影响着人们的心理活动与生产活动。由于科学技术工作者、使用者、决策者等科技主体都是在具有一定阶级形态中生存与生活的,因此,政治意识就不可避免地会对各种科技主体的思想与政治取向产生重要的影响。这种影响通过特定的政治认知、政治信仰等直接影响着科技主体的创造心理与科技生产,从而成为影响科技发展及其评价的重要因素。政治行为是人们在特定利益基础上,围绕着政治权力的获得、应用和实现而展开的社会活动,是政治关系的直接表现,它包括政治统治、政治斗争、政治管理。所有这些要素之间相互作用、相互渗透、相互影响从而决定着政治的发展和变革,也构成了科技发展及其评价的政治环境。

政治组织是政治环境系统的核心要素之一,是社会活动的重要参与主体,尤其是当前政党政治为主流的世界格局下,政治组织所掌握的资金、设备以及人员都是科研活动所必备的,也是科研评价系统所关注的对象。当某项科技活动符合政治组织的政治目的、政治利益、政治需要,政治组织便与科学评价系统要素互动,形成这项科技活动及其评价的良性政治环境。如果政治组织的政治目的、政治利益、政治需要与社会公众的利益相一致,政治与科技便形成一种良性交融。这时政治组织便会运用政治权力调动人力、物力、财力等一系列优势资源投入该项科学技术发展的全过程。无论公众对该项科学研究的评价如何,政治组织都会从其自身利益出发来评价和发展科学。第二次世界大战结束之后,美国和苏联两个超级大国为维护自身影响力,投入巨额资金、科研人员以及设备开展与国防相关的科研活动,并且建立起同行评议的科研评价制度,以行业内专业参与,以对国防和军事进步为评价标准的评价体系就可以体现出当时政治组织对科研评价系统的影响。

政治环境要素对科学及其评价的影响在当今社会表现得尤为突出。当前社会已进入了依靠科学技术振兴经济、增强综合国力和国际竞争力为主要特征的历史发展阶段。为了不失时机地把握这一关键时期,各国政府调整或制定了科技政策和发展战略,选择了本国的优先领域以符合本国的发展目标。不难理解,应用研究和技术开发能体现出明显的地方或国家目标。然而,即便是基础研究也并非完全出自科研人员的好奇心驱动和科学发展自身的内在动力。二次世界大战以前,科学从投资到研究都突出了个人的兴趣和行为。二战爆发前夕,英国、法国开始利用国家力量组织科学研究工作。二战期间,传统的由民间资助基础科学研究的做法已显不足,只有依靠政府拥有的资源和公众授予的广泛权力,才能充分实现科学展示的前景。之后,科学研究受国家目标的影响越来越大。毋庸置疑,社会进步与科学发展之间的互动作用决定了科学研究服务于国家目标的必然性。科学研究中体现国家目标、科学研究为国家目标服务等,是科学研究自身发展与社会和经济发展之间互动作用的结果,反映了社会和经济发展对科学研究的需求,是国家间政治、经济、军事竞争的必然结果。而将国家目标用于指导、评价科学研究,则可以将科学发展的机遇与国家的需求有机地结合起来,从而达到双方的协调发展。围绕国家目标开展科学研究,无疑推动了一些科学研究领域的深入发展。国家目标如此重要,它与科学研究的关系如此密切,科技评价的主要标准都以国家目标为导向,科研人员还能否从自身的研究兴趣出发进行自由探索呢?科技评价作为科研资源配置的重要手段,面临着新的挑战。

三、文化环境

任何时代的科学都离不开它所处的文化环境,离不开它所处的文化氛围,并深深地打上它生存时代的社会文化传统的烙印。科学评价作为一个系统,亦是如此。所谓科学评价系统的文化环境是指:存在于科学评价系统之外并对科学评价活动产生作用和影响的人类文化因素的总和。

文化作为一种社会现象,通常具有广义和狭义两种理解。广义的文化泛指人类在社会历史实践过程中所创造的物质财富和精神财富的总和,狭义的文化专指人类创造的一切知识、思想和行为规范等精神因素的集合。一般而言,文化作为一种社会系统,就其整个结构来看可以分为器物、制度和观念三个层次。其中,器物是指人们为满足生存和发展的需要而创造的各种工具、器具、器械和物品,如劳动工具、生产设备、武器装备、科学仪器、医疗器械、通信器材以及人们衣食住行和娱乐消遣所需的物件用品等;制度主要是指人的群体、特定社区和整个社会为有效地进行生产、生活和求知活动而建立的一种要求全体成员共同遵守并按一定原则和机制运行的管理规程体系,如机构设置、行业体制、社会制度等;观念主要包括文学、哲学、科学、宗教、法律等知识,艺术、经验、技巧、技术等智能,生活方式、伦理道德、风俗习惯等行为规范,以及制约行为规范的有关评价和鉴定真假、善恶、美丑问题的基本原则和标准等价值观念。在文化系统的整体结构中,器物文化处于外层,制度文化居于中层,观念文化位于内层。它们在文化整体中的地位反映了它们各自在文化进程中的作用。尽管每个层次都作用于其他层次,同时反过来又受其他层次的影响,但是,文化的器物、制度、观念三个层次,实际上分别属于物质、组织、精神三种文化形态。它们在整个文化系统中,相应地起着基础、载体、主导三种作用。文化作为科学评价系统的一种社会环境,它对科学评价的影响,主要表现在物质文化的基础作用、组织文化的载体作用、精神文化的主导作用等三个方面。

科学评价活动作为人类的社会实践活动同其他实践活动一样需要物质作为基础。物质文化所提供的各种工具、器具和物品,如劳动工具、科学仪器、医疗器械、通信器材以及人们衣食住行和娱乐消遣所需的物件用品等为科学评价活动的进行奠定了基础。随着当前科学技术的发展,高精尖技术已经成为各国科技水平高低的关键,对本国科学技术进行及时、准确的技术评估,尤其是对本国科学技术的发展做出评估并进行指导都离不开各种仪器设备的运用。可以说,当前科学技术的发展,已经使得科学评价活动更加依赖物质载体的作用,离开以仪器设备为代表的物质载体,已经很难对当前的科研活动做出准确的评价和指导。

组织文化是以各种形式的制度为特定载体的一种文化形态。人类社会发展的历史证明,不仅科学研究活动,科学评价活动也总是在一定的社会制度氛围中发展的。先进的、民主的社会制度能够推动科学评价活动的发展,而落后的、专制的社会制度则阻碍科学评价活动的开展,并最终必然成为科学发展的桎梏。科研评价活动的开展既需要以政府为代表的政治组织的引导,更要赋予科研评价人员以充分的评价权限,使其能够按照科研活动实际和科学发展规律对科研活动和成果进行正确的评判。只有这样才能真实、准确地反映出科研活动的价值。因此,合理、准确和客观的科研评价活动必须立足于先进的、民主的社会环境中,确保科研评价活动开始前、进行中和完成后都可以保持独立自主,尽量减少外部因素对科研评价系统的干扰。

精神文化是以知识智能、价值观念和行为规范等形式表现出来的一种文化形态。精神文化作为整个人类文化系统极其坚韧的物质和内核,它不仅制约着文化系统结构本身的物质文化和组织文化层面,而且对科学评价活动产生着深刻的影响,成为推动科学评价系统演变的文化环境。科学评价系统始终受着包括哲学思想、宗教信仰、伦理道德、教育培训、文学艺术、审美意识等在内的精神文化氛围的制约。任何时代科学家的研究方向与研究领域的选择和判断以及科学成果的发现和应用,都渗透着或显或隐的价值观念。由此,价值观念对科学评价的影响可见一斑。

文化环境的三个层次之间不仅关系密切,而且相互影响,相互作用。首先,精神文化依赖于物质文化。精神文化的发展是以物质文化为基础的,否则就不能发展——即使从外界引入了先进的精神文化,没有相应的物质文化做基础,精神文化也不能生根,不能持久发展。其次,物质文化的发展需要精神文化的引导。比如,引进现代化的机器、技术和设备,需要具备与之匹配的精神文化,如果依旧以落后的传统观念来应对这些物质文化则不能充分发挥它们的作用。再次,组织文化是联结精神文化和物质文化的纽带。与科学评价相关的组织文化通常是精神文化的具体化。科学评价观念通过一些规章制度和政策的形式具体化为组织文化,从而作用于与科学评价相关的物质文化。

在科学评价系统社会环境三个组成部分中,一方面,经济环境、政治环境、文化环境三者之间相互依赖、相互渗透,另一方面,三者之间又相互制约、相互作用,构成了以经济环境为基础的有机整体,共同制约着科学评价系统的运行。

首先,从三者相互依赖、相互渗透的关系上看,经济环境离不开政治环境。单纯的经济活动是分散的、无组织的,单纯的经济关系是易变的、不稳定的,经济自身并不能保证在较大范围内的协调一致,必须靠政治环境来加以协调和规范,良好的政治环境是经济环境进入有序状态的保证。反之,政治环境也离不开经济环境,良好的经济环境是政治环境的支撑。没有经济的繁荣,就没有政治的稳定。同时,经济环境中也渗透着文化环境,由文化环境所形成的统一世界观、人生观、价值观使经济环境不断优化。政治环境、文化环境的形成与发展又是为经济环境服务的,同时,离开经济环境,政治环境、文化环境的发展也会受到限制。

其次,从三者相互制约、相互作用的关系上看,政治环境是经济环境与文化环境相互作用的中介。一方面政治环境中的政治制度是在一定文化环境中的思想理论指导下形成的,服从于特定的思想,是一定文化环境中特定思想观念得以实现的手段和工具,是文化环境对经济环境发挥作用的主渠道。另一方面,政治环境中的政治活动、政治制度和政治设施又是经济环境中经济活动、经济关系及相应制度的集中反映,是经济环境的直接体现者,政治环境一旦形成就作为一种既定的对象和现实的力量,是经济环境对文化环境发挥作用的关键途径。

再次,经济、政治、文化环境的发展是沿同一方向相互作用、相互推进的。经济环境是政治、文化环境发展的基础和最终根源,经济环境的发展推动政治环境的发展,政治环境的发展作用于文化环境,推动文化环境的发展,文化环境的发展又反过来促进经济和政治环境的发展,经济环境发展到一定程度必定引发政治环境的变革,政治环境的变革又会加速文化环境的变革,其结果是三者互相推动、共同发展。

第四节 科学评价系统与环境的相互作用

从一般系统论的角度来看,系统与环境的相互作用体现在两个方面:一是环境对系统的制约。任何系统都依赖环境而存在,环境为系统提供生存和发展的条件。随着环境条件的变化,系统必须积极地去适应环境。二是系统对环境的影响,系统不仅选择适合自身生存与发展的环境,对环境还有能动的一面,那就是对环境的改造。

一、环境对科学评价系统的制约

科学评价系统受到社会环境经济、政治和文化三个方面的影响,不同类别的环境因素对科学评价系统产生影响的机制不同。经济环境和文化环境对科学评价系统的影响需要在长时期内进行考察,它们的代表性因素有经济体制和社会文化与习俗。短期内经济环境和文化环境是通过影响政治环境中的科学评价政策来发挥作用的,代表性因素是政策法规。

经济体制是经济环境的代表因素,它对科学评价的影响表现得尤为突出。自 20 世纪 70 年代改革开放以来,我国长期实行的计划经济体制迅速向市场经济体制转变,价值规律成为调节市场的基本杠杆。在科学技术面向国民经济主战场的科技政策引导下,社会各界更加重视短平快、效益高、能迅速增强国力的研究项目。在计划经济向市场经济转轨过程中,人们的观念、标准在改变。科学家们更加强调科学的价值,在对科学的认识上,不再局限在对自然规律的探索,而开始强调科学技术对促进生产力的作用,希望科学能在指导国民经济建设中发挥更大的作用,以体现现代科学研究的生命力。这些都反映在科技评价的意见中,有的评议人立足于当前急需,有的评议人立足于学科发展,科技评价基准因而发生了改变。

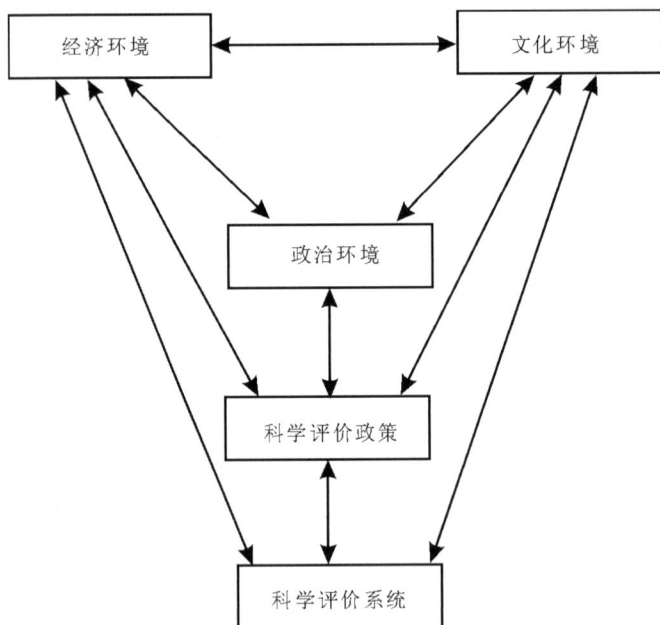

图 5-5 环境因素影响科学评价系统的路径

政策法规对科学评价系统的影响最为直接。改革开放以来,我国有关科技的法律不断朝着系统化、完善化、科学化方向发展,这对于规范科技评价活动也产生了积极的作用。《科技合同法》、《专利法》、《著作权法》、《促进科技成果转化法》等法律的出台,说明我国在科技方面逐渐成为法制完善的国家。虽然这些法律不是直接关于科技评价的法律,但这些法律的存在,给科技评价活动提供了有效的依据和支持。2003 年 5 月,国家科技部、教育部、中科院等五个部委联合出台了《关于改进科学技术评价工作的决定》,为规范科学技术评价工作,建立健全科学技术评价机制,正确引导科技工作健康发展,不断增强我国的科技持续创新能力,提供了法规基础。为解决评价制度不健全、评价体系不完善、评价方法不规范等问题提供了有力的帮助。

社会文化习俗对科学评价系统的影响也较为明显。同行专家是科学评价系统中评价主体的代表,文化环境通过影响同行专家来影响科学评价系统。比如我国"礼尚往来"传统导致论文评审相互照应情况普遍存在;

"裙带关系"文化使得评议人因是申请者的亲朋好友、同学同乡、师生关系等而加以褒奖,或因与其有矛盾而加以贬低;"权威文化"导致评议人评价时将评价对象的名望和地位放在首位,而不是学术水平。此外,社会文化中价值取向也对科学评价系统有较大影响。当前,社会文化中普遍存在功利主义倾向,评价者过分关注论文、课题、项目的现实意义和经济效益,而对研究的理论创新性考虑不足。

科学评价发展水平总是受社会环境制约,与一定的社会环境相适应,即与一国的政治、经济、科技、文化、教育等发展水平相适应。在不同的社会环境下,各国形成了具有本国特色的科学评价。可以说,各国在科学评价发展水平上的巨大差异,主要是由各国在社会环境上的较大差异造成的。发达国家科学评价较为完善,而发展中国家的科学评价则较为落后,这是社会环境影响和作用的结果。

二、科学评价系统对环境的影响

系统论认为,环境对系统的制约以环境对系统的"输入"的形式来实现,系统对环境的影响则以系统对环境的"输出"来实现。科学评价系统也是通过"输出"(物质、能量和信息)来影响外部环境,不过科学评价系统的主要"输出"——评价结果,并不一定直接作用于外部环境来产生影响,它对外部环境的影响通过间接和直接两种方式实现。

评价结果通过作用于科学研究系统的方式间接影响外部环境。科学评价系统既独立于科学研究系统之外,对科学研究系统进行评价并发挥相应的功能,又一定程度上与科学研究系统相容,为科学研究系统的良性运转服务(见图 5-6)。科学评价系统正是通过对科学研究系统的影响来对环境产生影响。现代科学技术研究与经济、政治、文化之间的关系越来越密切,科学技术每一次重大进步、划时代的发现和发明,必然会引起生产力的重大变革,引起经济的高速增长、社会和文化的变化。

能对外部环境直接产生影响的评价结果具有两个特点:一是评价结果是制定宏观政策的重要参考;二是评价结果对社会影响深远。现实中这样

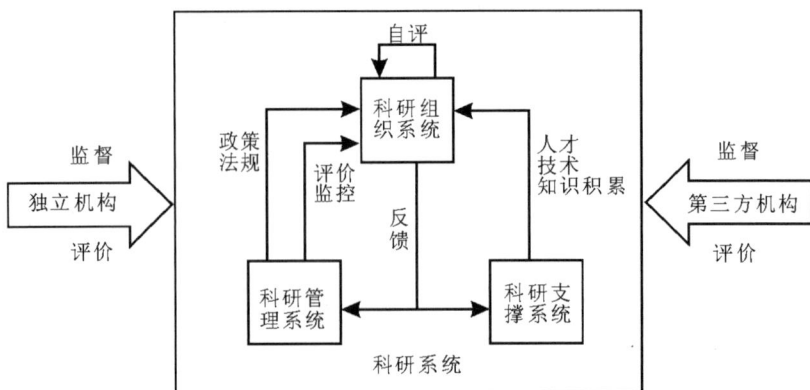

图 5-6　科学评价系统对科研系统的影响

资料来源:文庭孝.科学评价系统研究[J].重庆大学学报(社会科学版),
2007,13(6):66—69.

的评价结果较少,但并不是没有。"科学技术是第一生产力"这一论断,不仅是对科学技术的认识,更是对科学技术的评价,将其评价为"第一生产力"。在这一评价结果的影响下,我国出台了一系列政策、法规与措施,对科学评价系统的外部环境——经济、政治和文化等产生深远影响。

第六章 人文社科协同创新的模式与机制

现有协同创新运行模式与机制研究已经取得一定成果,但其针对的客体偏向应用性极强的自然科学。由于人文社科研究有其自身特性,当前我国人文社会科学开展协同创新面临着文化缺乏、动力不足、平台缺失和人才匮乏等困境[①]。因此,系统研究并建立人文社会科学协同创新的模式与运行机制是十分必要的。

第一节 人文社科协同创新的模式

目前人文社科研究具有重基础轻应用、学科背景单一、平台缺失和人才匮乏等不足,在一定程度上影响了协同创新。探索人文社科协同创新的模式,加强基础研究与应用研究相结合,体现人文社科研究生命力;构建跨学科大平台,发挥人文社科研究综合创造力;面向社会需求,强化人文社科研究社会贡献力。

———————————
① 李忠云,邓秀新.高校协同创新的困境、路径及政策建议[J].中国高等教育,2011(17):11－14.

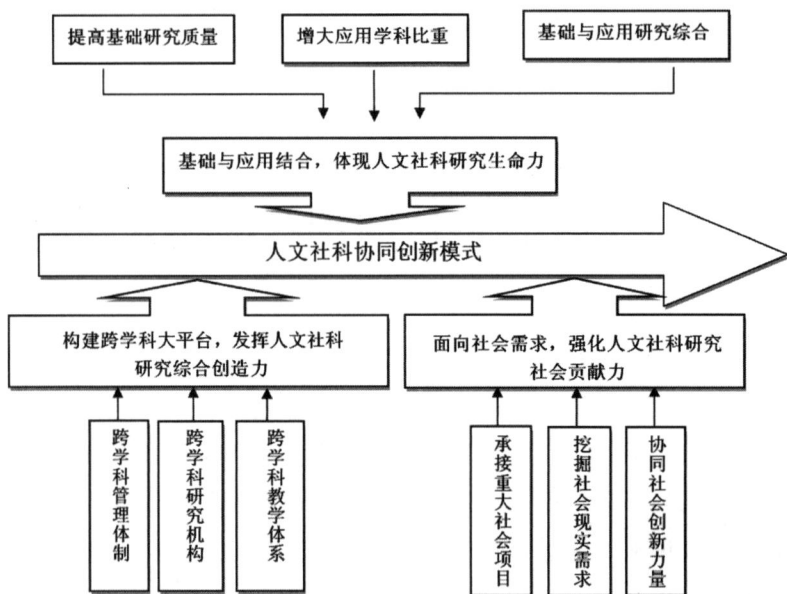

图 6-1　人文社科协同创新模式

一、基础研究与应用研究相结合,体现人文社科研究生命力

基础研究对于人文社科研究、学科建设乃至创建一流大学有着极其重要的意义。长期保持相当的精锐、能干的研究力量专注基础研究,有利于我国人文社科研究立于世界科学文化之林,有利于推动人类文明发展与进步。没有扎实有效的基础理论研究就不可能有办学的高水平,就不会有高质量的科研成果、人才培养、社会服务,更不用说为应用研究提供坚实的理论基础。

重视基础研究,发扬基础研究优势的同时,也应通过政策导向、宣传引导、激励杠杆等措施大力发展应用性研究,合理配置科研资源,加强跨学科的研究,体现人文社科研究的社会贡献力和生命力,有效推进精神文明和物质文明的双丰收。国外一流大学的成功实践表明,雄厚的基础学科,强大的应用学科,大量的交叉、综合性学科是造就一流大学的胜利之钥。美国大学集中了全美大多数基础研究的人才,拥有的高层次人才数量超过了全国人才总量的一半,20世纪20年代后取代强大的德国成为世界科学活动中心就很好地证明了其基础研究的地位可谓在世界独占鳌头。美国大学在稳固基础研究基地,以一流的文理基础为发展核心外,同时注重发挥应用学科的生机和活力,学科设置注重两者的交叉综合,开展跨学科研究;有的除了文理学院外,普遍设置一个或数个应用性学科,有的还以大学为基础建设产学研区。

加强基础研究,重视应用研究,促进两者的有机结合要有与时俱进的新思路,既要防止理论脱离实践、重理论轻应用,又反对急功近利,忽视理论研究。处理好两者的关系首先要集中力量提高基础研究的水平和质量。针对高校突出存在的基础学科和基础理论研究的比重过大,应用学科、应用对策研究比重过小的问题,要认识到基础学科和基础研究的繁荣不能没有必要的数量,但关键不在数量多,而是要水平高。[①] 所以要统一思想,提高基础研究质量,并在此基础上,着力发展应用背景强、社会贡献力大的项目。其次要努力推进基础研究与应用研究的互动共荣。北京师范大学汉字研究所给我们提供了一个很好的范例,作为一个主要从事基础研究的机构,不被基础研究捆住手脚,根据自身研究特点,审视社会需要,大力开展汉字信息系统等方面的应用研究,获得上百万元的横向课题研究经费,很好地实现了基础与应用研究的相辅相成。

二、构建跨学科大平台,发挥人文社科研究综合创造力

当代人文社科的发展越来越需要不同学科间的联合与协作,科研机构如果只立足本学科,进行单学科研究,则不利于科研创新与应对重大课题和综合性社会问题的需要。为更好地促进学科的交叉融合,高校有必要打破院系围墙,在全校乃至校际间优化组合,突破狭隘的学科界限,以面向实

---

① 韩进,杨佳.基于跨学科视野的高校人文社会科学发展研究[J].湛江师范学院学报,2012(1):19—23.

际、服务经济社会发展的主导意识指导社科研究,构建学科大平台。如建立跨学科、跨学院、跨系的研究中心或研究所,发挥学科综合优势,争取重大项目,促使科研上水平、上档次。

1930 年时任校长的赫钦斯对芝加哥大学的学术机构进行了改组,通过不同学科人员的院、系交流合作,打破了各学科间的隔绝,孕育跨学科、跨部门的交叉、综合学科。到 20 世纪 40 年代末,先后组建了人类发展、社会思潮、种族关系和传播四个跨学科委员会。每个委员会配置专任教师,没有专门学科,主要目的是将各个领域有共同学术兴趣的学者和学生组合起来,从更广阔的视野更深入地研究某一特定问题。[①] 直到今天,芝加哥大学的跨学科委员会仍然在促进交叉与综合学科、人文社科研究发展方面发挥着突出作用。在斯坦福大学、哈佛大学、普林斯顿大学,除按系组织教学、科研外,还把一些系的有关教师组织起来,建立专业计划或专业委员会招收学生,以发展学科间的横向联系,发挥学校的整体优势,促进新学科的发展。中国人民大学集中学校各有关科研中心、研究所的优势力量,发挥高校文理渗透,学科齐全的特色,承揽大型科研项目,完成了中国经济研究报告。另外,复旦大学的上海发展研究报告,南开大学 APEC 战略和策略研究报告都是跨组织联合攻关的产物。

注重科研与教育的协同,探索建立跨学科教学体系。综合化的、跨学科的课程能帮助学生从不同领域获取知识,获得更多的、有价值的课程内容及对多学科的理解,通过学科交叉融合、教师与学生的个性化分析综合,能形成他们独特的跨越学科界限的知识视野和解决复杂现实问题的能力。应该鼓励跨院、系设置课程,打破学科界限,开设跨学科课程,这样有利于拓展课程领域,实现人力、物力资源的整合与共享,凸显学科群体优势。美国大学的课程综合化程度高,如哈佛大学历史课程除了有与我国类似的"国际共产主义史"、"上一个世纪的历史"等政治史、文化史和世界文明史

---

① 欧阳光华. 开放与包容:对芝加哥大学理念的解读[J]. 比较教育研究,2005(8):7—11.

外,还涉及医学(疾病和历史:美国与"肺结核瘟疫的征服"、"美国的医学和社会")、法学(1880—1940年出现的一次重大法律运动、沃伦法庭和追求公正)、经济学(当代世界经济1873—2000年)、自然科学(达尔文革命)、政治学(古希腊民主、美国和欧洲的民主)和人类学(变化中的美国种族概念)等跨学科的课程,基本上涵盖了人类文明的方方面面。[①]

我国高校越来越重视跨学科组织的科研协作,推进科研成果体现更高的学术价值和社会实用价值。在综合实力较强的研究型大学中,跨学科的组织间相互协作表现较为突出,但在许多办学历史较短的大学尤其是地方性高校中,相对则更加重视院系内的学科交流,院系间的跨学科研究少,即使有也大多是乘前几年高校合并的东风建立的,有些机构流于形式,各学科成员各行其是,没有达到学科间的实质性融合。我国高校应进一步提倡、支持和鼓励不同学科之间、校际、院际科研机构的跨学科协作攻关,强强合作,发挥高校整体优势。

三、面向社会需求,强化人文社科研究社会贡献力

根据教育部最新公布的学科专业目录,人文社会科学包含20多个一级学科,可以说涉及社会生活的方方面面。每个学科不断有新的成果涌现,同时随着经济社会发展,也会不断遇到一些新问题,针对这些问题的对策性研究往往涉及经济学、社会学、法学、管理学、政治学等学科。很多时候面临的问题较为复杂,单靠一个学科尚不能很好地解决,这时需要跨学科的人文社科研究走向经济社会建设的一线,寻找突破点和新的发展方向,多视角、多层面地研究解读地方经济建设、社会改革与发展过程中遇到的各种重大理论和实践问题,利用综合的理论知识为政府提供科学决策的依据,为企业提供最新最可靠的发展情报及优化管理方案,直接参与社会整体发展规划、国有大中型企业发展、高新技术开发区的投资环境等发展

---

① 陈敏,熊庆年.走进哈佛核心课程:"历史研究"课程的架构[J].高教探索,2002(3):40—43.

战略及决策研究,为经济社会发展提供强有力的精神动力、智力支持和思想保证,在推动其发展过程中体现人文社会科学研究的价值。[①]

人类社会进入到知识经济时代,不只是自然科学知识,人文社科研究的诸多成果也越来越多地渗入到经济领域,逐渐形成文化—经济一体化的潮流。尤其一些跨学科的人文社科研究发挥自身多学科、综合性强的优势,为地方经济建设、社会发展献计献策。例如,我国企业在发展过程中越来越重视企业文化的建设,像海尔、联想、康佳、长虹等知名大型企业都设有企业文化中心,文化搞好了就可以帮助企业出效益,但企业文化的建设涉及哲学、管理学、社会学、心理学、法学等多学科的研究,需要借助高校人文社会科学跨学科研究实现将管理者的管理理念传输到员工群体并激发其爱岗敬业的精神、工作积极性和创造性,引导员工主动并努力实现企业目标。再如传统文化儒学研究,如果仅仅将其作为封建统治者维护自身利益的经学思想加以研究,或者仍然从名物训诂的角度分析儒家文本的原始含义,就难以找出其对当今经济社会发展推动作用的现实意义。如果立足当代,站在"文化也是一种资源"的高度重新审视其意义,就能引申出儒家文化与"市场经济"、"民主政治"、"现代企业制度"的关系等一系列新的、具有现实意义的跨学科研究的课题。这不仅对于弘扬传统文化,更重要的是对于促进经济社会发展有着积极的意义。吉林大学社会发展研究院的教师专注于跨学科的社会发展理论研究,提出了为理论界所瞩目的新的见解,并为中央有关部门提供了一系列关于可持续发展问题的研究报告,受到中央领导同志的重视。人文社科的跨学科研究在积极参与中国特色的现代化建设过程中,取得了众多标志性的成果,在促进自身学科建设的同时,已经并将继续为经济社会的良性发展贡献力量。

---

① 雷召海.民族院校哲学社会科学创新发展研究[J].北京:民族出版社,2010:349.

第二节　人文社科协同创新系统的构成

人文社科协同创新是以促进协同发展为中心，强化学科交叉与交流，完善创新性人才培养，以高校、政府、企业为参与主体，通过各子系统间的相互联系、相互影响、相互协调，形成运转通畅、体系合理的协同创新系统。人文社科协同创新系统的外部因素包括环境因素、政策因素、管理制度、评价制度，而内部因素包括知识流动、信息协同、结构协同、团队协同等。见图 6-2。

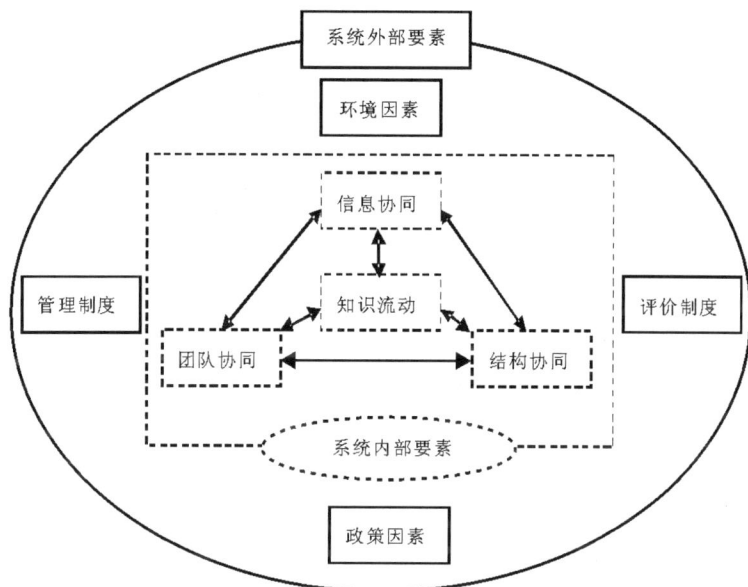

图 6-2　人文社科协同创新系统的构成

一、人文社科协同创新系统外部要素

人文社科协同创新系统外部要素为人文社科协同创新系统提供稳定的政策支持、舆论引导、健全的管理制度以及合理的评价体系，为人文社科协同创新系统的顺利运转扫清外部障碍。

环境因素作为人文社科协同创新系统外部要素之一，其主要功能就是营造适宜的合作氛围，创造便利的合作条件和环境，推动不同主体之间协同创新合作环境的改善，同时还要弱化不同学科之间界限明显的现状。当前在构建人文社科协同创新系统过程中，良好、适宜、健康向上的社会环境，对于消解外部阻力和学科之间界限意义重大。尤其是高校作为协同创新的主体，更是要在学校内部营造鼓励和支持协同创新科研合作的氛围，打消科研人员的顾虑，推动更多的科研人员参与到人文社科协同创新系统建设中。

政策因素主要是指国家、高校以及企业等不同参与主体制定的推动人文社科协同创新系统发展的相关政策法规。尽管人文社科协同创新的主体是高校，国家仍具有重要的地位，尤其是在政策制定、宏观指导、交叉科研项目规划等方面发挥着重要作用。国家作为产学研过程中不可或缺的部分，实际扮演着协同创新系统的引领者的角色。在推动人文社科协同创新相关政策文件拟定和实施，推动涉及人文社科科研项目出台，合理引导科研资源流动，加强对人文社科协同创新的资源倾斜力度方面国家都发挥着重要作用。

管理制度是指和人文社科协同创新科研活动、人员评价、机构管理、科研项目管理密切相关的制度体系。没有完善健全管理制度的人文社科协同创新体系是不存在的，当前我国在建构人文社科协同创新管理体系中存在一系列问题与其管理制度不健全有着极为密切的关系。人文社科协同创新活动的顺利开展离不开健全的管理制度保障，否则仍旧无法整合各个子系统的要素资源，也无法打破学科之间的界限，更无法保障科研人员的合法权益和研究热情，对人文社科协同创新体系的构建无疑是致命的。

评价制度是对人文社科协同创新系统产生直接影响的外部环境因素，尤其是评价人员素质高低关系到是否可以准确地理解、把握和执行现行的评价制度，也关系到人文社科协同创新科研人员科研权益的维护。尤其是在我国高校绝大部分实行单一学科评价制度的今天，高水平的评价人员队伍有助于在构建人文社科协同创新管理系统的实践中，探索并构建符合我国高校科研实际的人文社科协同创新科研评价制度、标准和指标体系,也有助于高校合理评判和推动交叉科研工作的开展。

二、人文社科协同创新系统内部要素

知识流动、信息协同、结构协同、团队协同等要素构成了人文社科协同创新的内部系统环境。

知识流动是指知识在参与创新活动的不同主体之间的扩散和转移,人文社会科学的创新主要体现在对原有知识体系的联合和补充,而知识流动正是促进这种联合和补充的最基本方式。人文社科协同创新通过各类知识流动主体的相互学习,协同各自拥有的知识资源,促进知识的合理转移及有效共享,从而达到对知识资源的优化组合,实现知识的创新和增值,最终获得协同效应,提升网络整体的竞争优势。

信息协同的实现表现在协同创新不同主体通过信息平台实现了充分的知识共享,不同主体的想法、思想能够在信息平台上得到充分的讨论,不同主体间实现了相互的学习和知识的吸收,不同主体间通过视频会议、定期碰面等实现隐性知识的转移、吸收。

结构协同主要指构建一种合适的组织结构,以对协同创新这种混合型的组织关系进行有效控制。由于协同创新主体间目标不同,由创新主体构成的组织必然是一种相对松散的结构,在任何主体都无法取得控制权的情况下,应该构建一种柔性的无边界组织结构。

团队协同指以重大问题为焦点组建跨部门、跨学科的协同创新团队。跨部门、跨学科团队糅合了不同专业背景和学科知识的人才,在解决同一问题时,可以从不同视角,运用不同理论和方法进行尝试,这样往往容易导致交叉创新的发生。

知识流动、信息协同、结构协同、团队协同之间是相互联系,不可分割的关系。首先,知识流动是本质,各行为主体之间协作、交流的关系网形成的联动效应将所有主体之间的创新行为基于利益共生紧密捆绑在一起,继而又加速了知识在网络内的流动,促进了人文社科协同创新进程。其次,通过信息的流通、交流,实现知识的创新和增值是人文社会科学协同创新的最终目标,因此信息协同是核心。再次,柔性的组织设计和跨组织团队的建立有利于信息协同,另外柔性的组织设计将不同专业背景的人吸收到创新网络中,有利于跨组织、部门团队的形成,反之,跨组织、部门团队的建立又扩充了创新网络,有利于组织结构柔性化。

第三节 人文社科协同创新系统的运行机制

人文社科协同创新机制的通畅运转需要机制保障,要在各参与主体的协调配合下,建立起人文社科协同创新体制的运行机制。通过内部动力要素的整合、外部要素的协同以及各主体协同机制的建设,实现内部各主体之间、各参与要素之间的相互关联,尤其是形成系统内部自组织状态下的一种平衡运转,以期获得整体系统效应放大效果。

一、人文社科协同创新的动力机制

(一)知识转移的内生动力:知识势差

知识主体通过吸收、扩散、创造等活动,不断地积聚资源并形成特有优势,从某种角度来说,这种资源优势是知识主体的势能的直接体现。借鉴物理学中势能(Potential)的概念,知识位势可表征主体积累的知识存量而具有的位势(或势能)。由于不同主体的地域环境、文化氛围、人力资本的分布情况等各异,导致知识资源在整个区域内的分布存在非均衡性,这种非均衡性是引发主体间知识势差的根本原因。此外,各主体在其专业领域不断发展,导致积聚的知识结构专业化,这种专业化也会形成相对势差。知识存量的广度和深度直接导致知识位势存在差距,引发主体之间的交互作用,促使知识转移、扩散的发生。知识在主体间的分布总是不对称的,存在着知识差和知识势差,这是知识资源转移共享的原动力①。主体的知识存量越丰富,知识位势越高,向外界扩散知识的可能性就越大,越有可能成为知识源;知识位势低的一方吸收知识的可能性很大,成为知识接受方。

　　Marjolein(2001)等认为,知识的有效转移建立在适度势差的基础上,势差过小造成知识流量不足和转移力量微弱;势差过大造成难以吸收和学习。知识势差并不是越大越有利于知识的转移和传递,势差过大导致低位势主体因知识水平有限而难以消化吸收接收的知识。当势差 $\Delta KM <$ 临界值 $\Delta KM'$ 时,知识势差的越大,知识转移速率越快,说明知识源传递的知识能很好地被消化吸收;当势差 $\Delta KM >$ 临界值 $\Delta KM'$ 时,知识势差越大,知识转移的速度反而下降,说明知识很难被低位势主体学习利用,最有利于转移的势差应该是 $\Delta KM'$。②

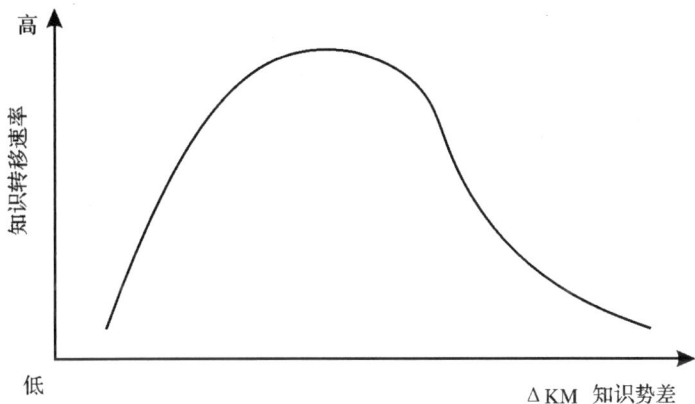

图 6-3　知识势差与知识转移速率的关系

(二)知识创造的循环动力:知识耦合

　　"耦合"起初源于物理学,指两个或两个以上的系统或物体相互依赖、

---

　　① 刘晓英,文庭孝.知识资源共享及其动力机制研究[J].情报理论与实践,2008,31(3):356－359.

　　② Marjolein C. J. Caniels and Bart Verspagen. Barriers to knowledge andregional convergence in an evolutionary modal[J]. Journal of evolutionary economics,2001,(11):307－329.

相互影响程度的度量。系统的整体性能是建立在各部分功能耦合而产生整体效应,即某系统的功能输入恰好是另一个系统的功能输出,它们之间产生相互支持、功能互补的良性循环状态,实现价值最大化。

知识管理领域的耦合不再强调物理学里面的动态传导机制含义,更加偏重于一种静态的互补关系,这种关系表现为互相联结、相互渗透,是一种契合性特征。跨学科领域合作是科技创新重要形式,其本质是异质性知识的耦合,不同学科知识、理论方法、组织知识以及文化知识的耦合。知识节点是知识流动的关键枢纽,其耦合度是知识节点相互依赖的程度,直接影响知识流动的范围。知识耦合强调创新主体之间在知识上的契合性,要求知识能力系统的完全交互,而这种交互为知识创造提供过程载体。

知识耦合是一项系统化的工程,各个关键耦合域之间往往相互交叉、相互渗透。企业、高校、科研机构在创新职能上有明确的专业分工,对他方的资源皆存在需求。高校发展以提升科研能力和学术水平为目标,而企业发展的动力是获取市场和经济效益,各自的发展目标和功能差异亦可导致知识系统的异质性。承前所述,企业、高校、科研机构这三者的知识资源的价值及属性存在的特征差异,这些差异是知识耦合的前提,通过产学研高度耦合互动,实现知识系统的优势互补,最大限度地实现知识螺旋创造。

(三)知识创新的整合动力:知识自组织

人文社科的协同创新过程本质上是一个复杂的自组织演化过程。自组织理论认为,自组织是不存在外部指令,系统按照相互默契的某种规则,各尽其责而又协调地自动形成有序结构,具有协同性、自转换性和自调节性[①]。在整个知识流动过程中,各类知识行为是各方主体对知识环境进行适应,并在一定条件下通过自身的选择,改变环境,从而达到新的、有序状态的各种行为,即各主体之间通过相互协作与配合,对协同创新网络内外的知识进行搜索、选择、传递、整理、吸收、转化、利用、增值和创新,形成一个无限循环的流动过程。具体而言,各主体根据战略目标的完成状况或项

① 张聪群.产业集群互动机理研究[M].北京:经济科学出版社,2007:194.

目进展变化,结合知识流动的运行特点,自动进行知识流动和结合方式的调整,提高协同创新过程的自我调节、自我优化与功能完善的能力,使其知识流动呈现出典型的自组织演化特性,体现出参与创新活动的各主体之间的交互情况,实现了各主体之间知识优势的互补与融合。

　　知识自组织效应的产生经过两个步骤:(1)通过知识转移和创造衍生知识创新。从转移和创造的逻辑顺序来看,存在两条路径:①各主体协商共同搭建创新平台,在此平台上贡献出各自的理论和技术知识以及相关的专业人员组成临时研发团队,通过深度交流和投入,原有知识的基础上实现 SECI 螺旋创造;②各主体首先在组织内部整合知识和技术资源,进行第一次知识 SECI 螺旋创造,继而将这些知识转移至创新平台,协同各自的资源和能力禀赋,进行第二次知识 SECI 螺旋创造。路径的选择主要取决于创新的难易程度及复杂性、各主体的资源分布和能力现状,需要指出的是,由于路径的展开是个动态复杂的行为过程,它对内生和外生变量的合适度有严格的要求。路径的顺利完成并非都能衍生知识创新,界定知识创新的依据是是否产生了新的知识,并且具有应用价值属性。(2)知识创新产生协同效应。从协同论角度来解释,协同创新网络是一个由知识等创新要素构成的复杂的开放系统,各方的要素之间存在着非线性作用,系统长期处于远离平衡状态,各方的创新诉求成为协同创新的序参量,这些成为影响协同效应的主导因素,通过形成自组织协调机制来调节知识转移、知识共享、知识创造等活动,最终产生知识创新的 1＋1＞2 协同效应。

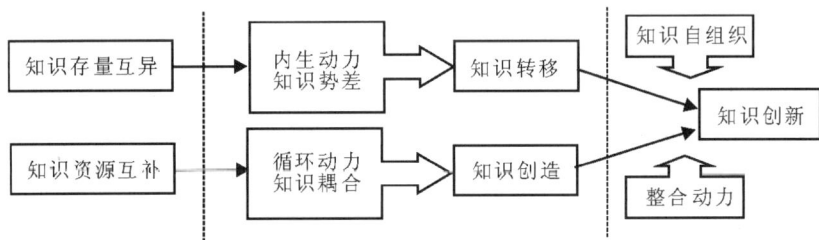

图 6-4　人文社科协同创新系统的动力机制

二、人文社科协同创新的条件机制

(一)创新要素整合机制

人文社科协同创新的初衷和动力就是资源要素的互补,如果协同创新主体不具备这一特征,那么合作很难形成。首先,在协同创新过程中,互补资源可以增强创新主体内部资源的价值性,通过学习效应、互补效应,促进创新活动过程。同时,促进创新主体间的深入合作和资源整合,通过系统叠加的非线性效用,产生协同剩余,这些都有利于创新绩效的提升。其次,资源要素的互补有利于创新资源向创新能力的转化。当所拥有的资源同时具有价值、稀缺、难以模仿和难以替代四个特征时,这种资源就会成为获取和保持竞争优势的源泉。根据能力观,能力是通过组织资源长期的相互作用得以形成并发展。对于协同创新,其参与主体所拥有的资源具有异质性,当协同合作开始后,资源开始流动和共享,单个主体所拥有的难以单独发挥作用的优势资源得到充分利用,从而使单个主体独自的创新资源转化为协同组织的协同创新能力。因此,在协同创新形成之前,就需要考察协同主体间的资源互补度,以确定合作是否可以形成。在创新活动进行过程中,同样需要不定期检查创新资源的完备度,以保障协同创新有开展基础。[①]

实现人文社会科学协同创新关键是要确保核心要素的协同,人文社会科学的合作创新的关键在于创新主体间信息的流通,思想的交流,知识的共享与转移,信息的共享和交流显得尤其重要。而吸纳和借用自然科学研究成果、学科边缘与多学科的交叉领域往往是人文社会科学创新成果的生长点。为此,有必要建立跨部门、跨学科的协同创新团队,以利用不同专业背景人才的知识储备促进创新的发生。另外,人文社会科学协同创新涉及利益诉求不同的创新主体,属于一种混合型跨组织关系,在这种组织关系

---

① 姚艳虹,杜梦华.科技协同创新演进规律及其影响因素分析[J].湖南大学学报(社会科学版),2013(3):37—41.

中,单个主体不能取得协同合作的全部控制权,需要有新的管理技能和组织设计能力,这时建立柔性组织结构,是实现结构协同的有效方式。而现代信息技术是实现柔性组织结构,建立跨部门、跨学科团队以及信息流通的关键。

(二)创新组织利益协调机制

协同创新从根本上说是基于利益而建立的合作关系。各方建立协同创新关系,进行知识整合的最终目的是获得比单独活动更大的利益。如果协同创新知识整合的收益不能满足其最低利益诉求或有损其合理利益,必然会遭到相关成员的反对和不配合,最终导致合作关系陷入僵局和解体。合理的利益分配机制将使各方的合理利益得到保障,从而促使各方通力协作,推动相互间的知识流动和整合。

通过优势互补,获得预期利益是各创新主体参与人文社会科学协同创新的内在动力,要实现这一诉求,建立良好的利益协调机制是必要的。人文社会科学协同创新过程中,政府关心的是研究成果的社会影响及外部性问题,及是否满足人民文化生活的需要,是否能解决当前重大的社会经济问题;科研机构和高校关心的是研究成果的学术水平和学术影响力;企业关心的是科研成果能否为企业带来经济效益,如管理效率的提升、管理成本降低等。

多数企业认为人文社会科学研究的商业应用性不如自然科学,一直以来,高校和科研院所承担了人文社会科学的主要研究任务,这些科研任务往往是政府以重大基础研究项目或政策咨询的形式发布。可见,激发企业在人文社会科学协同创新中的利益点,满足并实现各创新主体在协同创新中的利益诉求是利益协调机制的基本目标。为此,利益协调机制一方面要充分挖掘和强调企业在人义社会科学协同创新中的利益点;另一方面要体现各利益主体的实际利益需求,并以协议、合约的等手段保障各主体在研究成果中的利益。

(三)创新团队心理契约机制

除了明文规定的必要的协议外,在科研创新团队之间隐含的非正式的心理契约,对创新主体协同参与度发挥着十分重大的影响。注重心理契约的构建,可以使得团队减少协调费用,提高管理效率,激发人力资源潜力和实现团队不断创新。

一是营造信任合作的氛围。在协同创新的磨合期,各参与协同的主体对协同创新绩效的高低并不确定,当资源拥有者对创新绩效有积极预期时,对创新资源投入会更加慷慨,协同卷入度高,当资源拥有者对创新绩效存在消极预期时,在投入资源时必定有所保留,这会使协同创新能力受到影响,更会影响协同创新目标的实现。同时,协同主体及参与人员需要一定的时间来适应彼此的工作模式、沟通方式和态度等,如果交流存在问题,即使主体间有合作之愿也难成合作之实。由此可见,协同参与人员对彼此的信任程度,将影响协同参与度。因此,要缩短磨合期,应建立切实有效的信任机制是关键因素,也是科技协同创新活动得以开展的保证[1]。

二是建立有效的沟通平台。协同创新团队间顺畅的沟通,可以促进组织内创新氛围和隐性规则秩序的形成。这些规则虽然不具强制力,但协同创新主体及参与人员却愿意自觉遵守,使之成为组织内沟通交流及解决矛盾纠纷的准则,它可以提供一种感知安全、舒适的心理环境,从而有效提高创新效率。此外,团队层面的知识共享是创新所必备的条件之一,知识的拥有者与成员通过团队这个沟通平台进行开放且有效的沟通,将自己掌握的知识在共享过程中相互探讨、交流观点、激荡转换产生新的知识。因此,构建有效的沟通机制可以提高知识反馈或转换的效率,增进员工之间的交流,培养和谐的人际环境,不仅为团队内部知识共享搭建平台,还能吸收外来知识为创新行为的产生创造条件。[2]

(四)创新过程和结果并重的评价与激励机制

当前人文社会科学评价机制的主要问题是重结果轻过程,而对结果评

① 姚艳虹,杜梦华.科技协同创新演进规律及其影响因素分析[J].湖南大学学报(社会科学版),2013(3):37—41.

② 蔡翔,丰利民.科研团队中心理契约与创新行为的关系研究[J].科技广场,2012(4):201—203.

价时又存在重数量轻质量、重形式轻实质、重经济效益轻社会效益、杂家评专家等问题。人文社会科学协同创新强调创新主体优势资源的互补进而实现跨部门跨学科合作创新。因此,在设计评价机制时不仅要考虑研究成果,而且要特别关注对协同创新过程的评价。

人文社会科学协同创新成果的科学评价,是协同创新良性运行的重要环节,决定了激励的方向以及科研资源的优化配置。人文社会科学协同创新成果评价不仅包括协同创新学术成果的评价,还应包括协同创新文化的评价和协同创新团队评价。过程评价贯穿在人文社会科学项目研究的各个阶段,在立项阶段、中期阶段和结项阶段有重点地对不同内容进行评价。立项评价阶段,要根据项目的学科特点、专业、知识要求,重点对参与研究项目的人员进行评价,参与协同创新项目人员应该在专业知识、学科背景上优势互补、交叉互补,立项阶段要求明确提出协同创新团队中每个人的具体研究任务,明确提出可供明确评价的阶段目标和最终目标;在中期评价阶段,评价的重点是项目阶段性成果,项目进度,项目阶段目标和具体任务的完成程度,项目经费使用情况,项目实施存在的问题以及改进措施等。在项目结项阶段,评价的重点是主要项目成果是否达到了预期目标等。

激励机制是人文社会科学协同创新良好运行的另一个重要保障因素。激励的目的是提高创新主体进行协同创新的积极性,提高创新成果的产出。人文社会科学协同创新激励机制的设计应该与评价机制紧密结合,根据评价的结果对创新主体、创新团队和研究人员分别设计不同的奖惩措施。由于人文社会科学的研究成果难以在短时间内获得可观的经济利益,因此政府应该扮演激励的主体。事实上,人文社会科学的研究项目多数是政府以课题的方式进行发布,作为人文社会科学研究项目的主要发布者,政府有资格和义务牵头,联合各种社会力量对协同创新成果进行科学评价,并根据评价结果予以合理奖惩。

第七章 国内外人文社科科研评价体系研究

人文社科科研评价体系是正确评估、监督、引导人文社会科学研究发展的重要制度，也是维系和保障科研人员合法权益，研究和应对国际和国内经济社会发展重大问题的基础。对于每一个国家来讲，根据本国科研实际和国内各高校发展情况，构建适合国家和学校需要的人文社科科研评价体系已经成为本国人文社会科学发展的关键。对于我们国家来说，明晰国外现有的制度完善、运转良好的人文社科科研评价制度，了解国内各高校中有代表性的人文社科科研评价制度体系，有助于我们更好地了解现行制度的不足之处，强化学科间的交叉合作，提升协同创新在科研中的地位，更好地推动我国人文社会科学的健康发展。

第一节 国外人文社科科研评价体系研究

国外人文社科科研评价制度较之国内，具有时间悠久、体系完善、制度明细、运转合理的特点，尤其是以英国、美国为代表的西方发达国家，其国内现行的人文社科科研评价制度能够较好地契合本国人文社科科研实际，有利于维护和保障本国科研人员的合法权益，是当前国外人文社科科研评价制度运转流畅合理的代表性国家。尤其是英国的 REF 评价制度，作为英国现行的科研评价制度，已经被西方许多国家采纳，并以 REF 评价制度为样本,结合本国实际,构建符合我国人文社科科研发展实际的评价制度。因此,通过对下述几个国家评价制度的介绍,能够让我们清晰地把握国外先进的人文社科科研评价制度,为我国评价制度的完善和改进提供建设性意见。

一、英国 REF 评价制度

REF 是评价英国大学科研质量的新体系,根据 REF 框架,科研评价要定期开展,英国每所大学的院系都要依据国际标准评比,以评价研究质量。REF 的科研评价"是其他国家(澳大利亚、美国和欧洲其他国家)的范例"。事实上,REF 已经引发了全球效应:澳大利亚、芬兰以及斯堪的纳维亚等国家纷纷效仿;法国和德国也通过大规模的改革正在走上与英国相同的轨道;著名的欧洲研究委员会也在积极追求定量评估。

在 REF 卓越框架中,研究被定义为形成新见解和有效分享的调查过程。研究包括与商业、工业需要直接相关的工作,与公共和自愿部门需要直接相关的工作;学术;思想、图像、行为、人工制品的产生与发明,包括导致新的或明显改善的见解的设计;试验发展中现有知识的使用产生的新的或实质性改进的材料、仪器、产品或过程,包括设计和建设。研究包括已出版、传播或以可评价的形式公之于众的研究成果和机密报告。研究不包括常规的实验和对材料、成分过程的常规分析,比如维护国家标准,与新的分析技巧的发展不同;也不包括那些不能体现原创性研究的教学材料的发展。

(一)评价组织

REF 是一个专家评价过程,以学科为基础的专家组评价高等教育机构在 36 个评价单元(UOAs)中提交的资料。REF 设置 4 个主专家组。每个主专家组下设若干子专家组(详见表 4-2)。4 个主专家组将负责制定专家标准和工作方法,以确保遵守已发布的程序,整体评价标准的一致应用,并签署评价结果。专家组成员被 4 个英国资助机构通过公开提名的方式任命。子专家组将在 4 个主专家组的领导和指导下工作。每一个评价单元的子专家组将对提交的材料展开详细的评价。REF 努力保证主专家组和子专家组的成员由具有从事、管理和评价高质量研究经验的个人及来自公立、私立、第三方机构的参与研究影响评价的高水平专家组成。

表 7-1 REF 专家组分类

主专家组	子专家组
主专家组 A	临床医学;公共卫生、医疗服务和初级保健;联合健康专业、牙科、护理和药学;心理学、精神病学和神经科学;生物科学;农业、兽医与食品科学
主专家组 B	地球系统与环境科学;化学;物理学;数学;计算机科学和信息;航空、机械、化工、制造工程;电气与电子工程、冶金与材料;土木建设工程;通信工程
主专家组 C	建筑学、建筑环境与规划;地理、环境研究和考古学;经济学和计量经济学;商业及管理学;法律;政治和国际研究;社会工作与社会政策;社会学;人类学和发展研究;教育;体育和运动科学、休闲和旅游
主专家组 D	区域研究;现代语言和语言学;英语语言文学;历史;经典;哲学;神学和宗教研究;艺术与设计;历史、实践和理论;音乐、戏剧、舞蹈和表演艺术;通信、文化和媒体研究、图书馆和信息管理

(二)资料提交

高等教育机构提交的材料主要包括 5 个部分

(1)人员信息。人员分为 A 类和 C 类。A 类人员是指高等教育机构中的研究人员,他们只从事科研或者教学与科研并重。C 类人员是指高等教育机构以外从其他组织聘用的从事研究的人员。

(2)研究产出。评价时段内(2008 年 1 月 1 日—2013 年 12 月 31 日)发表的出版物及其他可以评价研究的产出详情。每位研究人员最多提交 4 个成果。

(3)影响模板和个案研究。描述评价时段内(2008 年 1 月 1 日—2013

年 12 月 31 日)被评单位使研究产生影响的方法的完整模板以及 1993 年 1 月 1 日至 2013 年 12 月 31 日这段时间的卓越研究产生影响的具体例子的个案研究。影响模板包括以下部分:背景;在评价时段内机构产生影响的方法;支持影响的战略和计划;机构的影响方法以及提交个案之间的关系。

（4）环境资料。研究型博士学位授予的资料及 2008 年 8 月 1 日至 2013 年 7 月 31 日这段时间内获得的相关研究经费。

（5）环境模板。描述 2008 年 1 月 1 日至 2013 年 7 月 31 日研究环境的完整模板。每份提交的材料必须包括一份单一的完整表格,该表格由以下部分组成:概况;研究战略;研究人员(包括人事战略和员工发展,研究学生);收入,基础设施和设备;合作与对学科的贡献。

(三)评价标准和等级

从 RAE 到 REF 的转变突出表现在评价框架的变化上。从仅仅注重科研产出质量转变为以科研产出质量（65％）为主,同时重视影响（20％）和环境（15％）。这三大方面以质量为核心,从低到高分别给予 5 个等级:无分类、一星、二星、三星、四星。所有子专家组使用通用的评价标准,并在共同的评价框架下运行。每个主专家组将要为子专家组研究一套通用的标准和工作方法。REF 的通用评价标准包括产出、影响和环境。

产出:子专家组将从原创性、重要性、严谨性的角度,参照国际研究质量标准来评价研究产出。这个指标在总的评价体系中占 65％的权重。在 RAE 中,产出质量建立在同行评议的基础上,而在 REF 中,是专家评价。

影响:子专家组将评价被评机构从事的卓越科学研究对经济、社会、文化影响的程度和重要性。这个指标在总的评价体系中占 20％的权重。评价每个个案内描述的影响时,专家组要对作为一个整体的程度和重要性形成总体看法,而不是分别评价程度和重要性。评价影响模板时,专家组将考虑模板中描述机构的方法在多大程度上有利于实现程度和重要性的影响。环境:子专家组将从活力和可持续性角度评价研究环境。包括对广泛的学科和研究基础的活力和可持续性的贡献。这个指标在总的评价体系中占 15％的权重。专家组将考虑提交单位的活力和可持续性,以及对更广泛的研究基础的活力和可持续发展方面的贡献。子专家组将为每个元素(产出、影响和环境)制定一个子概况,表明满足每一个等级质量标准的提交材料的比例。总的质量概况及各子概况中每个等级的定义详见表7-2。

表 7-2　REF 评价等级分类及概况介绍

等级	总的质量概况	产出子概况	影响子概况	环境子概况
四星	原创性、重要性、严谨性方面的质量都是世界领先的	在原创性、重要性、严谨性方面的质量都是世界领先的	在程度和重要性方面的影响杰出	从活力和可持续性方面,环境有利于产生世界领先质量的研究
三星	在原创性、重要性、严谨性方面的质量在国际上是卓越的,但是没有达到卓越的最高标准	在原创性、重要性、严谨性方面的质量在国际上是卓越的,但是没有达到卓越的最高标准	在程度和重要性方面的影响非常明显	从活力和可持续性方面,环境有利于产生国际卓越质量的研究
二星	在原创性、重要性、严谨性方面的质量在国际上得到认可	在原创性、重要性、严谨性方面的质量在国际上得到认可	在程度和重要性方面的影响相当大	从活力和可持续性方面,环境有利于产生国际认可的质量研究
一星	在原创性、重要性、严谨性方面的质量在国内得到认可	在原创性、重要性、严谨性方面的质量在国内得到认可	在程度和重要性方面产生了被认可的、适度的影响	从活力和可持续性方面,环境有利于产生国内认可的质量研究
没有分类	质量没有达到国内认可的工作标准,或者工作不符合为这次评价发布的研究定义	质量没有达到国内认可的工作标准,或者工作不符合为这次评价发布的研究定义	在程度和影响方面没影响、不合格、影响没得到提交单位研究支撑	从活力和可持续性方面,环境不利于产生国内认可的质量研究

(四)评价结果

子专家组在所有提交的证明材料基础上,运用专业的判断对每份提交的材料形成一个质量概况。三个子概况将被整合成一个总的质量概况。评价的基本结果是给每份提交的材料一个总的质量概况。这个总的质量概况结果将发给每个提交单位,它是 REF 的基本结果。以概况的形式提交结果,确保在评价结果范围被鉴别。REF 的主要结果是给每一份提交材料一个总体质量概况,于 2014 年 12 月公布。质量概况展示被评价的活动满足四个星级质量水平的比例。除了质量概况,基金委员会公布每个提交机构的全日制教师数,进一步的报告和反馈在 2015 年初得到,评价结果还包括以下内容:

(1)每个主要专家组发布一份报告,在其职权范围内确认工作方法和提供观察研究状况的概况(长处、短处、活动的活力、已经产生影响的范围)。这些报告包括每个子专家组提交的部分。

(2)对每份提交材料给予简要反馈,总结质量概况的原因。这个反馈被送到有关机构的领导那里。关于联合提交,反馈悄悄提供给所有相关机构的领导。

(3)每份提交材料的产出、影响和环境子概况结合起来产生总的质量概况。总的质量概况提交给机构领导,然后发布。

(4)子专家组和主专家组在 REF 评价阶段的会议记录被发布,以提供给公众一份专家组如何开展工作的记录。

(5)REF 管理人员的报告,详细解释过程是以怎样的运行方式管理的。

(6)REF 平等和多样化专家组的报告,详细解释了工作方法及在 REF 中实施平等措施的观察。

二、美国的科学评价制度

美国的大学评价基本上是通过标准认定形式由大学自主组织实施的。首先,由大学提供人力和经费组成大学资格认定标准协会。然后,该协会根据自己制定的标准开展对大学的评价活动。大学只有符合协会的标准才能具有会员资格,否则就会被排除于协会之外。美国有 6 个大学资格认定标准协会(即大学评价组织)。由于只有被相应的大学资格认定标准协会认可的大学才有获得联邦政府资助的资格,其学生也才有获得联邦奖学金的资格,大学资格认定标准协会对希望加入该协会的大学的评价以及对本协会成员的大学进行的再评价,其程序基本相同。这些评价一般分为6个阶段:①标准协会的代表对被评价的大学进行预备访问;②大学通过自查,形成自我评价报告;③标准协会会同校外专家在对大学自我评价报告进行检查的基础上,组成考察团对该大学进行实地考察,并写出考察报告;④被评价大学校长提出对考察报告的申述意见;⑤标准协会的高等教育机构判定委员会会对大学的自评报告、实地考察团的考察报告以及大学校长的申述意见进行审查,并在此基础上做出相应决定;⑥大学根据标准协会建议,制定出整改措施。

现在以 NEASC(New England Association of School and Colleges)为例作一具体说明。大学加入 NEASC 首先要提出申请,在得到同意后要用一年到一年半的时间撰写自评报告。为此,不少大学都将自评报告负责人派到协会研修,然后根据协会的标准对本校进行自查,写出自评报告。自评报告以及相关资料要在实地考察之前送到协会。NEASC 从其所属大学选定的 500 余名成员中根据被考察大学的实际情况组成实地考察团。考察团人数一般在 10 人左右,团长 1 人,正式成员 6 人,非正式成员 4 人。正式成员来自大学,非正式成员多是政府的教育官员。考察团团长和团员之间在考察活动的过程中也要相互做出评价,即团长对每一个团员的评价能力进行评定,团员也要对团长的能力做出评定。评定结果作为内部秘密提交协会,作为审查小组对该大学进行评价时的参考。实地考察之后,团长写出的考察报告要征求考察团成员的意见,同时,也要征求被考察大学校长的意见,在此基础上进行修订,最后交给 NEASC。NEASC 接到报告后组成审查小组,负责对报告进行最终审查并做出结论。不合格者可以在规定的一年限期里进行整改,然后进行重新审查。①

---

① 苏智先.现代大学制度创新研究[M].成都:四川人民出版社,2008:232.

三、法国的科学评价制度

法国已于 1985 年 2 月 21 日设立了全国评价委员会(CM)。该委员会由 15 人组成,任期 4 年,其中大学教授 8 人,国家审议机关和行政机关的最高负责人或者有过相应经历者 7 人。评价委员会下设事务局,负责日常事务性工作,活动经费由教育部拨付。

法国大学评价的程序是:①事务局先向被评价的大学发出通知,校长必须按通知要求,提交包括本校现状、特色和现存问题等内容的报告。②对报告进行检讨之后,事务局组织人员进行实地访问考察。实地访问考察团由评价委员会的两名委员负责,成员包括事务局长以及其他工作人员。考察团通过与校长、学院以及部门负责人的面谈了解情况,也可以要求有关方面提出补充材料。③实地访问之后,由专门委员会根据大学的报告和考察团的考察报告对大学进行评价。专门委员会的人数根据大学规模来定,一般为 15 到 30 人。法国具有专门委员资格的 400 余人,其中大学教师占 80%,科研人员占 10%,其余是社会名流和少数外国教师。专门委员只能担任一所大学的评价工作,在评价期间可以停止本职承担的工作。专门委员要将各自做出的评价结果提交专门委员会负责人。评价结果是保密的,只能在该委员会成员之间传阅。④专门委员会的负责人(一般由 2 名全国评价委员会委员担任)在对各委员提交的报告进行全面检讨之后,还要对被评价大学进行为时一天的最终访问,同该大学的负责人就大学报告和专门委员评价之间的差异以及第一次实地考察后学校的变化等问题交换意见。⑤由负责人在此基础上形成最终报告,提交全国评价委员会进行讨论。评价的最终结果要报送教育部长并通知被评价大学的校长。

法国大学评价的内容十分广泛。就大学提交的报告看,共分 12 个项目,其中既有情况介绍,又有统计数字。内容主要包括大学的设施设备、组织机构、教师结构、科研及其评价、财政经费情况以及学生的学科分布、考试合格率、资格获得所需的平均时间、毕业生的就业分布、各专业的生均经费及教师人均经费、设备情况、卫生保健与校园文化建设等。同时,每一个项目里又细分成许多小项。例如,就业率项目又细分为过去 3 年间各专业注册人数、听课出席率、考试合格率;第二级进学率及方向;国家考试(中学教师资格考试、公务员考试等)合格率;就业趋势变化等。总之,法国大学评价模式和内容反映了中央集权教育管理体制的特点。[①]

第二节　国内人文社科科研评价体系研究

当前国内的人文社科科研评价体系仍以定量评价制度为主,但是考虑当前多学科交叉科研增多和协同创新在科研中重要性不断提高因素的影响,仍有部分高校结合本校人文社科科研实际开始逐步尝试多元化的评价制度,或者通过对定量评价制度的完善来切实推动人文社科科研评价工作的顺利开展。在国内高校中,复旦大学不仅建立起体系完善的定量评价制度,而且引入代表作制度,其双轨制的科研评价制度也是当前国内人文社科科研评价制度的特色。湖南大学根据本校人文社科科研实际,依据人文社科科研工作的实际特点,分门别类地建立起体系健全、指标明确、可操作性强的人文社科科研评价指标体系。而深圳大学则是改革学校的人文社科科研评价管理制度,弱化科研评价环节对数量的重视程度,建立代表性成果评价制度,更加重视学术营销和社会贡献,同时将创新程度作为衡量科研成果质量高低的核心要素。我们通过对下面三个高校的介绍,可以较为全面地反映我国大部分高校人文社科科研评价制度建设和施行状况。

一、复旦大学双轨制评价体系

复旦大学根据学校人文社科发展实际,制定双轨制的人文社科科研评价体制,定量评价与代表作评价制度有机结合,更好地促进了复旦大学人文社科科研评价工作的顺利开展,也极大提升了该校人文社科教学科研人

---

① 李守福.国外大学评价的几种模式[J].比较教育研究,2002(6):44—46.

员的热情和信心。

(一)复旦大学人文社科定量评价制度

复旦大学当前较为典型的人文社科定量评价制度主要包括发表论文和科研获奖两个方面。

1.复旦大学论文奖励制度

主要是针对在学校指定的权威期刊上以复旦大学为第一署名单位并且自身是第一作者的学校教学科研人员,奖励标准则是根据刊物等级的不同有所区别。复旦大学根据学校自身科研实际以及权威期刊等级分为 A、B、C、D 四类期刊划分等级。具体的分类情况如下:

A 类(5000 字以上),每篇奖励 3000 元:在《中国社会科学》(含外文版)上发表的学术论文;在国外学术刊物上用外文发表且所发刊物属 SSCI(社会科学引文索引)和 A&HCI(艺术人文科学引文索引)检索的学术论文。B 类(4000 字以上),每篇奖励 2000 元:凡主要内容被《新华文摘》或《中国社会科学文摘》转载的(不含论点摘编)学术论文;在《人民日报》理论版、《光明日报》理论周刊头版上发表的理论文章;在《求是》杂志上发表的理论文章。C 类,每篇奖励 500 元:凡被《人大报刊复印资料》全文转载的学术论文(5000 字以上);在《文汇报》理论版、《解放日报》理论版上发表的理论文章(4000 字以上);在《北京大学学报(社科版)》、《中国人民大学学报(社科版)》、《北京师范大学学报(社科版)》、《文史哲》、《复旦学报(社科版)》上发表的学术论文(5000 字以上)。D 类,在各学科权威期刊上发表的学术论文,由各院系自行制定奖励办法。

2.复旦大学科研获奖成果奖励制度

复旦大学科研获奖成果奖励制度的建立主要是为了进一步提高学校人文社科研成果的研究质量,鼓励复旦大学文科教研人员致力于高水平的科学研究,推动复旦大学文科教学科研活动的开展。

复旦大学人文社科科研获奖成果奖励制度主要的奖励对象是以复旦大学名义取得省部级以上奖项的本校教研人员(含退休教师)。奖励主要分为国家社科基金项目优秀成果奖、教育部中国高校哲学社会科学优秀成果奖、上海市哲学社会科学优秀成果奖等其他省部级以上获奖等。具体的奖励标准如下：

国家社科基金项目优秀成果奖：著作类一等奖，奖励 12 万元；著作类二等奖，奖励 6 万元；著作类三等奖，奖励 3 万元；论文类一等奖，奖励 3 万元；论文类二等奖，奖励 1.5 万元；论文类三等奖，奖励 1 万元。教育部中国高校哲学社会科学优秀成果奖：著作类一等奖，奖励 4 万元；著作类二等奖，奖励 2 万元；著作类三等奖，奖励 1 万元；论文类一等奖，奖励 1.5 万元；论文类二等奖，奖励 0.8 万元；论文类三等奖，奖励 0.5 万元。上海市哲学社会科学优秀成果奖等其他省部级以上获奖：著作特等(荣誉、学术贡献)奖，奖励 7 万元；著作类一等奖，奖励 3 万元；著作类二等奖，奖励 1.5 万元；著作类三等奖，奖励 0.7 万元；论文类特等奖，奖励 3 万元；论文类一等奖，奖励 1 万元；论文类二等奖，奖励 0.5 万元；论文类三等奖，奖励 0.3 万元。

同时，省部级以上其他获奖，指以中央(国务院)各部门和省、自治区、直辖市名义颁发的社科优秀成果奖，包括全国性的各类基金奖，如霍英东基金奖、安子介国际贸易研究奖、吴玉章研究基金会、孙冶方研究基金会、陶行知研究基金会颁发的社科优秀成果奖等。著作类成果包括工具书、译著、学术资料、音像制品等，论文类成果包括研究咨询报告类成果等。

(二)复旦大学人文社科代表作评价制度

复旦大学 2010 年起正式开始将"代表作"制度纳入学校评价体系之中，并且于 2011 年扩大到文科领域，2012 年在全校范围内全部施行"代表作"评价制度。根据《复旦大学高级职务文科候选人申请启动"优秀人才代表作评审"的有关原则》规定，在高级职务聘任工作过程中，学校和院系制定的学术标准难于判别的、个别真正优秀的文科申请人，可以申请启动"文科优秀人才代表作评审"机制。通过推行代表作制，让那些真正优秀，但又不符合现有较为"刚性"学术要求的人才脱颖而出。

复旦大学代表作评审制度具体操作制度如下：候选人提出申请，经院系推荐和学校审核后，进入校外评价程序。学校邀请校外专家对其学术水平是否"真正优秀"进行评价。院系学术委员会向学校推荐校外 10 名具有较高学术声望的学者,学校结合该名单和校外评审专家库,随机选择 5 位校外评审专家。候选人的导师、以往就读院校的教师等属于"被动回避"人员,不参加该候选人成果的外审。如果 5 位外审专家中有 4 位或全部认为申请人"真正优秀",那么,申请人就有机会进入接下来的评审过程,与"正常"途径的候选者一起参加后续的高级职务竞聘过程。但是同时需要指出的是,复旦大学推行代表作制,并没有抛弃原有的"数论文"式的评价方式,只是把"代表作"制作为一种辅助评价手段,实行双轨评价。

二、湖南大学科研评价体系

(一)湖南大学人文社科项目评价

湖南大学根据学校人文社科科研发展实际,以及学校科研人员开展科研活动的实际需要,制定出针对学校人文社科科研项目评价指标体系,相关指标见表 7-3。

表 7-3　湖南大学人文社科项目评价指标体系

项目类别		基本分	权重
国家级	重大项目	10	5.0
	重点项目	10	3.0
	一般项目	10	2.0
省部级	重大项目	10	2.0
	重点项目	10	1.5
	一般项目	10	1.3
厅局级		10	1.0
横向协作		10	0.8

经费以万元为单位;分值＝基本分×权重×(1＋经费)

(二)湖南大学人文社科成果评价

研究成果主要包括学术论文、著作、专利、各种科技成果奖励等,见表7-4。

表 7-4 湖南大学人文社科成果评价指标体系

类别		基本分	权重
收录与引用	新华文摘全文收录	20	2.0
	A&HCI 收录的论文(篇)、新华文摘摘要	20	1.5
	ISTP 收录的论文(篇)、中国社会科学文摘全文收录(篇)、CSSCI 收录(篇)、新华文摘目录收录	20	1.0
	高校文科学术文摘全文或摘要收录(篇)中国社会科学文摘摘要、人大复印资料全文或摘要收录	20	0.5
论文	SCI、SSCI 期刊源期刊(篇)	20	1.5
	校定重点期刊(篇)(中,英文版)	20	1.0
	核心期刊、国外期刊、国际会议论文集发表的论文(有国际标准刊号)、国际、国内会议特邀报告	20	0.5
著作	专著(学术专著 按每万字计算)	20	0.6
	专著(其他专著 按每万字计算)	20	0.5
	编著、工具书及画册　按每万字计算	20	0.4
	编、译著、科普(主编 按每万字计算)	20	0.2
	编、译著、科普(参编 按每万字计算)	20	0.1

(三)湖南大学人文社科学术交流评价

湖南大学学术交流评价主要分为学术会议、学术期刊任职、学术组织任职、国家级评审专家等相关评价指标,具体见表7-5。

表 7-5　湖南大学人文社科学术交流评价指标体系

	学术交流	基本分	权重
学术会议	主办国际学术会议(次)	20	40
	主办国内学术会议(次)	20	10
学术 期刊任职	担任国外 SCI、EI、SSCI 源期刊编委(人次)	10	6
学术 组织任职	担任国际学术组织理事以上(人次)	10	4
	担任全国性学会常务理事以上(人次)	10	2
	担任省级学会副理事长(人次)	10	1
国家级 评审专家	国家社科基金评审专家等	10	10

(四)湖南大学人文社科科研奖励标准

为更好调动湖南大学人文社科教学科研人员从事高水平、原创性科研活动的积极性,不断提高学校科研工作的整体水平和科技竞争能力,对从事科学研究、技术开发、成果转化、科技服务及科研管理工作做出贡献的人员给予表彰,湖南大学根据学校自身实际制定出相应的人文社科科研奖励标准。

主要针对以湖南大学为首完成的科技成果,在取得重大经济效益或社会效益之后,可在规定期限内,由项目完成人申请,学校推荐申报湖南省或相关部门的科技成果奖励,经相应部门推荐还可以申报国家科技成果奖励。奖励标准见表 7-6。

同时,学校鼓励基础性研究,对我校教学科研人员以第一作者(湖南大学为第一单位)发表的有重大影响的论文给予奖励,奖励标准见表 7-7。

表 7-6　湖南大学人文社科科研奖励标准

类别	奖励级别	奖励额度 （万元/项）
人文社科类	国家哲学社会科学基金项目优秀成果一等奖	15
	国家哲学社会科学基金项目优秀成果二等奖 教育部人文社会科学优秀科研成果一等奖	10
	国家哲学社会科学基金项目优秀成果三等奖、教育部人文社会科学优秀科研成果二等奖、湖南省人文社会科学优秀科研成果一等奖	5
	教育部人文社会科学优秀科研成果三等奖、湖南省人文社会科学优秀科研成果二等奖、中央（国务院）各部委颁发的社会科学优秀成果一等奖	2
	教育部人文社会科学优秀科研成果三等奖、湖南省人文社会科学优秀科研成果二等奖、中央（国务院）各部委颁发的社会科学优秀成果二等奖	1
	社会力量一等奖	2
	社会力量二等奖	1
	社会力量三等奖	0.5

说明:1. 科研奖励是指国家科学技术奖励条例规定的国家及省政府颁发的国家及省政府最高奖、国际合作奖、科技进步奖和经科技部批准正式登记的社会力量奖及国家和省、部设立的社会科学奖(人文社科类社会力量奖以教育部年报统计确定的为准)。影响重大的专项奖(如何梁何利奖,当代发明家,优秀设计、建筑、艺术奖等)根据相应奖励级别给予奖励。2. 与外单位合作申报的获奖项目,按相应等级奖金的 1/N 计算。(N 为我校在获奖单位排序中的序号)。

表 7-7   湖南大学人文社科科研论文奖励标准

类别	发表、收录类型	奖励额度 (万元/篇)
人文 社会 科学	中国社会科学(中、英文版)	2
	《新华文摘》全文收录	1
	SSCI、A&HCI 收录	0.5
	人文社会科学重点期刊	0.3
	《新华文摘》摘要、人大报刊复印资料全文收录、 CSSCI(含集刊)收录	0.1

注:同一篇论文按就高不就低的原则不重复奖励。

三、深圳大学人文社科科研评价制度

为更好地推动深圳大学人文社科科研活动的开展,提升深圳大学人文社科科研质量,深圳大学改革学校人文社科科研评价管理制度,改变单纯按照成果数量合法奖励的制度,淡化成果奖励重数量、重发表级别的取向,设立了学术创新奖、政府奖后奖、科研成果转化奖和专利发明奖,建立起以代表性成果为评价对象、以学术影响和社会贡献为评价标准的科研水平评价奖励体系,把创新程度作为衡量科研成果质量高低的核心要素。

尊重学术规律,淡化学术成果发表年限,推进优秀成果和代表作评价。根据哲学社会科学研究成果效益滞后显现的特点,学校淡化学术成果评奖期限,规定参评研究成果不受发表时间限制,实行优秀成果和代表作评价。

完善诚信公正的评价制度。为切实做到科研评价的公开、公平、公正,杜绝评价过程中的非学术因素干扰,学校采取"谁申请谁举证"的原则,要求所有参评研究成果必须提供反映学术成果社会影响和学术贡献的佐证材料,并将所有的申请材料和评审结果进行公示。学校成立了包括校外专家的评审组,坚持学术主导,同行评议,综合评价。

创新扶持政策,建设梯次分明的科研人才扶持体系。该校的人才扶持体系包括文科科研面上基金、优秀著作出版基金、杰出青年研究基金、引进人才启动基金、重点项目奖励基金等形式。

创新平台管理,积极培育有活力的科研组织形式。按照分类分层管理的方式,强化科研机构在凝聚研究方向、形成研究特色、推出学术精品、服务社会发展方面的功能,积极培育有活力的科研组织形式。一是积极培育和发展各类符合地方经济社会发展需要、研究特色和优势鲜明的科研机构,积极发挥服务国家和地方经济社会发展的功能。二是扩散重点基地优势,引领全校人文社科的快速发展。三是加大对科研机构的激励、管理和服务力度。

为此深圳大学设立人文社科科研奖励管理制度,并且设立人文社会科学高水平科研成果奖励的类别:政府奖后奖;学术创新奖;咨政服务贡献奖。并且坚持以反对学术泡沫,以质量和贡献为导向;公开、公正、简约、高效;基础理论研究与应用对策研究并重,学术创新与社会服务并重为原则,引导学校人文社科教学科研人文开展相关研究活动。

同时,深圳大学根据学校教研实际,制定了人文社会科学高水平科研成果奖励的确定方式:坚持同行评价和社会评价相协调、过程评价与结果评价相衔接、当前评价和长远评价相补充的理念,根据不同情况采用认定和评定两种方式。

下面就深圳大学设定的三个奖项的具体运行进行简要介绍:

(一)政府奖后奖

政府奖后奖是指学术成果(包括文艺作品)获得由国家行政权力机构颁发且奖励证书有国徽章的各级政府奖励后,学校按一定比例给予的追加奖励。

1.学校为第一署名单位的,按以下比例奖励:

获得教育部高等学校科学研究优秀成果奖(人文社会科学)、全国教育科学研究优秀成果奖、中宣部精神文明建设"五个一工程"奖,学校按400%奖励,最高50万元。

获得广东省哲学社会科学优秀成果奖或其他省部级科研成果奖,学校按 200％奖励,最高 25 万元。

获得吴玉章人文社会科学奖、王力语言学奖、钱端升法学研究成果奖、孙冶方经济学科奖、安子介国际贸易研究奖,学校按 200％奖励,最高 25 万元。

2.学校为第二、第三署名单位的,按以下比例奖励:

学校为第二署名单位的,按第一署名单位奖励额度的 30％奖励。

学校为第三署名单位的,按第一署名单位奖励额度的 10％奖励。

3.学校为第一署名单位的成果,如果获得其他省部级的政府科学成果奖且没有奖金的,由学校奖励 1 万元。

4.奖励程序

政府奖后奖每年认定一次,申报人提出申请,所在单位核实,科研管理部门审核、公示,公示无异议后提请校学术委员会文科分委员会审定。

同一科研成果获两种或两种以上奖励的,学校只奖励一次(取最高)。

(二)学术创新奖

学术创新奖是对学校教师作为第一作者发表的具有标志性、创新性和重大影响的学术论文、著作、文艺作品等优秀成果的奖励。学术创新奖分特等奖、一等奖、二等奖和三等奖 4 个等级,奖励额度分别为 6 万元、3 万元、1 万元和 0.5 万元。具体奖励标准如下:

1.认定范围

在 Journal of Philosophy、Comparative Political Studies、Econometrica、Journal of Financial and Quantitative Analysis、Harvard Law Review、Journal of Management Science、Journal of Higher Education、Journal of Communication、New Literary History、Art Criticism 及《中国社会科学》(含《中国社会科学》英文版)刊物上发表的论文为特等奖。

在 SSCI 一区、A&HCI 刊物及《经济研究》、《哲学研究》、《法学研究》、《管理世界》(正文)、《文学评论》、《教育研究》、《文艺研究》、《新闻与传播研究》等刊物上发的论文为一等奖。

在 SSCI 二区刊物、学校认定的中文顶级学术期刊（见附件）以及被《新华文摘》、《中国社会科学文摘》转载 3000 字以上的论文为二等奖。

在 SSCI 三区刊物及学校认定的中文权威学术期刊（见附件）上发表的论文为三等奖。

2. 奖励程序

学术论文每年奖励一次，申报人提出申请，所在单位、图书馆核实，科研管理部门审核、公示，公示无异议后提请校学术委员会文科分委员会认定。

（三）咨政服务贡献奖

咨政服务贡献奖，即社会科学研究成果转化奖，是对学校教师作为第一作者的人文社科研究成果在服务党政部门决策、服务国家或地方经济社会发展方面做出突出贡献的奖励。咨政服务贡献奖设一等奖、二等奖、三等奖 3 个等级，奖励额度分别为 5 万元、3 万元和 1 万元。咨政服务贡献奖的认定，以应用对策研究成果被各级党政部门采纳为基础。

1. 认定的范围

咨询报告或调查研究报告被中央党政部门采纳，并出具相关证明材料的，可认定为一等奖。咨询报告或调查研究报告被省委省政府采纳，并出具相关证明材料的、国家社会科学基金《成果要报》或教育部社科司《专家建议》上刊发的研究报告，可认定为二等奖。咨询报告或应用对策研究报告被省级党政部门或市委市政府采纳或产生重要影响，并出具相关证明材料的，可认定为三等奖。

2. 认定的程序

咨政服务贡献奖每年认定一次，申报人提出申请，所在单位核实，科研管理部门审核、公示，公示无异议后提请校学术委员会文科分委员会审定。同一成果被两个或两个以上单位采纳的，学校只奖励一次（取最高）。

第八章 人文社科科研评价体系的实证分析和构建

人文社科科研评价体系的构建涉及多学科之间的交叉协同,要求处理好不同学科之间、不同创新主体之间的利益分配问题,同时还要维护好科研人员的权益,确保协同创新能够在不同学科之间顺利推动。为此,我们以 A 大学为研究对象,深入调查 A 大学当前人文社科科研评价制度的运转状况,了解 A 大学人文社科科研人员对现行评价制度的意见,了解其对促进协同创新和学科交叉发展的建议。为此,我们根据前期调研以及后期的资料收集工作,尝试拟定出能够促进协同创新的人文社科科研评价指标体系,更好地促进多主体之间的协同合作和创新互动,促进人文社科发展多主体参与模式的成熟。

第一节 人文社科科研评价制度的实证分析

为更好地了解人文社科科研评价制度在高校社科评价工作中的运行情况,我们选取 A 大学作为研究对象,通过问卷调查和个别访谈的形式,对 A 大学现行的人文社科定量评价制度进行针对性的调查访问,重点关注 A 大学科研人员对改进人文社科科研评价指标的选取以及协同创新模式的构建等方面的意见及建议,从而以 A 大学为切入点,构建我国高校人文社科协同创新的科研评价指标体系。

一、实证调查前期准备

(一)调查目的

通过本次调查,可以更加全面了解 A 大学人文社科定量评价制度构建和施行情况,以及 A 大学现行的人文社科量化评价指标体系。同时可以对 A 大学教学科研人员就本校关于人文社科定量评价制度建设的意愿和建议有准确的把握,重点针对交叉学科、青年科研人员以及项目和成果评价等内容。通过调查问卷深入分析 A 大学教学科研人员对改进和完善本校现有量化指标体系的建议,为国内其他施行人文社科定量评价指标体系的高校提供有益的参考。

(二)调查对象

A 大学社科处人员、人文与艺术学部教学科研人员、社会科学学部教学科研人员、部分院系教学秘书等。

(三)调查方法

1. 问卷调查法

在本次调研中,我们设计了《人文社科科研评价调查问卷》,该问卷结合 A 大学人文社科科研评价实际,针对该大学科研管理人员以及一线教学科研人员进行调查分析,共发放问卷 230 份,回收问卷 195 份,其中有效问卷 141 份,有效回收率 72.3%。本研究采用 SPSS17.0 统计分析软件建立数据库进行计量分析。

2. 访谈法

本次调查中我们也采用个别访谈法,主要对 A 大学人文艺术学部和社会科学学部的部分科研管理人员及教学科研人员进行访谈,了解他们对学校现行人文社科定量评价制度的意见与建议,尤其是青年科研工作者的意愿。

3. 资料分析法

为更好地了解 A 大学现行的量化评价指标体系,我们查阅 A 大学制定的全校范围内的评价指标,也通过部门院系教秘查阅了院系内部的评价指标,对该大学的人文社科定量评价指标体系有更为直观和清晰的把握。

(四)样本构成

本次受调查的教学科研人员中,职称方面,教授占 40.4％,副教授占 34％,讲师占 25.5％;年龄方面,各年龄段分布较为均匀,其中 35 岁以下占 33.3％,36～45 岁占 24.8％,46～55 岁占 12.8％,56 岁以上占 29.1％;学历方面,绝大多数受调查者都具有博士学位,比例占到 91.5％;在科研时间分配方面,专职科研人员只有 14.2％,85.8％的科研人员都要承担教学任务,同时 41.8％的科研人员也承担部分行政职务;因此,在科研时间分配方面,只有 40.4％的科研人员科研时间占全部工作时间一半以上,且大部分是中青年科研人员。

二、人文社科科研评价指标体系的实证分析

我们对 A 大学人文社科量化评价指标体系的调查主要是从评价指标体系的构成、构建评价指标体系的目的、各院系是否拥有指标设立权限以及交叉学科评价等几个方面进行,从而了解 A 大学人文社科教学科研人员对学校现行量化评价指标体系的了解程度以及意愿。

(一)人文社科量化评价指标体系构成因素

当前施行人文社科定量评价制度和构建量化评价指标体系的高校中,评价指标体系一般均由项目评价、成果评价和获奖三个主要部分组成。我们通过对问卷的数据分析发现,各个职称群体中均有 50％以上的受访者赞同本校的量化评价指标体系应该由上述三部分组成。通过加入职称因素进行交叉分析,我们发现以中青年学者为主体的副教授和讲师群体,对涉及学术交流的指标设置关注度较高,超过三分之一的讲师认为应该在量化评价指标体系中加大学术交流类的评价指标权重。这一点也充分体现,A 大学在建设国际化高校过程中,学校中青年学者对校际和国际学术交流与合作的重视程度在不断提高;加之学术交流活动和学术会议日渐频繁,使得中青年学者群体希望学校重视和推动学术交流,并将其反应在科研业绩评估和量化环节。

(二)制定量化评价指标体系的目的

通过前期访谈和问卷数据分析,我们发现该校教学科研人员对制定量化评价指标体系的目的看法较为广泛,这也体现学科研究的不同以及学者群体分化的特点。但是仍有90%以上的受调查者认为通过制定人文社科量化评价指标体系,可以将人文社科教学科研人员科研业绩进行量化评估,有助于学校对其进行考核,也能够推动学校有针对性地培养青年科研人员和学科带头人,加快学术团队的构建和提升学校的科研实力;同时,60%的受访者认为通过构建量化评估指标体系,可以更好地实现教学科研岗位设置和聘用工作有序开展,通过量化评估各院系(所)科研业绩的高低来确定科研岗位的设置和科研人员学术职位的晋升,能够激发学校科研人员的科研热情,促进学科建设和学术研究活动开展。但是,只有四分之一的受访者认同量化评价指标体系的业绩考核作用,这也反映出人文社科学科研究的特殊性和部分科研人员忽视教学科研,存在职位晋升之后懈怠现象。

(三)院系在量化指标设置中的权限

尽管 A 大学已经设立全校性的量化评价指标体系,但是人文社科学科门类众多,各学科之间教学科研活动也存在诸多差异之处,很难采取统一的量化评价指标体系。为此,赋予各院系自行增加量化评价指标成为调适学校量化评价指标体系和学院教学科研实际的必要环节。通过本次问卷数据分析我们可以明确发现,A 大学还是赋予各院系(所)一定的指标设置自主权限,73%的受调查者均指出在报请学校批准的情况下,学院可以根据教学科研实际自行增减部分量化指标和调整指标权重。同时,针对学院评价指标的增减,部分受调查者指出可以通过学院教授委员会的形式进行操作,而不是单纯地由行政人员进行增减,从而有效增加教学科研人员在量化指标设置中的话语权和建议权。

(四)交叉学科量化评价指标体系

当前高校学科建设中,学科之间的界线逐步被打破和消融,学科之间的交叉融合成为学术研究的重要趋势,也是当前高校科研突破和创新的重要推动力量。为此,正确评价交叉学科,加强对交叉学科科研成果的重视程度,尽快设立交叉学科评价指标并适当增加其权重,对交叉学科进行正确的定位也成为当前人文社科科研评价工作的重点。但是,在本次调查中,我们并未发现 A 大学有针对交叉学科或交叉学科科研成果的量化指标,91.5％的受访者也表示并不清楚学校是否有专门针对交叉学科的量化评价指标。在对部分科研人员的访谈中,也有学者明确指出所在院系在科研评估中将交叉学科成果简单地划为单一学科学术成果进行评价,对于跨学科之间的科研活动和科研成果也并无明确的支持,甚至存在对交叉学科学术成果忽视的现象。这也充分体现出 A 大学当前交叉学科量化评估指标设置工作的不足之处。

三、国内人文社科科研评价指标选择的分析

量化评价指标体系是人文社科定量评价制度的核心部分,也是体现高校人文社科科研评价工作最重要的参考指标。为此,我们在对 A 大学人文社科定量评价指标体系的调研中,主要是针对指标体系的构成、成果评价和项目评价三个部分展开,以期可以了解 A 大学量化评价指标体系的施行情况和教学科研人员对其的意见与建议。

(一)量化评价指标体系的构成因素

1. 第一作者分值分配

当前高校普遍采用学术团队开展科学研究,特别是在学术课题研究中需要团队成员的集体努力,才能集思广益取得学术成果。第一作者则是学术团队的核心成员和领导者,凭借自身的学术积累和领导能力,带领团队成员更好地开展学术科研活动。所以对第一作者分值的分配和权重设置也成为量化评价指标体系的重要组成部分。在本次问卷数据分析中,57.4％的受访者都认可第一作者在科研团队中的地位,指出第一作者应当得到分值分配和权重设置的优先考虑,给予大部分分值。同时,为了考虑分值分配的均衡性和规范性,也有 27.7％的受访者指出所在学院有专门的数据公式对团队成员分值进行统一分配。通过数据公式分配科研分值

的院系,在公式设置环节也偏重第一作者。

2.交叉学科权重及科研量计算

在国内高校学科建设中,交叉学科的地位愈发重要。通过发展交叉学科,不仅可以加强学科联合攻关,促进学科间的交流合作,实现学术科研资源共享,提高学校的学术竞争力;而且能够更好地推动师资队伍建设,增强教师科研协作能力,进一步提高教师的创新意识,有助于加快学校跨学科团队建设和培养学科带头人。但是,在本次调查中我们也发现,A大学不仅没有专门针对交叉学科建立单独的量化评价指标体系,绝大多数院系都将交叉学科研究并入单一学科进行评估。而且90%的受访者都表示所在院系在交叉学科科研成果以及科研工作量计算方面缺乏评估标准,不仅没有评价指标权重上的倾斜,甚至对交叉学科研究的科研工作也难以计入科研人员的科研工作量,部分院系存在忽视交叉学科科研成果现象。当前A大学开展的交叉学科研究往往都是以研究课题的形式进行,缺乏明确的制度和规划,不仅无法保障科研人员的合法权益,也难以推动交叉学科的健康发展,对A大学今后学术创新能力的提升带来较大阻力。

3.学术论文评估刊物体系

为更好地评估高校人文社科科研人员的学术水平和科研成果质量,当前各高校均根据本校科研实际建立专门的学术论文刊物评估体系,普遍采用的是CSSCI期刊数据库和北大核心期刊数据库等期刊评估体系。但是,在本次调查中我们却发现,仅有15.6%的受访者认为学校在论文评价中可以单纯地参考论文发表的刊物等级;60.3%的受访者认为单纯地参考学术刊物等级来进行论文成果评价,会出现以刊物而不是论文成果本身来评估科研人员的科研水平;同时,24.1%的受访者认为单纯地以论文刊物等级来评价论文质量,极易导致学术腐败,不利于科研公平的实现,对于学校中青年教师队伍的成长也带来消极影响。

(二)人文社科成果评价指标体系分析

人文社科成果评价是整个量化评价指标体系的重要组成部分之一,针对高校人文社科科研人员的学术研究成果进行评估判断,对教师岗位聘用、职务晋升以及人才培养意义重大。针对 A 大学人文社科定量评价指标体系设置情况,我们主要针对论文、著作和研究报告三者进行分析。

1.论文被引及转载次数指标

论文被引频次(不含自引)是反映科研人员科研水平和学术影响力的重要数据,也是衡量论文质量的最直接的评价指标,而且可以反映学术论文在所在领域被学术同行使用和重视的程度,是当前国际普遍采用的论文类成果评价指标数据。但是在本次调查中,95％的受访者均指出 A 大学当前论文类成果评价中,并未将论文被引频次(不含自引)以及论文被转载次数纳入评价指标体系,仅仅是参考发表刊物的等级高低。在本次的调查的访谈环节,部分 A 大学人文社科科研人员明确指出当前这种论文成果评价指标设置是有失公允的,为更好地评估科研人员的科研业绩和考核科研人员的学术水平,更为客观公正地进行职位晋升,都需要将论文被引频次(不含自引)和论文被转载次数纳入论文类成果评价指标中。

2.报告类成果评价指标

我国高校是目前学术科研人员最集中和学术科研资源最丰富的机构,因此在当前产学研成果转化中扮演重要角色,是发挥高校自身智力优势、利用学者科研成果,推动社会经济协调健康运转的关键。人文社科类研究报告则是高校和政府、企业之间产学研转化的重要形式,因此,研究报告类成果的多少和采纳机构层级的高低是体现当前高校科研成果社会化的重要标志。通过本次调查数据分析我们可以发现,A 大学教学科研人员还是较为认可研究报告类成果的重要性的。而且对于报告类成果的评价指标受调查者的意愿也是较为一致的,60％的受访者均认为报告类成果的评价指标应该是以下四个:字数、产生社会效益、使用部门级别和承担课题级别。但是产生社会效益高低很难被量化,因此现行的报告类成果定量评价指标一般都采用其他三种指标作为判别标准。

3.教材类成果评价指标

学术著作是高校科研人员学术水平的重要表现形式,其数量和质量指标是衡量高校学术地位以及科研人员学术水平的关键性指标。教材作为当前高校人才培养的重要工具,往往在成果类评价中能够获得较高的权重和分值分配。在本次调查中,78.7%的受访者指出所在院系在科研评价中,对教材类成果在评价分值上都能够给予一定的倾斜,适当提高其评估权重。这基本符合当前现行的定量评价指标体系要求,也能够维护科研工作者的合法权益。

(三)人文社科项目定量评价指标分析

1.横向课题项目评价

对于高校来讲,横向项目的多少则可以体现学校产学研转化的水平,能够反映学校为地方政府、企业服务的能力,体现出学校人文社科在地方经济社会发展中所起到的影响力。本次调查发现,仅有7.8%的受访者认为学校当前单纯依据横向课题项目级别进行评价合适;34.8%的受访者认为在进行横向课题项目评价时,既应参考课题项目级别,也应参考课题最后完成成果质量;55.3%的受访者认为单纯地依靠横向课题项目级别进行评价并不合适,并且指出对横向课题项目评价应该参考课题完成进度以及完成质量。

2.纵向课题项目评价

对于高校来讲,纵向项目的数量是体现学术科研学术水平以及教师素质和科研能力的关键数据,也能够体现出学校在全国相关研究领域的学术地位和影响力。在本次调查中,仅有11.3%的受访者认为学校制定的依据纵向课题经费数额进行评价符合科研现状;87.9%的受访者认为学校目前制定的依据纵向课题经费数额进行评价的评价标准并不符合当前学科科研要求,其中28.4%的受访者认为应该加入对课题实际执行进度的考察,57.4%的受访者认为应该加入对纵向课题实际应用效果的考察,2.1%的受访者认为应该加入对纵向课题研究团队的考察。

3.横向及纵向课题项目负责人计分

通过本次调查的数据分析可以发现,在对横向及纵向课题项目负责人计分方面,68.1%的受访者认为横向项目只计负责人分合适,31.2%的受访者认为不合适;在对纵向省级一般项目以下只计负责人分方面,59.6%

的受访者认为合适,37.6%的受访者认为不合适。

第二节 人文社科科研评价指标体系的构建

随着当前人文社科科学研究中创新性科研项目成为主流,多主体参与和跨学科合作成为主要发展趋势,不同学科之间的协同创新已经成为科研突破的重要途径,构建协同创新的人文社科科研评价指标体系也成为促进科研发展和实现合理评价的关键所在。因此,完善现有的人文社科科研评价体系,强化对涉及协同创新科研活动的扶持力度,通过量化指标权重系数的倾斜来体现学校对人文社科协同创新科研活动的支持。我们要认识到,通过协同创新评价指标体系的构建,能够在制度层面推动学科协同与创新互动,也能够保证科研人员的科研权益,从而为协同创新活动的开展提供制度保障。

一、指标体系构建总则

(一)目标

为了更好地实现人文社会科学的大发展、大繁荣,探索构建科学、公正并且能够促进人文社科研究中的交叉研究、协同研究、合作创新的科研评价体系尤为重要。构建体系完整、指标明确、适用度较强的人文社科评价指标体系是当前社科研究管理工作的重点所在,也是推动当前人文社科健康有序发展的基石和保障。通过促进协同创新的人文社科科研评价指标体系的构建,有利于促进高校交叉学科的建设与发展,促进高校协同研究和交叉研究工作;有利于保障高校教师和科研人员的科研成果,提高高校教师和科研人员的科研热情和主动性;有利于当前高素质科研队伍的建设与发展,培养和造就一批大师级专家、学者和中青年学术骨干,进一步壮大高校科研实力,优化高校科研队伍结构。

(二)指标体系构建原则

人文社会科学评价指标的建立本身就是为了更好地量化评估人文社科研究成果,促进学科之间的交叉研究和协同创新,更好地推动科学研究活动的开展。因此,指标体系的设置要有利于教师和研究人员之间研究成果的对比和量化,从分值上区分研究成果的数量和质量,同时还要有助于不同学科、不同单位之间成果的对比,进而促进人文社科科研创新工作和学科交叉研究的顺利开展。同时,为了推动和维护协同创新科研主体的合法权益,本指标体系的拟定中会在权重系数和分值分配方面对涉及协同创新科研部分予以明确化,从而可以在整体的评估框架内突出协同创新项目、成果、科研人员以及学术交流互动的重要性,有助于对当前校内和校际之间协同创新科研项目以及科研机构的评估。

在指标设计时,我们充分考虑有关数据的可采集性。指标应该含义清楚,不能含糊不清,同时每一具体指标数据的采集简便,便于数据汇总分析。同时尽量抓住主导性因素来设置指标,选取具有足够代表性的综合指标,使指标重点突出,具有较强的综合性、包容性,以保证所建构指标简明实用。

本指标体系构建根据人文社科研究特点,主要从科学研究的整体发展过程出发制定,分成项目、成果、获奖、学术交流四大类指标来进行评价。针对协同创新科研和协同创新机构的评价指标均内化在上述四大类指标中,以权重系数的侧重和分值分配的多少来体现学校对协同创新和学科交叉科研活动的重视。

1.项目类评价指标构建原则

项目根据其来源情况的不同,分为纵向项目、横向项目。纵向项目主要考虑立项机关的级别,级别越高,其对应的分值也越高;横向项目主要根据经费多少来区别,经费越多,其分值也越大。其中,对多学科参与的科研项目、多校协同的科研项目其权重系数也予以加强。同时,更加重视本学科或本校课题组成员参与课题完成任务量的多少,弱化课题组内部排序的重要性,更加重视协同创新科研成果自身价值。

2.成果类评价指标构建原则

成果评价主要是根据人文社科研究成果的特征,将人文社科科研成果分成三大类进行评价,分别是:论文类、著作类、研究报告类。同样,对涉及多学科协同创新的科研论文、著作和研究报告,在学科内部科研评价中,弱化排名顺序,强调以科研成果自身原创性为评判标准。同时,在权重系数和分值分配上对跨学科协同创新的科研成果予以倾斜。

论文类成果主要分成权威期刊、CSSCI 来源期刊、一般期刊。国内论文成果以南京大学中国社会科学研究评价中心的《中文社会科学引文索引》(简称 CSSCI)收录的论文数作为质量指标。被 A&HCI(《艺术与人文科学引文索引》)、CPCI—SSH(《社会科学及人文科学会议录索引》,原 ISSHP)、SCI(《科学引文索引》)、EI(《工程索引》)、CPCI—S(《科学技术会议录索引》,原 ISTP)收录的学术论文作为文科一类核心学术刊物论文指标。论文被引次数和转载情况作为质量指标之一,要兼及论文的转载情况,教师和研究人员的论文自引不作为评价数据,在计算时排除在外。对涉及学科交叉研究以及协同研究的引文权重可适当增加,在分值分配上弱化排名顺序,由合作者根据参与和贡献度多少进行分值分配,进行灵活处理。

著作类成果主要是根据研究成果自身研究的难易程度进行判断,同时根据成果类别的不同分为专著、编著、古籍整理、理论译著、统编教材、教辅书、编著、通俗读物、资料汇编和一般性译著,根据著作类别不同相应的分值也有所不同。同时在评价著作类科研成果时考虑出版社级别,分为国家级出版社(A 类)、国家级出版社(B 类)、省部级出版社和其他出版社,根据出版社级别的不同,权重的设置也有所区别。为了鼓励高水平教材的出版,对全国规划性教材和其他教材在评价分值和权重上也给予一定的倾斜。在著作类成果评价中,对协同创新著作、多学科参与的科研著作以及交叉学科科研著作,在权重系数和分值划分上,予以重点倾斜,充分考虑到协同创新科研人员协同创新科研工作的难度和创新性。

研究报告类成果评价的主要依据是成果最终采纳的主体,根据研究报告的最终使用去向来确定分值和权重系数。同时适当考虑研究报告的字数，对于产生较好经济社会效益和反响的研究报告类成果可以适当增加指标权重。由于大部分协同创新成果往往是多学科甚至是多所高校集体协作的结晶，也是针对当前社会热点问题集思广益的成果，往往能够对相关问题的解决起到明显推动作用。但是也由于涉及多学科和校际间的合作，导致参与主体众多和科研难度增大，因此涉及协同创新的报告类成果在权重系数和分值分配上要与一般的研究报告类成果区分开，并予以明确的重视。

3.科研获奖类评价指标构建原则

成果获奖主要是根据国家级、教育部和省级、地市级以及其他来划分，考虑到科研项目完成中第一作者的关键作用，同时由于第一作者的学术水平也是该项学术成果质量的关键因素，成果获奖分主要体现在第一作者上，其他作者的分值划分由第一作者自主协调分配。另外，考虑到同教育部的统计系统挂钩问题，一些全国性的专业基金奖也视为省级及其他部级奖项。但是为更好地推动不同学科和学校之间强化学术交流，推动协同创新的深入发展，学校在科研成果获奖的权重系数设定和分值分配环节，要对涉及协同创新的科研成果获奖予以大力表彰，通过学校层面的制度保障和重视推广来促进协同创新的发展。

4.学术交流类评价指标构建原则

学术交流类主要划分为学术会议、学术期刊任职、学术组织任职以及学术期刊评审四类。学校只有加强国内外学术交流与合作，才能瞄准国际科技发展前沿，把握最新发展动态，并且充分利用国内外智力与科技资源，为科技创新注入生机与活力。学术交流活动本身就是高校人文社科发展的一个重要指标，积极参加高级别、多层次的学术交流活动有助于开阔高校教师的科研视野，增强对国际科研前沿问题的关注和投入，能够有效地提升学校相关领域科研活动的国际影响力和地区学术地位。同时，在学术组织任职和担任学术期刊的外审专家也是体现学校教师和研究人员学术水平和专业影响力的一个重要特征。学校人文社科的建设和发展离不开高水平教师队伍的不断壮大,也离不开多层次、宽领域学术交流活动的顺利开展。同时,以学科协同、交叉科研、协同创新为主题的学术交流活动,学校要予以明确的重视,要强化和推动本校科研人员更多地参与到涉及协同创新的学术交流活动之中;同样的,在资金扶持、政策保障、权重系数设置和科研评价分值分配方面,对涉及协同创新科研学术交流活动予以大力支持。

(三)适用范围

本科研评价指标体系主要适用于国内各高校人文社科科研评价与管理工作,对于学校青年人才选拔与培养、学科带头人的培养、科研领军人物的扶持具有重要意义,尤其是可以更好地开展校内和校际间协同创新机构评估、人员绩效考核工作。同时,本科研评价指标体系也是针对人文社科一般科研评价工作,可以用于教师和研究人员的科研工作量的考核,作为岗位聘用和晋升的依据;用于文科各单位专职科研编制核算;用于文科各学院(所)干部的业绩考核;用于衡量和规划文科各学院(系所)科研发展以及教师激励。

二、指标体系

(一)项目类

对于高校来讲,纵向项目的数量是体现学术科研学术水平以及教师素质和科研能力的关键数据,也能够体现出学校在全国相关研究领域的学术地位和影响力;同时,横向项目的多少则可以体现学校产学研转化的水平,能够反映学校为地方政府、企业服务的能力,体现出学校人文社科在地方经济社会发展中所起到的影响力。而人文社科基地数目、重点学科和博士后科研流动站数量则是体现高校科研实力和水平的重要参照指标,也是反映高校科研人才水平和地位的重要参考指标。[①]

---

①　刘大椿.人文社会科学研究成果评价体系研究[M].北京:经济科学出版社,2009:258-266.

表 8-1　人文社科评价指标体系项目类计分表(纵向项目)

	类别	排名级别	一	二	三	四	五
纵向 (分/年)	国家级	重大	150	30	30	30	30
		重点	70	12	12	12	12
		一般	50	8	8	8	8
		青年	30				
	教育部级	重大	100	25	25	25	25
		重点	60	10	10	10	10
		一般	40	5	5	5	5
		青年	25				
	省及其他部级	重点	40	5	5	5	5
		一般	20				
		青年	15				
	市级	重点	20				
		一般	15				
		青年	10				
	校级	重大	20				

表 8-2　人文社科评价指标体系项目类计分表(横向项目)

	经费类别	30 万元以上	10 万元以上	5 万元以上
横向(分/项)	国外基金	60	40	25
	其他横向	50	35	15

表 8-3　人文社科评价指标体系项目类计分表(基地数)

	基地级别	分值
基地(分/个)	国家级人文社科研究基地	30
	省部级人文社科研究基地	20
	国家级重点学科	25
	省部级重点学科	15
	校级研究机构	5
	博士后科研流动站	10

表 8-4　人文社科评价指标体系项目类计分表（国外合作项目数）

	类别	分值
国际合作项目 （分/个）	国际合作研究派遣人数	20
	国际合作研究接受人数	15

说明：

a.在项目评价环节，同等级项目中，涉及协同创新环节的科研项目在原分值基础上乘以权重系数1.5。

b.有负责人项目，不再计其他项目的参与分；若无负责人项目，一个人最多计1个项目的参与分。但是协同创新科研项目排除在外，参与者可根据参与协同创新科研项目多少分别计算参与分，可以同时累加，而不必选择最高分值。

c."一"为负责人，"二"至"五"为参加者排名，超过五人原则上按照同等计分。但在协同创新项目评价环节，弱化排名次序，在分数分配环节取消排名的影响，按照各参与主体项目参与度和完成度的多少来进行分值分配。

d.纵向省级一般项目以下，只计负责人分；横向项目只计负责人分。但涉及协同创新为目标的纵向省级一般项目以下，仍可按照参与主体进行分值分配，具体分值分配方案由项目组内部协调。

e.计划期间各类在研究重大项目的子课题视为同类项目的重点项目，重点项目的子课题视为一般课题。涉及协同创新的科研项目，其子课题的权重系数设定为1.5。

f.国家级重大项目指国家和教育部重大攻关项目；教育部重大项目是指基地重大项目、跨世纪人才基金项目、新世纪人才基金项目、教育部重大委托项目。欧盟项目、北美基金项目、住友基金项目等计为国外基金项目。

g.横向项目以当年入校经费为准，只计一年；当前入校经费少于5万元不计。若该项目为多主体参与的协同创新科研项目，计入年限可适当延长，同时经费数额予以一定浮动下限。

h.项目超过立项机关批准的完成时间（含批准延期一次）不再计分；但考虑到协同创新科研难度以及多主体协同的困境，其时间可适当予以延长，并根据项目完成进度对其纳入科研评价。

i.教师及科研人员在学院（系所）任职或获得科研成果分数不再重复计入基地或研究机构，一般按照最高分数计算一次即可；但不包括协同创新科研机构以及跨学科科研基地,该类型主体其不同科研成果可予以累加计算。

j.博士后科研流动站数还要考虑实际出站博士后人数,根据实际出站博士后人数适当增加权重。

k.重点学科数参照教育部及省教育主管部门划定和公布的学科名单为准。

l.国际合作项目是指高校人文社科就学科前沿问题与国外高水平学校或研究团队开展的相关研究,或者是国外高水平学者与国内高校人文社科进行的学科共建和学术研究。具体评价由各高校依据本校实际制定;但权重系数设定和分值分配层面应将一般学科和协同创新国际科研项目予以区分,对国际性协同创新科研项目,其科研权重系数可以设定为 1.5～2.0 之间,具体系数由项目重要性及参与主体来决定。

(二)成果类

1.论文

社科研究论文是社科研究的主要表现形式,社科研究论文的质量和数量是人才评价、机构评估的重要指标,也是判断一个国家、一个地区、一个部门社科水平的重要指标。人文社科论文发表的数量、刊物的级别是高校各学院(系所)在国内和本研究领域内学术地位和影响力的重要标志。而论文的被引频次和转载情况也是反映论文质量和影响力的重要数据指标之一。

表 8-5　人文社科评价指标体系成果类计分表(论文级别)

	一般刊物	CSSCI 来源刊物	权威刊物
论文(分/篇)	3	8	20

表 8-6　人文社科评价指标体系成果类计分表(论文被引频次)

被引频次	1～2	3～4	5～8	9～12	12 次以上
分值	8	14	25	40	60

表 8-7　人文社科评价指标体系成果类计分表（论文被转载数）

论文被转载情况	《新华文摘》、《中国社会科学文摘》全文转载、 CPCI—S（原 ISTP）收录	《人大复印报刊资料》全文转载	《高等学校文科学术文摘》	论点摘要（200字以上）
分值（分/次）	20	8	5	3

说明：

a. 一般刊物指有国内统一刊号、公开发行的学术刊物，或由出版社正式出版的学术论文集，或省级以上公开发行的报纸（限理论版、学术版）。

b. CSSCI 来源刊物是指南京大学《中文社会科学引文索引》上所列刊物（当年评价按前 2 年目录）。

c. 权威刊物目录附本节后。同时被 A&HCI（《艺术与人文科学引文索引》）、CPCI—SSH（《社会科学及人文科学会议录索引》，原 ISSHP）、SCI（《科学引文索引》）、EI（《工程索引》）、CPCI—S（《科学技术会议录索引》，原 ISTP）收录的学术论文，亦为文科一类核心学术刊物论文。

d.《人民日报》、《光明日报》理论版、学术版的学术论文计为 CSSCI 来源期刊论文级别。

e. 论文被转载或摘要计分刊物仅指《人大复印报刊资料》、《新华文摘》、《高等学校文科学术文摘》、《中国社会科学文摘》。

f. 论文被引频次不含自引，交叉学科研究成果被引分值其权重系数可予以倾斜照顾，对涉及学科间重大协同创新的科研成果，其自引次数可考虑纳入评价体系中。

g. 论文字数要求在 3500 字以上（不含语言学），字数低于规定的不计入科研成果。

h. 一般学科合作发表论文，第一作者得分不低于 50%，其余作者得分依次递减，具体分数由负责人具体分配，或可由学校拟定相关计分标准；交叉学科科研成果，涉及多学科科研人员合作部分，在本学科内部分值计算中，均可按照第一作者计算，弱化排名顺序的影响。

i. 考虑到交叉学科刊物较少，且科研成果获得难度较大，主体协同成本较高等因素影响，对交叉学科成果被引频次、被转载次数等评价时，其权重系数设定为 1.5～2.0 之间，具体由各院系或学校确定。

2.著作

学术著作作为高校教师和研究人员学术水平和学术思想最重要的表现之一,学术著作数量的多少和质量的好坏也是衡量学校教师和研究人员科研水平高低的重要标志之一。因此对著作类的学术成果进行明确的划分,明晰每一类别成果分值多少,对于提升高校教师和研究人员的科研热情以及积极性有着重要意义。

表 8-8　人文社科评价指标体系成果类计分表(研究报告使用、鉴定单位等级)

出版社类别	专著、古籍整理的注释、语言类工具书	编著、理论译著、其他工具书	通俗读物、其他译著	古籍整理编校、点校	资料汇编、编纂
国家级出版社(A类)	40	32	20	16	10
国家级出版社(B类)	30	24	15	12	8
省部级出版社	20	16	10	8	6
其他出版社	10	8	5	4	4

说明:

a. 一般学科学术著作基本以 20 万字为基准字数,20 万字以上每 1 万字增加原分值的 2%。

b. 涉及协同创新科研项目的学术著作,可设定 10 万字为基准字数,10 万字以上每增 1 万字增加原分值的 4%。

表 8-9　人文社科评价指标体系成果类计分表(教材类计分表)

全国规划教材	公开出版教材、专著
3分/万字	2分/万字

说明:

a.担任主编或副主编分别在个人撰写部分的分值基础上增加 8 分和 5 分。若该教材为协同创新科研成果,其增加分数可以乘以权重系数 1.5。

b.若教材为根据协同创新科研成果编撰,全国规划教材 6 分/万字,公开出版的教材则为 4 分/万字。

表 8-10　人文社科评价指标体系成果类计分表（著作类加权表）

类　　别	权　数
专著、古籍整理的注释、语言类工具书	1
编著、理论译著、其他类工具书	0.8
科普读物、通俗读物、其他译著	0.3
古籍整理编校、点校	0.2
资料汇编、编纂（影印部分不计入字数）	0.1

说明：

a. 修订本，根据出版社修改内容不超过 10% 的规定，权数为 0.1。

b. 协同创新类专著其加权系数可以设定为 1.5。

c. 国外协同创新译著，其加权系数可以由 0.3 改为 0.6。

d. 协同创新类资料汇编其加权系数可以设定为 0.2。

3. 报告

研究报告类成果的多少和采纳层级的高低是体现高校科研成果社会化的重要标志，也是高校在产学研转化中的优势所在。高校作为研究人才和学术资源集中的所在，其研究成果能否及时有效地被社会采纳和运用也是发挥高校科研实力推动社会经济发展的重要因素。因此，对高校研究报告进行科研评价可以更好地促进高校和政府、企业之间的合作，推动双方的发展进步。

表 8-11　人文社科评价指标体系成果类计分表（研究报告使用、鉴定单位等级）

	类别	≥5 万字	<5 万字
使用、鉴定 单位等级	国务院	60	30
	省、部级、超大型企业	40	20
	地、市级、大型企业	20	10
	县级、企业	10	5

说明：

a. 研究报告被采用，应提供成果原件、有效的委托证书、成果采纳证明或使用证明，被党和国家领导人批示需提供批示的复印件，被中央部委采纳需提供部委办公厅出具的采纳证明。

b.论文与研究报告类成果，如果是合作完成，第一作者得分不低于50％，其余作者得分依次递减，由第一作者负责人分配剩余分数。涉及多学科协同创新的研究报告类成果，其分值分配应依据成员参与度，采取项目组内部协调分配方式，弱化排名顺序。

c.涉及交叉学科、协同创新方面的研究报告类成果，分值可乘以权重系数1.5。

(三)获奖成果类

获奖成果代表国家或教育主管部门对学校教师和研究人员科研成果以及科研付出的认可和肯定，也是体现一所学校科研产出的重要标志，能够反映出学校在某一科研领域的学术地位以及影响力。因此构建人文社科获奖成果科研计分表对于准确评估学院（系所）和科研人员的科研绩效意义重大。

表 8-12　人文社科评价指标体系获奖成果类计分表（科研成果计分表）

级别排名		1	2	3	4	5
国家哲学社会科学基金项目优秀成果奖	一等	150	35	35	35	35
	二等	100	25	25	25	25
	三等	70	12	12	12	12
教育部人文社会科学优秀科研成果奖	一等	100	25	25	25	25
	二等	80	15	15	15	15
	三等	60	10	10	10	10
中央（国务院）各部委及各省社会科学优秀成果奖	一等	70	12	12	12	12
	二等	40	9	9	9	9
各地市人文社会科学优秀成果奖	一等	30	8	8	8	8
	二等	20	5	5	5	5
校级人文社会科学优秀成果奖	一等	25	6	6	6	6
	二等	15	4	4	4	4

说明：

a.全国性的基金奖，如孙冶芳基金奖、王力语言学家奖、吴玉章基金奖、安子介奖、胡绳学术基金奖等，计为省及其他部级成果奖，无等级的计为一等奖。

b.科研成果第一获奖人占主要分数，科研团队人数超过五人的原则上按照第五名排名分数计算。但考虑到协同创新参与主体众多，因此协同创新科研成果获奖其分值分配并不以排名次序为准，而以成果贡献度和项目参与度为主，由项目组内部协调分配。

c.同一成果获得不同类的奖项，以最高分值为准予以计算，不重复计入分数，但有差额时予以补齐。

(四)学术交流类

学术交流是一个学校学术地位和影响力的展示因子，以学校教师和研究人员为主的学术交流活动是反映高校当前人文社科发展的重要因素。高校举办学术会议次数、层次，高校教师及研究人员担任外审专家比重、在学术组织任职比例都是高校人文社科发展和科研水平的重要体现之一。

表 8-13　人文社科评价指标体系获奖成果类计分表(科研成果计分表)

	类别	项目类别	分数
学术交流	学术会议	参加国际学术会议(次)	10
		参加国内学术会议(次)	4
	学术期刊任职	担任国外核心期刊编委	25
		担任国内权威期刊编委	20
		担任国内 CSSCI 期刊编委	15
		担任一般期刊编委	5
	学术组织任职	担任全国性学术组织常务理事以上	10
		担任省级学会副理事长以上	5
		国家社科基金评审专家	15

续表

类别		项目类别	分数
学术交流	学术期刊评审	国外核心期刊评审专家	15
		国内权威期刊外审专家	10
	访问研究	CSSCI 刊物评审专家	8
		国家公派高级研究学者	5
	公派研究生	国家公派访问学者	5
		国家公派读博人数	3
		国家公派联合培养博士人数	3

说明：

a.负责举办国际学术会议并且有重要发言的加 20 分,该会议涉及不同学科之间协同创新主题内容,可乘以权重系数 2.0;负责举办国内学术会议并且有重要发言的加 10 分,该会议涉及不同学科之间协同创新主题内容,可乘以权重系数 1.5。

b.权威期刊的主编每年计 80 分,副主编计 40 分;CSSCI 期刊的主编每年计 40 分,副主编计 25 分;一般学术期刊的主编每年计 20 分,副主编计 10 分。

c.国外核心期刊外审专家每年计 30 分,CSSCI 期刊外审专家每年计 15 分,一般期刊审稿专家一般不予以加分。

d.担任同一学术期刊编委和主编的按照最高加分计算,不重复计入分数。

e.同一年度参加学术会议分数不可累加,按照最高级别计算。国际学术会议和国内学术会议分开计算。参与协同创新为主题的学术会议,其分数可累加计算。

f.访问研究主要涉及留学基金委负责的相关公派访问项目以及各高校通国外高校之间的教师互访项目计划,原则上同一项目按照最高分计入,不重复计分;以协同创新为主题的相关访问研究课单独计算,累计分数。

g.公派研究生计划主要是国家留学基金委负责开展的各项公派研究生出国培养项目,本指标主要涉及国外直接读博和联合培养博士两项,本科生攻读硕士研究生暂不计算。

第九章 高校人文社科协同创新的障碍与对策

为促进高校内部学科之间以及校际之间的协同创新和跨学科合作,势必要认清并清除当前高校人文社科协同创新机制建立过程中存在的问题与障碍,有针对性地从多主体出发,强化主体参与和协同合作,打破学科壁垒,加强跨学科交流合作。为此,我们要着力于降低高校学科设置和管理机制的障碍,清除传统学术评价制度的影响,推动政府在协同创新中引导作用的发挥,完善多元化的创新性人才培养模式。高校人文社科协同创新是一个多主体参与的复杂工程,关系到高校学科创新和互动,更能够为创新型国家建设提供充足的人才保障。

第一节 目前高校开展人文社科协同创新的障碍

随着交叉科研比重增加,协同创新成为高校科研突破的关键,但由于制度、人员、政策以及管理因素的影响,当前高校仍存在诸多阻碍学科交流、人员流动和协同创新的体制机制障碍以及意识落后现象。当前高校学科设置界限分明,学科交叉互动和科研协同遇到的体制阻碍较大,现有的学科管理制度也是依据单一学科建立,与协同创新要求不相契合。加之传统的单一学科科研评价制度无法保障参与协同创新科研人员的合法权益。同时,政府在当前高校协同创新科研活动开展中,政策缺失和引导失位现象凸显，无法起到协调和指导整体性协同创新的有序开展。而且，我国尚未建立创新性人才培养、聘任与管理制度，在高等教育环节缺乏完善的创新能力培养体系。这些都对我国人文社科协同创新进程产生较大阻碍。

一、高校学科设置和管理机制的阻碍

在我国高校的组织结构以学科门类（一级学科和二级学科）为基本单元，学科专业一直按照传统的学科设置，学科组织结构相对比较独立，不同学科领域的界限分明，彼此间的内在联系被强行割断。这就导致了研究领域狭窄，研究视野不宽，研究问题的涉及面不广等。再加上由于制度性方面的原因，目前高校管理把科学研究所需要的资源归属于学科，研究设施为某一学科所独享，围绕传统学科来运作的管理体制没有为新兴学科、交叉学科留出发展空间。我国高校传统的行政管理有着自己固定的运作模式和行为方式，从目前高校的科研组织模式看，科层制仍然占主导地位，现实中的科研组织模式与协同创新的要求相距甚远。还由于协同创新所面对的大多是整体性、基础性、综合性的社会问题，需要投入的资金远大于学科性研究活动，而目前社会科学研究的资助模式和资助强度无法满足协同创新的要求。

其次，协同创新管理机制不完善。高校协同创新要围绕管理制度入手，以期可以通过制度变革消解阻碍协同创新的因素。但是，当前高校在协同创新管理机制方面仍存在较多问题。首先，在科研人员管理方面，由于协同创新往往需要多学科人员的共同参与，协同创新中心的人员构成都是由各个学院或科研院所人员组成。但是，由于学院或部门之间在工资、人事、考评制度之间的差异，导致难以对参与协同创新的科研人员进行统一管理，导致跨学科研究中心组建和运转难度较大，不利于学科之间协同创新进程。其次，在科研资源管理方面，当前高校对各学院的科研资源缺乏有效的整合机制，难以实现各学院或研究院所之间科研资源的通畅流动和有效共享。高校现存的问题就是不分院系（所）拥有丰富的科研资源，但是却由于制度和管理方面的因素，无法有效地为其他院系科研人员提供。

这种情况也导致在协同创新中,往往缺乏足够的科研资源支持,无法为协同创新打破制度壁垒。

最后,在项目管理方面,当前高校在对课题申请和研究方面缺乏明确的规划和指导,导致研究者各自为政,无法形成系统的或者某一研究领域内的科研创新团队,或者无法形成多学科研究人员共同协作的局面。不仅导致科研创新资源分散,也导致研究成果和成果应用效果不佳,难以形成协同创新的合力。

二、传统的学术评价制度

目前学术界的考核评估指标与内容主要是针对传统学科,采用的是同行评议的方法,同行评议的先决条件是要有同行专家。而学术职务晋升、学术成果的发表、科研奖励评审、科研项目申请以及各种科研拨款的审批都是以一级学科为轴心来运作的,在一级学科之间缺乏交流和沟通[①]。跨学科研究是协同创新的主要内容,其具有多个学科的特征,涉及多个学科的专家,因而难以对其学术成果进行客观的评估鉴定,而参与协同创新的科研人员得不到体制化的资源投入保障,其研究成果在本学科内得不到认可,挫伤了他们从事协同创新的积极性,往往选择重新返回到"单打独斗"状态。

地方高校没有形成多维度的科研评价机制,导致无法量化评估和判断高校教师和科研人员在协同创新中的贡献,而且无法将其与教师的职位晋升和薪酬增加相结合,难以提升教师参与协同创新科研的积极主动性。当前的高校科研评价体系,主要针对教师的科研立项、专著出版、学术论文等级和数量来进行评判。考核制度本身在设置中就往往以教师个人科研成就为判断依据,忽视科研团队成果评判,导致部分科研人员更愿意专注于自身专长的研究领域开展研究活动,严重阻碍跨学科交流和协同创新活动的开展。加之,地方高校对教师的科研评价往往重视学术成果的数量和等

---

① 袁振国.中国教育政策评论[M].北京:教育科学出版社,2007:169.

级,对跨学科合作研究以及协同创新成果方面缺乏重视,这种评价导向挫伤了教师参与协同创新的积极性,增加教师尤其是青年科研人员开展协同创新的风险,在一定程度上阻碍了协同创新活动的开展。

同时,当前协同创新的理念较为落后。其一,从项目组织管理的视角看,项目负责人、参与人员在顺序排列上有先有后,各自承担的任务、所享受的权利、所获得的利益也各不相同,在各种项目的申请中和各种资源的分配中,往往会把"名分"作为一种很重要的因素。这种角色上的差异客观上造成了对专家学术水平和地位判断上的差异,有些专家不愿做项目成员、当配角。其二,协同创新要求学者须同时具备学科的专业素养、跨学科甚至超学科的视野和问题意识。而在现行的管理体制和学科体制下,协同创新人才的成长缺乏相应的氛围和环境,常会受到不够公正的对待,很多学科因为自身的权威观念强,导致学术胸襟不开放,学术交流难以开展。

三、政府在协同创新中引导作用缺失

在社会主义市场经济体制下,协同创新必须要以市场机制为基础,但是由于创新过程内在的技术不确定性、市场不确定性、权益分配的不确定性和政策环境的不确定性,以及市场机制在激励系统中的不完善,从而必须需要一定的政府干预,需要政府承担起在协同创新中的作用。[①] 我们要认识到,政府作为唯一具有能力制定规则的主体,对协同创新的开展具有不可替代的作用,其作用机制主要体现在三个方面:加强政策引导,通过鼓励和扶持应用研究形成需求引导,推动企业和高校结合;通过参数调节,以金融、财政为主要调控手段,引导经济资源向作为知识创新主体的高校等研究开发机构流动;通过计划手段,以科技投入为调控手段,引导高校科技资源流向作为技术创新的主体企业上,使高校将更多的科技活动集中到企

① 杨铁星,刘荣昌,颜延标.河北省创新能力分析报告[M].石家庄:河北人民出版社,2005:19.

业技术需求有关的研究上。①

　　但是,在当前高校开展创新实践过程中,政府并未有效发挥自身的引导作用,主要体现在以下几个方面:首先,我国目前尚未修订一部专门促进协同创新的法律法规,现有的《中华人民共和国促进科技成果转化法》虽然在一定程度上支持了产学研协同创新的态度,但是无法指导协同创新合作实践。如在协同创新各方的权益保护、知识产权、利益分配、合作纠纷等方面缺少明确的规定。其次,政府缺乏对协同创新的系统指导。协同创新作为一条促进科技成果转化、提升科技创新水平、建设创新型国家的重要途径,是我们综合国力提升和社会主义现代化建设的重要捷径。但是尽管我国政府目前制定出不少的协同创新规划,但是政府却缺乏针对这些协同创新规划开展的系统指导,导致当前我国高校协同创新活动开展呈现出一盘散沙的局面,没有很好地起到聚合我国高校科研资源,提升协同创新水平的作用。再次,政府资助的力度还有待加强。作为综合国力重要标志的科学技术实力是一国崛起的强力支撑,无论是在发达国家还是发展中国家,技术创新和技术进步始终是经济增长与经济结构优化升级的重要源泉。尽管近几年我国对协同创新增强资金投入力度,但是同西方发达国家相比,我们政府资助的力度仍远远不够。协同创新是需要大量资金支撑的,其中政府的支撑占尤为关键的比重。但是,显然我国目前对协同创新的资助力度还不够。最后,政府协同力度不够。政府作为协同创新活动的主体之一,在协同创新活动中主要起组织者和协调者的作用。但是我国当前协同创新过程中出现的科技部门和经济管理部门之间协调和沟通渠道不畅的现象,科学计划与经济计划不协调。这也反映出政府没有有效地对协同创新活动各部门进行引导、协调、扶持,而且经济、科技、教育、科研部门分别从各自的利益出发,制定的产学研协同创新计划,彼此之间缺少沟通和协调,造成了协同创新计划表面上的繁荣,但实际效果却远远不如人意。

---

　　①　罗焰,黎明.地方院校产学研合作模式及运行机制研究[M].成都:巴蜀书社,2009:245.

四、单一的人才培养模式

协同创新需要多学科共同参与,尤其随着交叉学科的发展,原始创新性科研成果的取得需要多学科、多部门科研人员的集体参与,更需要构建跨学科、跨学院的科研团队。为此,具有多学科背景的复合型人才成为当前高校推进协同创新进程的关键所在。但是我国目前现行的人才培养模式不利于培养具有较强实践能力和创新能力的高水平人才,无法为协同创新提供人才支持。

长期以来我国高校的人才培养始终都是单一的培养模式为主,长期缺乏对复合型以及研究型人才的培养,具有多学科尤其是跨学科背景的科研人才极为缺乏。我国当前的高等教育仍旧将大部分精力放在知识的系统灌输式教育上,忽视学生实践能力的培养;在教学实践中,忽视知识动态的创造性发展,导致学生理论知识和实践能力培养脱节,忽视学生在教学环节的主动性,不利于学生自我主动探索、发现和创造知识,也不利于培养学生的创新意识和创造能力,对创新型和实践型人才的培养极为不利。同时,在当前的高等教育环节,学生自身很难在教学环节获得创新实践机会。在我国当前的大学教育模式下,系统知识的教授占据绝大部分时间,教师很难平衡知识传授和教学创新实践之间的关系,与教学密切相关的实验和科研创新并未得到学生和教师的足够重视,导致我国当前的高等教育环节无法有效地提升学生的实践能力和创新能力。最为重要的是,创新型人才需要宽松的大学环境,能够给学生创造一种自由、宽松的问题探讨式氛围,而不是当前我国大学所采用的教师只负责上课教授知识,学生既无法及时就自己的学业困惑向教师请教,也难以获得与其他学科的同学、教师的交流探讨机会,这在很大程度上阻碍学生学习的热情和自身创新能力的提升。

第二节 高校开展人文社科协同创新的对策

为更好地化解阻碍人文社科协同创新的阻力,维护科研人员的合法权益,提升科研人员参与协同创新的积极主动性。我们需要从以下几点推动高校协同创新工作的开展:健全人文社科协同创新管理体系;完善协同创新发展规划,健全协同创新人员评价体系;加强协同创新平台建设,完善资源共享机制;完善创新性人才聘任与培养制度。

一、健全人文社科协同创新管理体系

科研管理部门要转变工作职能,将工作重心转移到重大项目的组织管理上来,以重大项目带动社会科学协同创新和学科建设的发展。以大项目为契机,以形成标志性成果为目的,从人才流动、岗位考核、机构运行等管理和服务体系入手,重视环境建设和体制创新。要注重学科知识、思维方法、研究模式、实验手段及仪器设备的互补,营造开放、流动、竞争的研究环境,形成高水平的科研和教育平台①。要淡化行政分割,鼓励教师自由组合,提倡多元化模式,相互支持和激励,围绕共同的研究方向开展研究活动。对于基础型、应用型不同类型的协同创新研究机构不能强求一致。管理部门要熟悉掌握学校的学科结构、优势与特色、专家队伍情况。要注意收集重大科研信息和信息反馈工作,为协同创新提供更多的机遇,引导不同学科研究人员针对感兴趣的协同创新课题进行探索与合作。

加强人文社会科学协同创新研究的硬件和软件建设。加强学校的信息基础条件建设,优化配置资源,为不同学科、院系以及本校与外校问的协同创新提供技术支撑,为协同创新的群体组织机构提供人、财、物多方面的保证。通过提供多样化的协同创新发展形式、给予协同创新生长充分的自

---

① 陈劲.高校创新体系建设研究报告文集[M].杭州:浙江大学出版社,2006:48.

由。如建立协同创新的刊物、召开协同创新的会议、从舆论上和校园文化中宣传协同创新的重要性。树立学科融合文化理念、在多个学科之间形成共性语言。无论是科学自身发展还是社会的需求，要求我们为不同学科研究人员的学科融合和渗透创造出气氛轻松自然、形式自由多样、思想互相激励的合作平台，要求我们具有动员整体性知识的能力和机制，促进广泛的学术交流，努力营造学术交流氛围，形成一种充满创造激情的知识创造的气氛和环境。科学竞争的胜负在很大程度上取决于对信息的掌握以及分析、消化、融合的程度。学校管理部门应创造条件，让教师们通过学术讨论、网上论坛、学术沙龙、研讨茶室、访问交流、信息沟通等各种形式的学术活动，使其通过同行之间的接触与交流，能及时了解、掌握有关研究领域的水平动态和方向，获得新信息、新动态、新思想、新成就。通过不同学术观点的争鸣和学术思想的碰撞、切磋、互相渗透和融合，激励创造性思维能力，促进学科的融合，提高协同创新的水准。

二、完善协同创新发展规划，健全协同人员评价体系

从学校的人文社会科学研究的发展战略出发，做好学校整体促进协同创新的发展规划，探索科学的发展规律，用以指导、协调、资助协同创新。正视协同创新领域间交流的重要促进作用——信息沟通、学术交流、协同工作以及协同创新人才的培养等。学校主管部门要全面考虑，紧密结合国家现实问题和前沿科学领域的重大问题研究，系统规划学校的协同创新方向，找准学科发展新的增长点。划拨协同创新专项经费，设立协同创新专项基金等，保证资源的合理、有效到位，实现优化配置，积极争取科研拨款机构对具有良好发展前景的学校协同创新科研项目提供经费支持。学校必须对协同创新的重点和主攻方向做出选择，寻求协同创新研究领域的合理定位，找到协同创新工作的突破口集中攻关，需要长时间、持续大规模的资源投入和要素支持。鼓励不同院系的研究力量对国家重大问题进行前期探索，为其提供前期论证、合作和科研经费。协同创新还需得到相关学科的有力支撑，又反过来对相关学科发展产生强大的辐射和带动，使之与

传统学科之间产生良性的学术竞争和合作关系。

在协同创新过程中,高校的知识生产能力是影响协同创新绩效的主导能力因素,有针对性地制定相关能力建设的政策方案,包括激励机制和资源配置,来推动协同创新绩效的提升。要推动我国协同创新的发展,就需要从战略高度来强化高校以知识生产能力为核心的创新能力建设,加快对高校开展协同创新科学研究所需要的科研资源的整合与重组,特别是在制定研究性大学发展战略中,立足于提升高校在原始创新能力和前瞻性科学探索能力的前提下,加强协同创新的顶层设计。为此,首先,加强高校科研组织的顶层设计,特别是跨学科研究机构建设,努力促进不同学科之间的交叉与融合,提升高校科研能力的综合水平。其次,加强组织资源配置的顶层设计,特别是科研经费问题,要适度地加强我国高校基础研究经费的投入比例和总量,整合校内外包括科技部、中科院与自然科学基金委等多种资源,保障高校在拥有充足的物质基础的条件下开展高水平的科学研究,实现科技资源的优化配置。最后,要加强以高水平科研成果为导向激励机制的顶层设计,特别是完善对具有顶尖水平的中青年学术带头人的激励机制,鼓励其取得更多能充分体现我国高校科技创新能力的标志性成果。

制定科学高效的激励政策,调动科研人员积极、主动地进行人文社会科学协同创新研究,在考核、聘岗、奖励等激励政策上应向协同创新模式倾斜。要考虑协同创新研究项目的分课题负责人及成果的非第一完成人的利益,同时应为服务于协同创新研究平台建设的研究及管理人员制定特殊政策。评估协同创新研究项目和成果的方式应该是在协同创新研究的标准与传统研究的标准之间取得平衡。在成果管理上,应建立一套科学合理的评价指标体系,从成果水平、科学效果、社会经济效益、难度、重要性等多方面指标,创立新的评价方法来综合评价协同创新成果。在评价专家的组建上,应聘请不同学科领域的专家。这些专家应对协同创新研究涉及的诸多领域有兴趣,能够不拘于自己的专业背景进行思考和客观评价。管理部门在项目立项、成果评价、奖励等对协同创新研究要给予足够的重视和必要的倾斜。

总之,高校在构建协同创新激励机制的过程中,要从协同创新的评价体系建设着手,评估创新组织自身可以实现的整体利益,积极贯彻利益分配中的公平性、平等性和协商性等原则,保障各个主体在创新体系中的平等地位,本着互利共赢的指导思想,通过充分的讨论协商决定利益分配方案,以此激发创新性组织的活力,确保协同创新机制的长期稳定发展。

三、加强协同创新平台建设,完善资源共享机制

依托重点基地设立协同创新中心、建立协同创新平台等,促进学校的学科交叉融合,培养和汇聚协同创新的领军人物和协同创新的科研团队。协同创新团队的成功依赖于制度的保障和团队负责人的研究与领导才能。协同创新团队的领导者应寻求确保每一个参与者在领导者和遵从者之间、在贡献和获益于团队的努力之间争取恰当的平衡。团队要有共同目标和信念,要形成平等、自由、和谐的团队文化,将成员的观念、个性等统一到团队的共同目标上,将不同学科知识、不同思维模式、不同价值观的人汇聚在一起,形成多样与主导相结合、个性与共性相统一的和谐局面。要充分发挥综合性大学多学科的优势,消除学科之间研究和发展的壁垒,实现学科的融合,要吸引不同院系、不同学科的专家就某一重大课题开展研究,促进科研的深入和拓展。在确定研究人员时,要从其学术背景、研究领域、学科的相邻相近等方面进行考虑。通过公平的竞争机制,实行优胜劣汰,优化团队结构,实现自我更新、自我完善。

加强人文社科科研基地建设,努力搭建起"以基地为平台,以学科为参与者,以科研项目为载体"的人文社科协同创新新机制。我们要切实考虑各高校人文社会科学发展实际以及各学科协同创新的不同需要,按照优化结构、突出重点、强化创新意识、加强学科互动的精神,构建出一批具有较强学科协同创新能力和交叉合作能力的重点科研基地,真正做到以人文社科科研基地的建设为契机,努力实现高校在科学研究、学科建设、人才培养、学术交流、成果转化等发面的发展。而且,要在科研基地内部人员中,

树立起学科交叉、协同创新、群体科研的意识,强化科研基地人员之间的沟通、协作能力,加强对跨学科科研项目的扶持力度,更好地通过协同创新的形式促进人文社科科研基地的新发展。

完善协同创新的资源共享机制,充分发挥高校丰富的知识储备优势。要完善协同创新的资源共享机制,加强高校与企业、科研机构、政府等创新主体之间的资源整合与互动,包括建设面向科技前沿、行业产业、区域发展和文化传承创新的资源共享平台,特别是加强以充分利用高校知识储备包括专利和各类研究成果的公共科技资源信息平台建设,因为公共科技资源信息平台能促进科技资源优化配置,提高科技创新能力,是实现科技可持续发展的重要基础。同时,应充分利用网络实现科技资源和科技基础设施的有效集成,提升信息资源共享程度,从而提高整个协同创新平台的运行效率,具体的资源共享平台建设包括科技咨询服务平台,如科技文献共享平台、科学数据共享平台、仪器设施共享平台、自然资源共享平台等,实现仪器设备、科研设施、科技成果等在创新体系内公开和共享。

为此,要坚持以分类和重点支持为导向的资源配置方式,构建有利于协同创新的长效机制。完善资源配置模式是保障高校在协同创新过程中知识生产能力建设成功的关键。为了有效开辟和利用协同创新过程中来自不同创新主体的组织资源,必须坚持优化以分类和重点支持为导向的资源配置方式,根据高校参与的不同类型的协同创新组织模式,制定不同的资源配置方式,以充分汇聚高校的学科优势,构建有利于协同创新的长效机制。首先,面向行业产业和区域的协同创新模式,以产业资助为主,政策资助为辅。其中,来自政府的资助主要发挥种子资金的杠杆作用,通过建立协同创新的发展基金,以此撬动产业部门投入更多的资源,实现各种创新要素和资源的高度汇聚、融合和共享,鼓励企业在高校建立联合研究中心或创新实验平台,进行关键共性技术的科研合作以及产业化推广。其次,面向科学前沿的协同创新模式,以政府资助为主,产业资助为辅。面向科学前沿的重大科技项目往往是投资周期较长,且短期效益不明显的项目,因此,必须以政府投入为主体,并恰当引入产业资助,形成竞争性和长期支持相结合的资源配置模式。

四、完善创新性人才聘任与培养制度

培养协同创新的学术人才。人是学术研究的主体。广泛、深入地开展协同创新，需要一支有实力、有规模的学术队伍。首先要在高校启动协同创新课程学习。教师对不同学科的基础知识、基本理论和研究方法以及本学科与其他学科之间的相关性，现有协同创新的情况，前瞻性问题和研究的热点、难点问题等都有系统性、综合性的讲解，从而培养学生树立协同创新意识，拓展他们的学科思维，以便将来工作后能够自觉地向其他相关学科的知识板块靠拢，根据需要调整自己的知识结构，开阔其视野，开辟协同创新的学术研究方向或领域。其二，通过协同创新的实施，不同学科的学者共同探讨和相互交流，对协同创新具有高度的兴趣，在不同的思维方式、习惯和结构中，产生相互的辐射和撞击，产生新的研究领域和研究亮点。具有良好的团队合作精神，具有清晰的眼光、有效的交流和团队建设能力的领导者可以更好地促进学科的整合，推动不同学科的教师开展科研合作，促进学术创新和协同创新成果的涌现。

完善动态灵活的人才聘用与流动机制，构建协同创新的人力资本优势。高效的人才聘用和流动机制是构建科学、合理的人才队伍结构的重要保障。而科学合理的人才队伍结构是高校进行知识生产活动的主体，因此，为了充分发挥高校人力资本优势，促进知识生产活动的高效运行，必须从突破高校现有人事制度的障碍出发，进一步完善动态灵活的人才聘用与流动机制，是构建具有跨学科背景人才队伍结构的有效措施。因此，结合本论文的案例分析和实证研究，我们得出的主要政策启示包括：

首先，要进一步完善高校科研组织的人才聘任制度，鼓励双聘制度、跨单位人员聘任制度和按需设岗制度，同时，参照欧美现行制度面向全球招聘拔尖人才，实行年薪制与聘任合同制，设立独立的科学家研究部，面向国际公开招聘杰出资深的科研人才，积极组建跨学科创新团队，通过多学科知识汇聚加强跨学科知识生产的能力。同时，积极吸纳产业部门技术研究人员与高校学术研究人员共建知识创新共同体,增强高校知识生产过程中综合性问题解决能力和协同创新能力。

其次,为了充分保障高校在科研团队规模上的科学合理性,在人才流动机制改革上,要充分保障自由开放的人才流动机制,通过建立以任务为牵引的"人才驿站",并以"国际化、社会化、竞争性、高效率"为基本原则,增强对国内外优秀人才的吸引力和凝聚力,特别是在全球范围内吸引优秀的博士后加盟,共同造就协同创新的领军人才与队伍。同时,还要通过建立人才综合评审制度,来完善人员动态管理和可进可出的流动机制。

此外,为保障高校科研团队人才结构的科学合理性以推动协同创新发展,必须从加强人才岗位设置改革出发,通过制定相对独立的人事权,进一步明确高校在知识生产即科研过程中各类人才的需求,特别是从科研团队内部具体运营的角度,可以将人才结构细分为学术型科研人才、教学型科研人才、管理型科研人才、服务型科研人才等四个系列。其中,针对学术型科研人才,要按照国际标准,进行公开选拔,并由学术委员会组织国际评审,确保具有世界领先的学术水平。

参考文献

[1]白惠仁,许为民.基于后学院科学背景的协同创新理论新分析框架[J].科技进步与对策,2015(5):1—6.

[2]波普尔.科学:猜测与反驳[J].周煦良,周昌忠,译.世界科学译刊,1980(10):47—52.

[3]波普尔.猜想与反驳:科学知识的增长[M].傅季重,纪树立,周昌忠,等译.上海:上海译文出版社,1986.

[4]卜卫,周海宏,刘晓红.社会科学成果价值评估[M].北京:社会科学文献出版社,1999.

[5]蔡翔,丰利民.科研团队中心理契约与创新行为的关系研究[J].科技广场,2012(4):201—203.

[6]蔡毅.建立一套良好的学术评价体系[J].学术界,2003(6):58—72.

[7]曹剑波.几种真理观及其评析[J].上海交通大学学报(社科版),2001,9(1):66—69.

[8]陈劲,周杨.后学院时代高校知识生产模式研究[J].西安电子科技大学学报(社会科学版),2012(5).

[9]陈劲,王方瑞.再论企业技术和市场的协同创新:基于协同学序参量概念的创新管理理论研究[J].大连理工大学学报(社会科学版),2005

(2):1—5.

[10]陈劲.高校创新体系建设研究报告文集[M].杭州:浙江大学出版社,2006.

[11]陈劲,阳银娟.协同创新的理论基础与内涵[J].科学学研究,2012(2):161—164.

[12]陈劲.新形势下产学研战略联盟创新与发展研究[M].北京:中国人民大学出版社,2009.

[13]陈光.企业内部协同创新研究[D].成都:西南交通大学,2005.

[14]陈力丹.关于人文社会科学成果评估标准的几点意见[J].中国社会科学院研究生院学报,2003(1):56—60.

[15]陈敏,熊庆年.走进哈佛核心课程:"历史研究"课程的架构[J].高教探索,2002(3):40—43.

[16]陈俊生.高校科研评价失范及其对策研究[J].学术探索,2013(8):126—128

[17]陈新汉.论个体评价活动向民众评价活动转化的机制[J].学术月刊,2004(6):12—18.

[18]陈新汉.自我评价论[M].上海:上海人民出版社,2011:331—332.

[19]邓毅.高校科研量化评价探析[J].高等教育研究,2006(4):22—24.

[20]冯海燕.高校科研评价制度改革途径探析[J].中国高校科技与产业化,2006(12):56—57.

[21]冯惠玲.以质量与创新为导向,完善科研评价机制[N].光明日报,2011—12—22(16).

[22]弓克.论社会科学发展的新趋势[J].社会科学战线,2001(4):8—17.

[23]韩进,杨佳.基于跨学科视野的高校人文社会科学发展研究[J].湛江师范学院学报,2012(1):19—23.

[24]汉斯·波塞尔.科学:什么是科学[M].李文潮,译.上海:上海三联书店,2002.

[25]何华,夏华向.SCI论文与科研评价:兼谈论文编辑公司[J].医学与哲学,2014,35(10A):4—7.

[26]贺天伟,张景林.科研绩效定量评价指标体系的初步设计[J].科技管理研究,2001(6):58—61.

[27]洪谦.论逻辑经验主义[M].北京:商务印书馆,1999.

[28]黄静霞.高校科研绩效评估的实践与思考:以汕头大学为例[J].广东工业大学学报(社会科学版),2011(1):19—22.

[29]吉本斯,等.知识生产的新模式:当代社会科学与研究的动力学[M].陈洪捷,沈文钦,等译.北京:北京大学出版社,2011.

[30]姜春林,张立伟,孙军卫.基于可视化技术的国外同行评议研究进展[J].科学学与科学技术管理,2013,34(12):29—36.

[31]蒋国瑞,杨晓燕,赵书良.基于协同学的 Muli-Agent 合作系统研究[J].计算机应用研究,2007,24(5):63—65.

[32]拉卡托斯.科学研究纲领方法论[M].兰征,译.上海:上海译文出版社,1986.

[33]赖欣巴哈.科学哲学的兴起[M].伯尼,译.北京:商务印书馆,2011.

[34]雷召海.民族院校哲学社会科学创新发展研究[J].北京:民族出版社,2010:349.

[35]李凤亮.推行以质量为导向的科研评价机制[N].中国教育报,2011—12—22(8).

[36]李津.世界主要创新型国家的基本特征[J].科技中国,2005(9):34—39.

[37]李妮,王建伟,董淑霞,等.理工类高校人文社科竞争力评价体系的构建[J].理论研究,2010(4):96—98.

[38]李守福.国外大学评价的几种模式[J].比较教育研究,2002(6):

44—46.

[39]李忠云,邓秀新.高校协同创新的困境、路径及政策建议[J].中国高等教育,2011(17):11—14.

[40]林春丽.高校人文社科科研绩效评价方式的科学性探讨[J].高校教育管理,2011(2):42—45.

[41]林培锦.学术同行评议及其利益冲突:布尔迪厄科学场域理论的视角[J].自然辩证法研究,2014,30(7):59—63.

[42]林涛.基于协同学理论的高校协同创新机理研究[J].研究生教育研究,2013(2):9—12.

[43]刘大椿.人文社会科学评价的限制与超越[J].中国人民大学学报,2007(2):149—156.

[44]刘大椿.中国人民大学中国人文社会科学发展研究报告2002[M].北京:中国人民大学出版社,2003.

[45]刘大椿.中国人文社会科学评价问题之审视[J].重庆大学学报(社会科学版),2009(1):39—63.

[46]刘劲杨,刘永谋."人文社科科学评价问题"学术研讨会综述[J].中国人民大学学报,2004(2):155.

[47]刘莉.欧洲各国大学科研评价及其启示[J].高教管理,2005(9):86—90.

[48]刘明.现行学术评价定量化取向的九大弊端[J].自然辩证法通讯,2003(1):90—94.

[49]刘少雪.欧洲三国科研评估体系的启示与借鉴[J].中国高校科技与产业化,2006(12):24—27.

[50]刘晓英,文庭孝.知识资源共享及其动力机制研究[J].情报理论与实践,2008,31(3):356—359.

[51]刘莹,张大群,李晓轩.美国联邦科研机构的绩效评估制度及其启示[J].中国科技论坛,2007(9):140—144.

[52]刘作义,陈晓田.科学研究评价的性质、作用、方法及程序[J].科

研管理,2002(2):33—40.

[53]路根书,杨兆芳.英国高校科研评估的特点及启示[J].大学(研究与评价),2008(1):75—82.

[54]罗焰,黎明.地方院校产学研合作模式及运行机制研究[M].成都:巴蜀书社,2009.

[55]马佰莲.我国科研评价体制改革与科技创新环境的构建[J].中共济南市委党校学报,2010(4):34—37.

[56]马海群.评价学的开创与奠基之作:评《评价学:理论、方法、实践》[J].图书情报知识,2011(4):122—126.

[57]马永坤.协同创新理论模式及区域经济协同机制的建构[J].华东经济管理,2013(2):52—55.

[58]毛娜.浅议高校科研评价制度创新[J].黑龙江教育(高教研究与评估),2008(7、8):183—185.

[59]欧阳光华.开放与包容:对芝加哥大学理念的解读[J]. 比较教育研究,2005(8):7—11.

[60]欧阳康.人文社会科学哲学[M].武汉:武汉大学出版社,2001.

[61]邱均平,谭春辉,任全娥.人文社会科学评价理论与实践:上册[M].武汉:武汉大学出版社,2012.

[62]邱均平,任全娥.我国人文社会科学研究成果评价研究发展[J].情报资料工作,2006(4):10—15.

[63]邱均平,文庭孝.评价学理论方法实践[M].北京:科学出版社,2010.

[64]曲庆彪.社会科学基础[M].北京:高等教育出版社,2004.

[65]任全娥.人文社会科学成果评价研究[M].北京:中国社会科学出版社,2010.

[66]尚智丛,高海兰.西方科学哲学简史[M].3版.太原:山西教育出版社,2012.

[67]沈意文,刘娟娟.灰关联度分析法在高校人文社科科研绩效评价

中的应用[J].科技管理研究,2010(22):237—240.

[68]史万兵,李广海.协同创新与博士后培养模式的重构[J].国家教育行政学院学报,2013(6):24—27.

[69]舒炜光,邱仁宗,主编.西方科学哲学述评[M].北京:中国人民大学出版社,2006.

[70]苏智先.现代大学制度创新研究[M].成都:四川人民出版社,2008.

[71]孙兆刚.基于自主创新主体地位的国家创新系统[J].科学管理研究,2006(9):232—241.

[72]田欣,马瀚青,郑军卫,等.国内外5种主要网络同行评议系统平台对比研究[J].中国科技期刊研究,2014,25(11):1363—1368.

[73]托马斯·库恩.必要的张力[M].范岱年,纪树立,等译.北京:北京大学出版社,2004:313.

[74]汪利兵,徐洁.英国RAE大学科研评估制度及其对大学科研拨款的影响[J].高等教育研究,2005(12):93—97.

[75]王宏鑫.《人文社会科学评价的理论与实践》的创新与价值[J].图书与情报,2012(5):133—136.

[76]王进富,张颖颖,苏世彬,等.产学研协同创新机制研究:一个理论分析框架[J].科技进步与对策,2013(16):1—6.

[77]王晋萍,甘霖,杨利英.国内外科研绩效评价方法比较[J].科学学研究,2006(12):505—507.

[78]王立宏.经济增长及其推动力的演化分析[M].大连:大连海事大学出版社,2009.

[79]王明和,刘强,张晓耘,等.高校社科科研业绩综合评价指标体系的研究[J].科技管理研究,2000(3):49—51.

[80]王前,李丽,高成锴.跨学科同行评议的合理性研究[J].科学学研究,2013,31(12):1792—1795.

[81]王若颖,张卓.高校人文社科类教师科研绩效评价刍议[J].高校

管理,2010(10):135-137.

[82]王旭,赵俊芳.英国高等教育的科研评估[J].现代大学教育,2006(3):80-84.

[83]王雅芬,贾丽娜.国内外高校科研评价方式的比较研究[J].评价与管理,2005(1):19-22.

[84]危怀安,聂继凯.协同创新的内涵及机制研究述评[J].中共贵州省委党校学报,2013(1):107-113.

[85]吴彤.论协同学理论方法:自组织动力学方法及其应用[J].内蒙古社会科学(汉文版),2000(6):19-27.

[86]夏基松.现代西方哲学教程新编:上册[M].北京:高等教育出版社,1998.

[87]辛艳伟.美国科研评估体系对我国科研管理的借鉴[J].农业科技管理,2009(4):92-95.

[88]徐永虎,洪咸友,郭亮.西方绩效评价研究综述[J].科技管理研究,2007(4):89-91.

[89]杨继瑞,杨蓉,马永坤.协同创新理论探讨及区域发展协同创新机制的构建[J].科技管理研究,2013(1):56-62.

[90]杨育,郭波,尹胜,等.客户协同创新的内涵与概念框架及其应用研究[J].计算机集成制造系统,2008(5):944-950.

[91]杨玲莉,等.协同创新模式下高校知识产权有效协作机制研究[J].科技进步与对策,2012(22):134-136.

[92]杨铁星,刘荣昌,颜延标.河北省创新能力分析报告[M].石家庄:河北人民出版社,2005.

[93]姚艳虹,杜梦华.科技协同创新演进规律及其影响因素分析[J].湖南大学学报(社会科学版),2013(3):37-41.

[94]叶继元.人文社会科学评价体系探讨[J].南京大学学报(哲学·人文科学·社会科学),2010(1):97-110.

[95]叶良均.完善我国科研评价机制的对策研究[J].科技管理研究,

2006(6):10—12.

[96]袁振国.中国教育政策评论[M].北京:教育科学出版社,2007.

[97]曾德明,等.基于知识流动视角的国家创新系统与创新政策体系互动关系研究[J].湖南大学学报(社会科学版),2009(2):39—43.

[98]张聪群.产业集群互动机理研究[M].北京:经济科学出版社,2007.

[99]张改珍.我国科学基金同行评议研究:相关文献分析[J].中国科学基金,2013(4):214—217,221.

[100]张明雯.科学发现的创新意蕴[J].自然辩证法研究,2003,19(9):34—38.

[101]张喜爱.当前高校科研评价制度建设的问题和建议[J].技术与创新管理,2012(1):88—91.

[102]张琰,廖日坤,杨凌春.新西兰高校绩效科研基金评估的启示[J].科技管理研究,2011(19):96—99.

[103]张彦.科学价值系统论[M].北京:社会科学文献出版社,1994.

[104]赵黎明,等.国家创新系统运行机制探析[J].科学学与科学技术管理,2004(10):28—30.

[105]郑德俊,高风华.高校人文社会科学科研绩效评价指标体系构建[J].科技进步与对策,2009(7):150—153.

[106]仲明.从情报学角度看社会科学学术评价[J].情报资料工作,2004(6):5—7.

[107]周建中,徐芳.国立科研机构同行评议方法的模式比较研究[J].科学学研究,2013,31(11):1642—1648.

[108]周志峰,韩静娴.h指数应用于区域科研评价的实证研究[J].情报杂志,2012,31(11):62—65.

[109]朱春奎.建设国家创新系统的理论研究.[J].科技进步与对策,2000(9):32—33.

[110]朱红文.社会科学方法[M].北京:科学出版社,2002.

[111]朱军文,刘念才.高校科研评价定量方法与质量导向的偏离及治理[J].教育研究,2014(8):52—59.

[112]朱少强.国内外人文社会科学研究评价综述[J].评价与管理,2007(4):54—59.

[113]朱少强.人文社会科学研究的特征及其对学术评价的影响[J].重庆大学学报(社会科学版),2007(5):68—71.

[114]H.哈肯.协同学导论[M].张纪岳,郭治安,译.西安:西北大学科研处,1981.

[115]庄怀平.中国大学人文社会科学科研组织模式的转换研究:以教育部人文社会科学重点研究基地为例[D].厦门:厦门大学,2008.

[116]程蓉.基于产品设计链的企业协同创新研究[D].武汉:武汉理工大学,2008.

[117]金林.科技中小企业与科技中介协同创新研究[D].大连:大连理工大学,2007.

[118]余莉.SSCI收录我国社会科学文献的基本状况研究[D].长春:吉林大学,2013.

[119]孙长青.长江三角洲制药产业集群协同创新研究[D].上海:华东师范大学,2009.

[120]邓荔萍.基于REF的科学评价方法研究[D].天津:天津师范大学,2012.

[121]刘新跃.地方高校哲学社会科学科研管理创新研究[D].合肥:合肥工业大学,2010.

[122]刘丽丽.对高校人文社会科学综合评价体系之比较研究[D].秦皇岛:燕山大学,2008.

[123]高月萍.高校人文社会科学成果评价机制研究[D].重庆:西南大学,2009.

[124]安璐.高校人文社会科学研究竞争力评价[D].武汉:武汉大学,2004.

[125]舒立.基于群组判断的社会科学成果创新性评价体系研究[D].杭州:浙江工商大学,2007.

[126]庞龙.科学引文分析的科学评价功能和意义[D].太原:山西大学,2006.

[127]张晓琳.人文社会科学成果供给对成果转化的影响研究[D].天津:天津大学,2009.

[128]黄雯.人文社会科学范式的转换[D].武汉:华中科技大学,2009.

[129]张野.人文社会科学学科创新力影响因素的系统分析[D].南京:南京大学,2012.

[130]袁曦临.人文社会科学学科分类体系研究[D].南京:南京大学,2011.

[131]潘照新.我国人文社会科学发展对策研究[D].长春:东北师范大学,2007.

[132]费斌.上海高校人文社会科学研究现状和发展:高校科研管理的事业[D].上海:华东师范大学,2005.

[133]许梅华.我国人文社会科学成果评价指标体系研究[D].上海:华东师范大学,2012.

[134]李倩.高校社会科学成果评价的问题与对策研究[D].成都:四川师范大学,2012.

[135]陈敬全.科研评价方法与实证研究[D].武汉:武汉大学,2004.

[136]Abend,C. Joshua. Innovation Management:The Missing Link in Productivity[J]. Management Review,1979,68(6):25—30.

[137]Anthony F. J. van Raan. The Use of Bibliometric Analysis in Research Performance Assessment and Monitoring of Interdisciplinary Scientific Developments [J]. Technikfolgenabschatzung—Theorie und Praxis/Technology Assessment—Theory and Practice,2003,1(12):20—29.

［138］Aldo Geuna，Ben R. Martin. University Research Evaluation and Funding：An International Comparison［J］. Minerval，2003，41(4)：277 －304.

［139］Annette Vincent，Dianne Ross. On Evaluation of Faculty Research Impact of Citation Analysis［J］. The Journal of Applied Bussiness Research，2000，16(2)：1－13.

［140］Anton Oleinik. Conflict(s) of Interest in Peer Review：Its Origins and Possible Solutions［J］. Sci Eng Ethics，2014，20(1)：55－75.

［141］Ball. Index Aims for Fair Ranking of Scientists［J］. Nature，2005，436(7053)：900.

［142］Brian Morris. High Technology Development：Applying a Social Network Paradigm［J］. Journal of New Business Ideas & Trends，2006，4 (1)：45－59.

［143］C. Donovan，L. Butler. Testing Quantitative Indicators of the Quality and Impact of Research in the Social Sciences：A Pilot Study in Economics. REPP Discussion Paper［C］. Canberra：Research School of Social Science，Australian National University，2005.

［144］Claire Donovan. Gradgrinding the Social Sciences：The Politics of Metrics of Political Science［J］. Political Studies Review，2009，7(1)：73 －83.

［145］Chiara Faggiolani. Research evaluation and Mode 2 science［J］. Lett Mat Int，2014，1(4)：191－197.

［146］Chris Huxham. Pursuing Collaborative Advantage［J］. The Journal of the Operational Research Society，1993，44(6)：599－611.

［147］Charnes，W. W. Cooper，E. Rhodes. Measuring the efficiency of decision making units［J］. European Journal of Operational Research，1978，2(6)：429－444.

［148］David B. Resnik. A Troubled Tradition［J］. American Scientist，

2010,99(1):24.

[149]G. C. Roper—Lowe and J. A. Sharp. The Analytic Hierarchy Process and Its Application to an Information Technology Decision[J]. The Journal of the Operational Research Society,1990,41(1):49—59.

[150]Etzkowitz Henry. The dynamics of innovation: from national systems and "Mode 2" to a triple helix of University — industry — government relations[J]. Research Policy,2000,29(2):109—123.

[151] Franceschini Fiorenzo, Maisano Domenico, Mastrogiacomo Luca. The effect of database dirty data on h — index calculation[J]. Scientometrics,2013,95(3):1179—1188.

[152]Frederik T. Verleysen,Tim C. E. Engels. Internationalization of peer reviewed and non-peer reviewed book publications in the Social Sciences and Humanities[J]. Scientometrics,2014,101(2):1431—1444.

[153] Giovanni Abramo, Ciriaco Andrea D'Angelo. Evaluating Research: From Informed Peer Review to Bibliometrics [J]. Scientometrics,2011,87(3):499—514.

[154] Giovanni Anania, Annarosa Caruso. Two simple new bibliometric indexes to better evaluate research in disciplines where publications typically receive less citations[J]. Scientometrics,2013, 96 (2):617—631.

[155]H. W. Chesbrough. Open innovation: the new imperative for creating and profiting from technology [M]. Boston: Harvard Business School Press,2003.

[156]Huber George. Synergies Between Organizational Learning and Creativity and Innovation[J]. Creativity and Innovation Management, 1998,7(1):3—8.

[157]Harriet Zuckerman,Robert K. Merton. Patterns of Evaluation in Science: Institutionalization, Structure and Functions of the Referee

System[J]. Minerva,1971,9(1):66—100.

[158] Ilyong Kim. Managing Korea's System of Technological Innovation[J]. Interfaces,1993,23(6):13—24.

[159]Joha A. Wallin. Bibliometric Methods:Pitfalls and Possibilities [J]. Basic & Clinical Pharmacology & Toxicology, 2005, 97 (5): 261 —275.

[160] J. S. Katz. Scale-Independent Indicators and Research Evaluation[J]. Science and Public Policy,2000,27(1):23—26.

[161]James S. Dyer. Remarks on the Analytic Hierarchy Process [J]. Management Science,1990,36(3):249—258.

[162]Janne S. Kotiaho. Ethical Considerations in Citing Scientific Literature and Using Citation Analysis in Evaluation of Research Performance[J]. Journal of Information Ethics,2002,11(2):10—16.

[163]Jadesadalug,Viroj,Ussahawanitchakit,Phapruke. The Impacts of Organizational Synergy and Autonomy on New Product Performance: Moderating Effects of Corporate Mindset and Innovation[J]. Journal of International Business Strategy,2008,8(3):118—128.

[164]Jian Ma, Zhi—Ping Fan and Li—Hua Huang. A subjective and objective integrated approach to determine attribute weights[J]. European Journal of Operational Research, 1999,112(2):397—404.

[165]Justus Lentsch,Peter Weingart(eds.). The Politics of Scientific Advice:Institutional Design for Quality Assurance[M]. Cambridge,UK: Cambridge University Press,2011.

[166] K. D. Knorr — Cetina. The Manufacture of Knowledge,An Essay on the Constructive and Contextual Nature of Science[M]. Oxford etc. :Pergamon Press,1985.

[167] Kronick, David A. Peer Review in 18th Century Scientific Journalism[J]. Journal of the American Medical Association,1990,263

(10):1321—1322.

[168]L. Egghe. On the correction of the hindex for career length[J]. Scientometrics,2013,96(2):563—571.

[169] Mario Biagioli. From Book Censorship to Academic Peer Review[J]. Emergences,2002,12(1):11—45.

[170] Marjolein C. J. Caniels and Bart Verspagen. Barriers to knowledge andregional convergence in an evolutionary modal[J]. Journal of evolutionary economics,2001,11(3):307—329.

[171] P. A. Gloor. Swarm Creativity: Competitive Advantage through Collaborative Innovation Networks [M]. New York: Oxford University Press,2006.

[172]P. Ball. Index Aims for Fair Ranking of Scientists[J]. Nature, 2005,436(7053):900.

[173]Patrick T. Harker,Luis G. Vargas. The Theory of Ratio Scale Estimation:Saaty's Analytic Hierarchy Process[J]. Management Science, 1987,33(11):1383—1403.

[174] Peter Weingart. Impact of Bibliometrics upon the Science System:Inadvertent Consequences[J]. Scientometrics,2005,62(1):117 —131.

[175]R. D. Holder. Some Comments on the Analytic Hierarchy Process[J]. The Journal of the Operational Research Society,1990,41 (11):1073—1076.

[176]Robert Frodeman,Adam Briggle. The Dedisciplining of Peer Review[J]. Minerva,2012,50(1):3—19.

[177]R. Graham. Between Science and Values[M]. New York: Columbia University Press,1981.

[178]Ronald Kostoff. The Principles and Practices of Peer Review [J]. Science and Engineering Ethics,1997,3(1):19—34.

[179]Shapira, P. and S. Kuhlman(eds.). Learning from Science and Technology Policy Evaluation: Experiences from the United States and Europe[M]. Northampton, MA: Edward ElgarPub, 2003.

[180]Ray, Spier. The History of the Peer — Review Process[J]. Trends in Biotechnology, 2002, 20(8): 357—358.

[181]Thomas S. Kuhn. The Structure of Scientific Revolutions[M]. Chicago: The University of Chicago Press, 1962.

[182] Wieimeier, Georg F. L. , Thoma, Axe, Senn, Christoph. Leveraging Synergies Between R&D and Key Account Management to Drive Value Creation[J]. Research Technology Management, 2012, 55(3): 15—22.

[183] Wolfgang Glanzel, Urs Schoepin. A Bibliometric Study of Reference Literature in the Sciences and Social Sciences[J]. Information Processing and Management, 1999, 35(1): 31—44.

[184] Yoshiko Okubo. Bibliometric Indicators and Analysis of Research System: Methods and Examples, STI Working Papers. [J]. OCED Publishing, 1997.

[185]Yuh—Shan Ho. Classic articles on social work field in Social Science Citation Index: a bibliometric analysis[J]. Scientometrics, 2014, 98(1): 137—155.

后　记

　　本书是由陈喜乐教授主持的教育部人文社科课题"构建促进协同创新的人文社科科研评价体系研究（13JDXF007）"的科研成果。本书运用范式理论、决策理论、政策分析方法和系统分析方法，根据人文社会科学自身特性，构建出促进人文社科协同创新的新模式，并深入分析人文社科协同创新系统的构成及运行机制，探寻评价促进协同创新的着力点。大集团、多学科、跨国之间进行协同创新已成为科学研究的主导模式。同自然科学一样，人文社会科学也需要以协同创新来应对这一变革：必须面对社会现实需求，汇聚政产学研多方创新力量，开展全面而深度的合作。探索、构建科学、公正、能够促进人文社会科学协同创新的科研评价体系，既是科研管理创新的一项重要任务，又能补充完善评价学理论体系。这一研究对促进我国人文社科各学科的协同创新，提升人文社科的创新能力，具有重要的理论意义和实际价值。

　　参加课题研究和撰写本书的作者为：陈喜乐、李腾达、贺威、郑宇冰、朱本用、曾海燕、刘伟榕、赵婧懿、廖志丹、王海军等。

　　在写作过程中，我们参考了许多文献，也搜集了不少数据，但由于条件的限制，有些数据不够新，今后有可能的话，将做进一步的修改。

　　在写作过程中，我们得到厦门大学人文学院、厦门大学出版社的大力支持和帮助，谨此表示衷心的感谢！

作　者

2016 年 6 月

图书在版编目（CIP）数据

构建促进协同创新的人文社科科研评价体系研究/陈喜乐等著.—厦门:厦门大学出版社，2016.6

（厦门大学科技哲学与科技思想史文库）

ISBN 978-7-5615-6223-9

Ⅰ.①构… Ⅱ.①陈… Ⅲ.①人文科学－科学研究－评价②社会科学－科学研究－评价 Ⅳ.①C

中国版本图书馆 CIP 数据核字(2016)第 203184 号

出 版 人　蒋东明
责任编辑　文慧云
装帧设计　李夏凌
责任印制　吴晓平

出版发行　厦门大学出版社
社　　址　厦门市软件园二期望海路 39 号
邮政编码　361008
总 编 办　0592-2182177　0592-2181406(传真)
营销中心　0592-2184458　0592-2181365
网　　址　http://www.xmupress.com
邮　　箱　xmupress@126.com
印　　刷　厦门集大印刷厂

开本　720mm×1000mm　1/16
印张　14.75
插页　2
字数　265 千字
版次　2016 年 6 月第 1 版
印次　2016 年 6 月第 1 次印刷
定价　36.00 元

厦门大学出版社
微信二维码

厦门大学出版社
微博二维码